Storm
For Brain Memory

谢长华◎著

哈尔滨工业大学出版社
HARBIN INSTITUTE OF TECHNOLOGY PRESS

图书在版编目(CIP)数据

地脑风暴/谢长华著. — 哈尔滨:哈尔滨工业大学出版社,2022.3
ISBN 978-7-5603-9843-3

Ⅰ.①地… Ⅱ.①谢… Ⅲ.①幻想小说—中国—当代 Ⅳ.①I247.5

中国版本图书馆 CIP 数据核字(2021)第 226289 号

HITPYWGZS@163.COM
13936171227

地脑风暴
DINAO FENGBAO

总 策 划	张 丽
策划编辑	李艳文 范业婷
责任编辑	孙 迪 马 媛
装帧设计	平 平
出版发行	哈尔滨工业大学出版社
社 址	哈尔滨市南岗区复华四道街 10 号 邮编 150006
传 真	0451-86414749
网 址	http://hitpress.hit.edu.cn
印 刷	天津市天玺印务有限公司
开 本	787 毫米×1 092 毫米 1/32 印张 10.5 字数 273 千字
版 次	2022 年 3 月第 1 版 2022 年 3 月第 1 次印刷
书 号	ISBN 978-7-5603-9843-3
定 价	45.00 元

(如因印刷质量问题影响阅读,我社负责调换)

目录 Contents

- 上篇 / 001
- 中篇 / 078
- 下篇 / 142
- 尾声 / 313

记忆里面，是自己的认知、体验和感悟；记忆外面，是他人或其他物种的认知、体验和感悟——是无尽的未知，是无穷的不可预料。

上 篇

1

半夜,肖理夫忽然从梦中惊醒,他连忙摸了摸自己的门牙,门牙都还在。

他不知道这个梦意味着什么,因而陷入了久久的沉思。

用现有科技解释不了的,并不等于是唯心的。如今,唯物主义和唯心主义已没有了明显的界限——科技越发展,唯物和唯心的界限就越模糊。

例如,两三百年前,说某些人有特异功能,会读心术,能知道别人的所思所想。当时的唯物主义者认为,这是根本不可能的事,那些所谓的读心术无非是故弄玄虚、哗众取宠的骗术;唯心主义者则认为,那些会读心术的人,是通天地神灵的巫者。而现在呢?稍不留神,就会被人扫描脑电波,自己的心事或不想告人的秘密则会泄露出去。因此,以现代科技进行解释,那些会读心术的古人无非是有超越时代的脑电波扫描仪。

再如,那个时代说某人会隐身术,甚至能穿墙破壁。唯心主义者认为，这种人具有神灵赐予的法力。唯物主义者还是认为那是一种骗术，是故弄玄虚的骗人戏法。而现在呢？利用前沿科技使人或物完全以等离子态的形式存在，不仅可以使其隐身，还可以令其穿越实体阻挡，将其送达相当远的距离，然后复原；或以偏光材料制成衣服，同样能够使人达到隐身的效果。

不过，不管采用哪种隐身技术，目前都处于最前沿的科学试验阶段，且因相应的微观形态物质易受概率云等不确定因素影响，技术尚不稳定，加之试验条件以及对环境的要求相当严苛，相关费用尤其昂贵，还无法应用于现实世界。

肖理夫怎么也想不通让他惊醒过来的那个梦境，索性斜坐在床头，双眼紧紧瞪着黑暗中的天花板。三秒后，头顶那盏瞳孔感应灯渐渐亮了，亮度由暗到明，如同初升的太阳渐渐从薄雾中挣脱开来。当亮度恰到好处时，他把视线移开，光线就这样柔和地弥漫于整个房间中。

他顺手在床头柜上点了一下，眼前立即跃出一个一尺见方的交流界面，他在空中的界面上点了几下，接着轻声问道："请问，我刚才梦见自己的门牙像冰块融化一样脱落，意味着什么？"

本来可以用更加快捷的脑电波感应方式输入，但肖理夫还是习惯用语音输入。如同两个多世纪前的人们可以用语音输入，但很多人还是习惯用键盘输入一样，有些老作家甚至还使用着最原始的手写方式。

在全球范围内，肖理夫是个名气不大也不小的作家，却一直排斥脑电波感应输入方式，其原因比较复杂：一方面，在创作过程中，他喜欢陶醉在自己温厚磁性的声音中，这样比较容易调动自己的情绪，也容易激发灵感，从而令自己沉浸于良好的创作境界中；另一方面，那可爱又可恨的脑电波感应啊，有多少人痴狂于它、沉迷于它，又有多少人憎恨它，甚至想毁灭它……

不一会儿，交流界面传来一连串不轻不重、不急不缓的语音，如同某款推销软件：

"根据《周公解梦》，再根据您刚才发送的测梦时段，梦见门牙脱落，预示家里有丧事。如果您家里有老人，一定要注意老人的身体状况，尽量避免不测发生。这个预测结果是以《周公解梦》为基础，再结合 3.146 亿人的梦境与事实发生率计算出来的，准确率为 79.1%。

"为了提高本测梦系统的精准度，欢迎您事后填录一份'梦境与事实对比表'，使本系统今后能够更加精准地为您测梦。

"如果您家里没有老人，这个梦境预测将出现其他多种可能性，您可以自行去做评估，本系统只能提供具体数据：一、预示着您某段感情或某种关系的结束，准确率为 51.2%；二、预示着……"

肖理夫听得有些不耐烦了，把手一挥，眼前的交流界面立即消失，他心中却暗想：现在的解梦系统还是依赖于两千多年前的古人总结出来的经验，只是这些分析听起来更数据化而已。可见，在潜意识领域人类并没有取得多少突破。

对于解梦系统的预测分析，他其实还是比较相信的——他本就担心父亲的身体健康和心理状况。他想立即与千里之外的那个古怪老头通个语音或视界电话，但看看时间，才凌晨两点多，就放弃了。

"唉，还是不打扰他休息了，这个怪老头子……"肖理夫轻叹了一口气。父亲一直是他的心结，甚至是一个越来越难解的谜。

那就和艾佳通个信息吧。肖理夫再次在床头柜上点了一下，眼前又出现了那个交流界面，他连续点了几下，轻声说道："艾佳，麻烦你检测一下肖成城当前的身体和心理状况。请用字幕把检测结果传送过来。"

交流界面传来温柔的女声："好的，待会儿就把您父亲的有关数据传送过来,理夫先生。"

艾佳是个智能程度极高的家庭机器人,全称为"艾佳牌D三型智能家用机器人",后面则是该机器人的特定代码——D3PQ84-556307。但肖理夫就叫"她"艾佳,以此淡化"她"机器人的身份——如果老是提醒"她"机器人的身份,有可能使"她"产生不良情绪,也许会影响"她"对父亲无微不至的照料。

他本来可以通过多种通信方式随时监测父亲身心方面的各种状况,但由于父亲的强烈反对,他只能通过这种有限的方式来关心这个犟老头了。

不一会儿,交流界面上出现几行字幕:

> 您父亲已进入深度睡眠,他的心率、血压、血脂、血糖等各项数据目前都处于正常范围内。为了不耽误您的宝贵时间,没必要列出详细数据。他的心态数据暂时无法检测。

肖理夫长吁了一口气:看来,按照那个梦境预测数据,自己属于79.1%之外。

但艾佳的声音再次温柔地传了过来:"理夫先生,您是知道的,您父亲和您一样,一直拒绝脑电波感应之类的交流方式。由于他在卧室内开启了脑电波屏蔽系统,我也解不开他设置的多重密码,无法检测到他的心态指数,但我知道,他的心情越来越糟……我却无能为力。对不起。"

唉,看来,还是逃不出梦境预测数据中的79.1%。

"艾佳,你没有做错什么,用不着道歉。我很快会回来看你们,再见。"肖理夫晚上睡觉时,同样会在房间中开启脑电波屏蔽装置。有其父必有其子嘛。

"好的。欢迎您回来。我会时刻关注您父亲的身心状况。再见。"

自始至终，艾佳一直没有直呼那个怪老头肖成城的名字，可见，在肖理夫父子人性化的对待下，"她"也变得越来越有人情味了。

在肖理夫看来，在越来越重视智能化的时代，赋予机器人一定的情感是很有必要的。因此，人性化地对待机器人很有必要。但是，任何事物都是双刃剑，其中产生的矛盾也越来越显性化了。

望着渐渐变暗的交流界面，肖理夫最关心的还是父亲的健康，尤其是心理方面的——这个怪老头，这个在生命科学领域曾做出巨大贡献的专家，近年来却忽然放弃了科研，个性也变得越来越古怪——他几乎和整个生命科学研究界断绝了一切联系，静悄悄地躲在大山深处，并拒绝一切采访。

肖理夫决定放下手头的创作，明天一早就动身去看望父亲——就算不是单纯地为了父亲的身心健康，也得为父亲的长久生存而努力吧！

如今，人们的家庭观念、亲情观念已越来越淡漠，肖理夫却对父亲有着太深太深的依恋——尽管他自己已是七十多岁的中年人。

2

近几个世纪以来，科技发展如同自由落体运动，取得了重力加速度般的突飞猛进。但人类依然热衷于探研生命的起源、探索生命的真相。而近百年来，通过人类学家和生命科学家一番努力，最后得以确证，亚洲人类文明竟然发源于长江流域湘西南的雪峰山脉。

于是，这个梅山文化的发源地，这个《桃花源记》的原型地，竟然成为华夏文明的圣地！

于是，在这科技改天换地的年代，八百里雪峰山脉作为亚洲人类文明的发源地，得以被真正保护下来，在很大程度上没有受到现代科技的影响与侵扰。

这就是肖成城将生命的归宿选择于此的原因。当然，雪峰山脉也曾是这个怪老头的祖居地。

从东亚城市中心成都到雪峰山脉，直线距离也就千余公里，肖理夫既可以自驾飞行电车过去，也可以乘坐最古老的悬浮列车，但他最后选择驾驶单人混合动力飞行器前往。

单人混合动力飞行器尽管不如前两者安全，但它的便捷性、灵活性等优势却很明显。

一切准备就绪，肖理夫背着飞行器走出位于66楼的大套房，慢慢走到凸出的阳台上。夏日的晨光照在阳台的金属栏杆上，反射着刺眼的光芒。阳光照在肖理夫灰白色的简易飞行服上，也闪烁着不断变换的光点。而众多闪烁的光点不断从肖理夫的身上和周围掠过——此时正值上班高峰期。

现在，很多事情可以远程化、虚拟化操作，但还是有很多事情需要人类亲力亲为，如科研试验、手工制作、易容美容及化妆、特殊护理及特殊会议、重大手术、旅游等，当然还包括约会……

脚下这幢高大的建筑如同从海平面涌上来的绿色浪涛，在凹凸起伏的外墙上，阳光斜照的坡面上长满了绿色植物，有些外墙上还生长着各种奇形怪状的古木。放眼望去，在成都这座既古老又现代化的大都市里，这些绿色浪涛般的建筑，确如海面上的波涛，很难望及边际。这些数不清的高大建筑带有一定的智能性，可以根据季节变换、阳光照射的方向以及温度的高低缓慢旋转——有时为了得到更多的采光，有时为了避开过多的暑热强光。

同时，为了方便飞行往返，每户都有一个能够伸向远处的空中阳台。所有空中阳台在智能系统的控制下，可以四散展开，又能不断伸缩，使它们互不干扰。

肖理夫深吸一口清晨湿润的空气，连续按下背包带上的几个小按钮。背包上伸出一根曲柄，在他头顶上方展开成螺旋盘，螺旋盘吹出一股强劲的气流，立即将他带离阳台。身后的阳台随即缩了回去。

肖理夫上升到一定高度后，又在背包带上按下两个小按钮，背包斜下方喷出一股强劲的气流，他径直往东南方向快速飞去。

目力所及，各种简易飞行器零零星星地出现在附近的天空。

脚下的地面上，也有各种型号的电动车在穿梭行驶——这是电耗最低的交通方式。需要飞行时，这些地面上的电动车都可以随时飞向空中。

飞行器的电耗比较高，却不必担心续航里程，因为无数位于地面或伸向高空的电能发送装置可以源源不断地为各种电动交通工具提供动能。

在一个多世纪前，核聚变发电已广泛应用，电能的传输方式也早已实现无线传输。因此，电力传送如同信息网络一样，可以便捷地传输到世界各个角落，还不受天气影响。当然，个别地区又另当别论了。

两个多小时后，郁郁葱葱、高大险峻的雪峰山脉出现在肖理夫的前方。他提升了一下飞行高度，减速，往雪峰山脉腹地飞去。

又飞行了20分钟，雪峰山脉的主峰苏宝顶近在眼前。

这时，肖理夫明显感觉到飞行器的动力不足，飞行背包也发出急促的报警声，但他不加理会，继续往前飞行。几分钟后，飞行器的动力系统完全停止工作，他在空中快速下降……

雪峰山脉是一方真正的净土，山中以及周围严禁安装各种现代化的电能无线传输装置，此类装置最近的离这里也有两百多公里，飞行器已无法收到电能。

他连忙启动化学燃料驱动装置，飞行器再次悬浮在低空中，并慢慢盘旋起来。

肖理夫低头数着地面上那些粗大的金属柱。他知道，从苏宝顶主峰往西边的支岭数下去，第六根金属柱附近就是父亲的隐居地，也是自己的祖居。

下方山峰的脊梁上，至今仍然竖立着上百根粗大的金属柱。两个多世纪前，人类为了得到当时最洁净的能源，在这里建设了大型风力发电阵列。自从有了核聚变能源后，产能低微、能源获取不够稳定的风能、太阳能、水能等发电方式渐渐退出了历史舞台。而依靠煤炭的火力发电方式，早在 21 世纪中期就被全部淘汰了。

肖理夫出生后，那些古老的风力发电装置就已全部废弃了。雪峰山脉上一个个长达五十多米的风力发电叶片被拆除，为飞鸟腾出了一片天空。但这些十几人合抱的金属柱却没有拆除——亚洲人类文明发源地绝对不容许大动"手术"！因此，这些伫立了两百多年的金属柱就这样留存下来，成为人类获取自然能源的历史见证。

肖理夫在第六根金属柱旁边的一小块空地上降落下来。当年为了建设这些风力发电站，这里曾经是一大片水泥坪。经过两个多世纪的风雨侵蚀，大片水泥坪已被各种植物的根系拱破，长出了参天大树或灌木杂草。脚下这一小片水泥地可能铺得格外厚实，眼下还没有长出高树，但还是长满了厚厚的苔藓和低矮的杂草。

肖理夫把背包式飞行器卸了下来。背包式飞行器有点重，他不打算带到家里去，就提着这个特别的背包从金属柱的长方形门洞走了进去。

粗大的金属柱内，底层的空间足有两间卧室那么大。金属柱壁特别坚实厚重，岁月并没有在金属柱内留下浓厚的历史痕迹。

放下飞行背包后，肖理夫一身轻松地走向左侧那条蜿蜒伸入密林深处的小径。

3

　　一幢纯木结构的老木屋静静地矗立在小溪旁。这幢还算宽敞的老木屋至少有三百年历史了。由于所有的木板、木柱早已刷过"五防漆"——防火、防水、防虫、防裂、防腐漆，这幢老木屋还可以存在得更久。

　　老木屋的两端各有一排古松，有些古松比老木屋的年龄还大。

　　左侧那排古松下方，流淌着一弯清波翻腾的小溪，一路欢腾着流向山下的深壑密林。

　　细碎的金色阳光透过树冠，照在清澈见底的溪流中。密密麻麻的小米虾隐匿在溪边丰密的水草间，山溪小鱼穿梭腾跃；螃蟹躲在石缝间，不时举起小钳螯向眼前游过的鱼虾挥舞，但十有八九扑了个空；不知名的小鸟突然从林间掠过溪面，或啄或抓，几乎很少扑空……

　　肖理夫童年时期最熟悉的场景一一出现。

　　他出生在现代化的大都市，但是，几乎每年夏天，父亲都会带他来雪峰山中度假，流连往返于这方熟悉的山水和这幢老木屋中。至于把他带到这个世间的妈妈，肖理夫几乎没有任何记忆——妈妈只是一个模糊的概念，她老早就离开了这对父子。

　　在这个时代的生活理念中，夫妻和家庭观念已完全淡化。由于每个成年人都是极度自由的个体，聚散离合如同大伙会餐一样自然。肖成城可能受中国传统文化的影响，没把儿子送给社会福利机构，一直带在身边抚养——尽管身边风姿绰约的女伴换了一个又一个，但他对儿子的爱和关怀却一直没变。在现代社会结构中，这是少之又少的现象。

　　肖理夫也想过和某个女伴生个孩子，可他担心会因此淡化对父亲的关爱，就一直没要。不过，自己还算年轻，想要孩子的话，随时可以如愿。何况自己是个名气不小的作家，只要他提出来，总有人愿意为他生孩子的。如今，孩子生下来后可以租用智能程度极高的保姆机器人照料，不太需要父母事事亲力亲为。

　　肖理夫在溪边站了一小会儿，然后轻手轻脚地走进老木屋——他想给父亲一个惊喜。

　　可是，父亲没在老木屋的一楼。

　　他又轻手轻脚地登上二楼，还是没有看到父亲的身影，连艾佳也没在。

　　艾佳可能陪父亲去山林中了。他本想给艾佳传个信息，又怕打扰父亲——马上就中午了，父亲总会回来吃午餐的。

　　肖理夫轻轻走进父亲的房间。这个房间特别宽敞，是将两间房子拆除中间的板壁合成了一大间。

　　短短两个多月没回来，这个大房间里又增加了一个木框书架，书架上又多出好些中外文纸质古籍，以中文居多，外文古籍也不少，甚至还有好些拉丁文古籍——而拉丁文现在几乎没有多少人可以读懂了。

　　也不知道父亲最近又从哪里搜罗到这许多古籍——看来，父亲对古典书籍越来越痴迷了。

　　窗外，参天古木层叠遮蔽，老木屋里的光线不太好，肖理夫打开木质书桌上的台灯，随手从书架上抽出一本古书，漫不经心地翻阅起来。

　　房间里的任何一样东西，哪怕是这盏连着电源线的台灯，都是两个世纪以前的古董。而雪峰山脉的所有原住民还在使用最原始的有线电能，过着真正的世外桃源式的原始生活。

　　这是一本古文版的《易经》，还是带着檀香味的线装书。肖理夫不太感兴趣，也看不太懂，就索然寡味地把书放回书架，然后走出房间,倚靠在古老的木栏杆上,心事重重地望向远处的山脚,想着如何与父亲沟通那个沉重而艰涩的话题。

正值午餐时间,远远的山脚下,零零星星地冒着缕缕炊烟。最近的人家离这里也有十多公里。

雪峰山脉也曾人口稠密,但为了追求更加便捷的都市生活,大多数原住民已纷纷离开了。政府为了使这方山水更加原生态,也鼓励当地人往外迁移,因此,对每个外迁者都给予比较丰厚的补贴。只有少数原住民愿意承受这种最原始的生活方式,长久地留了下来。

外籍人员想定居雪峰山脉几乎不可能,除非像肖成城这种国际级重要专家。

不过,肖成城是雪峰山人,就算他的身份不够显赫,只要他愿意忍受这种原始生活方式,也有权回原籍定居。

肖理夫当然知道父亲决然返回雪峰山脉的主要原因:回避那些几乎无处不在的脑电波感应系统——只有当前这方净土才有可能做到。

可是,父亲何必回避得如此极端呢?只有一种可能:他一定是发现了什么重大秘密,又不想让更多人知道。

然而,这和记忆留存又有什么关系呢?父亲何必拒绝得那么不近情理?

太阳开始西斜,还是没见父亲和艾佳回来。

肖理夫联想到那个不太吉利的梦境,有些担心起来,只好在手腕上的通信仪上点了一下,眼前跃出一个小小的沟通界面,他轻声问道:"艾佳,我回来了,你们在哪里?请用字幕回复我。"

他习惯艾佳用字幕回复自己——如果父亲在旁边,就不会干扰到他。

沟通界面上立即出现几行字:

理夫先生，您这么快就回来了？您父亲正在这里挖坑，我不知道他想干什么，也劝不住他。我正打算问您呢。请您马上赶过来吧。

沟通界面上立即出现一个定位图标。

肖理夫点了一下图标，不仅显示出清晰的路途和目标位置，连父亲正在用铁锹奋力挖土的视频图像都显示了出来。

年逾百岁的父亲浑身都是泥土。

他立即知道父亲想干什么——难道自己那个梦境会应验得这么快？

肖理夫立即跑下楼梯，往目标位置奔去！好在目标位置并不远，才三千多米。

密林间的鸟雀被飞快奔跑的肖理夫惊得扑棱棱飞上天空。肖理夫不停地奔跑：父亲的身体没有出现任何状况，他最近又格外痴迷于古籍收藏，怎么会突然想走这一步呢？他有没有考虑过我的感受……

肖理夫的忽然出现让肖成城吃惊不小，铁锹无力地从他手中滑落，老人满身泥土地瘫坐在坑中，却不敢和儿子对视。他深深低下灰白的头颅，像个犯下大错的孩子，口中喃喃自语："生命来自泥土，也回归泥土……"

坑边，艾佳满脸疑惑与无奈，显得无所适从。见到肖理夫跑过来，连忙说道："理夫先生，您来啦。家里早已做好了午餐，我是来喊您父亲回去吃午餐的，可是他一直在这里挖坑，怎么也叫不动。"

艾佳的声音还是那么柔和，"她"是个中年妇女形象，面孔很生动，美得很高雅。

第一次，肖理夫失态地对这个"高雅女人"吼了起来："你知道他是在干什么吗？我爸爸是在自掘坟墓，他想自杀！你怎么不早点告诉我？"

肖成城总算抬起头来："理夫，你不能这样对艾佳说话，她怎么知道我在干什么？她的脑库里完全没有这些信息……所以我才打算这么做……"

肖理夫立即觉得自己失态了：是啊，现在的人死去之后，遗体要么采用成本低廉的汽化方式，要么就是成本较高的太空葬。艾佳的智能数据库中根本没有土葬的相关资料，自然无法分析出父亲的古怪行为。

肖理夫对艾佳说了声"对不起"，就跳下半成型的土坑，蹲在父亲跟前："爸爸，您这么做，考虑过我的感受吗？您应该知道，您是我生命和情感的全部……"还没说完，泪水已挂满了他的脸颊。

在这家庭与亲情观念如此淡薄的社会，儿子这种浓厚的情感让肖成城震撼不已。他只好艰难地如实相告："儿子啊，你不要这样，人迟早都会有这一天的……我也是迫不得已，我在这里设置的多重防护密码已经被不知来源的解码系统破解了好几层，如果我不早做决断，他们很快就会扫描到我的脑库，所以我只能这样了。"

"爸爸，只要您不走这条绝路，我什么都答应您。那件事我们也不谈了。请您不要这样，好吗？"

"可我还能有其他选择吗？那些家伙一直在步步紧逼啊。理夫，如果你能明白他们扫描我的脑库之后，会给人类带来怎样的后果，你可能就会理解我了。可是我……什么也不能告诉你。如果我行动太慢的话，只怕我连回归泥土这个最后的愿望都无法实现了。因为他们一旦发现我有自绝行为，很有可能会对我采取强行干预。有些极端力量会这么做的！"

肖理夫沉默了，他不知道父亲在生命科学研究领域里究竟发现了什么重大秘密，这个秘密会给人类造成怎样的负面影响，他只在乎父亲生命的长久留存，因为父亲是自己情感的唯一寄托。不管父亲是纵横整个生命科学界的风云人物，还是一个普通百姓，他对自己的爱在这个世界上是独一无二的，这就够了，他只希望父亲的生命能够尽可能地存在，哪怕是记忆的留存。

肖理夫想了又想，忽然对父亲说："爸爸，我们也不多想了，如果您想尽快结束生命，只是担心他们会破解您的脑库防护密码的话，我倒有一个办法，他们肯定无法破解。"

"什么办法？可靠吗？"

"绝对可靠。我可以……"

肖理夫正准备把想法说出来时，肖成城突然打断了他："走，我们父子俩去山间散散心！"然后飞快地瞟了坑边的艾佳一眼，并立即起身拉起儿子的手。

肖理夫疑惑地打量了一下父亲沧桑的脸，发现这个古怪老头再次恢复了从前的精干和活力。他立即明白父亲的意思，赶紧打住话头。

父子俩一齐跨出土坑时，肖成城又把儿子手腕上的通信仪摘下来，不由分说地递给艾佳："艾佳，我儿子回来啦，麻烦你回去再做一个菜，我俩去山上散散心，马上回来。"

望着艾佳转身消失在密林间的小路上，肖理夫轻声说："难道对'她'也要防范吗？"

"小心防范总不是坏事，'她'毕竟只是一个机器人，给'她'输入什么指令，'她'就会忠实地执行什么。谁知道'她'会不会被其他系统输入新的指令呢？走，走远点再说你那想法。"此时，这个生命研究领域里的顶尖科学家精明的脸上甚至露出了一丝狡黠。

"可是，也用不着把我的通信仪也让'她'带走吧？"

"凡是人类生产出来的智能产品，都有可能被任何人利用。只有我们的大脑和记忆才是最忠实于我们的。所以，还是让它们离得越远越好——如果你真的希望老爸能够多活一些时日的话。"

在这个古怪老头的拉扯下，父子俩一直往与老木屋反向的密林间走去。肖理夫发现，父亲的手掌还是那么温暖有力，腿脚也依旧矫健，完全不像一个年过百岁的普通老头。看来，研究生命科学的人毕竟生命力旺盛一些。肖理夫心头暗暗欣慰。

"理夫啊，我也并不想死得那么快，尤其不想让你为我的死而过度伤心。所以，就算去死，我也希望死得让你稍感慰藉，因此我打算以土葬了结——看到我的坟墓，你多少能有个念想，这样你就不会太伤感了。"

"可是，爸爸，如果您真的这么做了，我会心碎的。我是您生命的延续，也是您情感的凝结，您知道我会有多么痛苦！"

小时候，肖理夫的身体忽然失去了造血功能，以现在的医术，再造骨髓可以让他恢复造血能力。在父子俩各种指标完全匹配的情况下，肖成城强烈要求移植自己的骨髓。小理夫手术后，父亲也不让机器人护士照料，全程亲自陪护，直到儿子痊愈出院。后来，他多次深情地对儿子表示：不管是骨髓还是护士，人造物质的质量就算再好，毕竟是没有情感的；而我对你的情感，是任何机器都无法替代的。

肖成城却一直望着远方："如果让他们成功扫描了我的脑库，将对当前整个人类产生巨大的负面影响。我只能舍轻取重啊，理夫，希望你能理解我。"

"如果按照我的办法设置您的脑库防护密码，那些系统可能永远也破译不了。爸爸，我现在可以说出我的想法了吗？"

这时，已来到一片山坳间，父子俩停了下来。肖成城习惯性地往四周打量了一番，又望了望古树遮掩的天空。

发觉目力所及没有任何可疑的监测装置后，肖成城说道："你说吧，看可不可行。"

肖理夫反问道："爸爸，您在房间中一共为您的脑库防护装置设了几层密码？"

"七层。再多的话，我自己也有可能会记错。如果我自己因为忘记密码而无法打开它，我的脑库也就意味着完全废弃了，活着和死去还有什么区别呢？"

在这个时代，每个人的脑库就如同21世纪初的云盘，一旦完全找不回密码，云盘中存储的所有信息就不再属于自己了。而脑库所存的信息量更加庞大，几乎是每个人毕生的知识、记忆以及生活体验。尤其是科学家们的脑库，其内容不仅格外广博，还事关毕生的成就。

所有人的信息和地球上所有智能数据会合在一起，就成为地球之脑——简称"地脑"，它是整合了地球人类智慧的大智能系统。与之相对应的，就是"天脑"，即人类探索外太空的智能数据库。不过，耗资尤其巨大的天脑系统以及天脑城当前还都只是雏形。

也就是说，天脑的筹建还仅仅是个美好设想的开端。

"爸爸，您有没有想过，在设置层层密码时，您故意随便设置，不用大脑刻意去记它们，而是把它们写在某张纸条上——这样，那些人就无法搜索到您记忆中的脑库密码，也就无法破解您的脑库了。"

"这怎么能行呢？不管我把这些密码纸条放在哪里，我自己总得记住它们的具体存放点吧。哪怕我只是打一个盹，那些无孔不入的系统就会从我的记忆库中找到密码的存放处——找到密码纸条不是比破译密码容易得多？"

如同催眠一样，只有当人进入深睡眠之后，那些脑库破译系统才能对某人进行完整的脑电波扫描。否则，只要处于清醒状态，并且有意抗拒脑库扫描的话，大脑记忆中的内容是根本扫描不到的——这是人权的最后保留地。

肖理夫这时才说出自己的想法："爸爸，正因为那些密码都是您自己设置的，您总会记住它们。因此，只要他们盯上了您，总会在您深睡之后，从您的大脑记忆库中搜寻您设置的密码，因而就算密码设置得再复杂，他们总有办法慢慢破解。如果您把另外几层密码让别人来设置，您也压根不知道那些密码，他们怎么从您的记忆中去破解它们呢？"

老头子一听，开心得眉飞色舞，一把抱住儿子："我的儿子太有才了！这如同古时候的金库，拥有几把不同的钥匙，分给不同的人保管，必须几个人同时将几把钥匙一起插进不同的锁孔中，才能打开金库……理夫，你是怎么想到这个办法的？"

肖理夫是作家，他也经常担心别有用心的人剽窃他脑库中的创作成果和创作意向，因此，他早就想到过这种防范措施。只是他的名气还不够大，还没有人盯上他，所以这种防范手段一直没有实施。

肖理夫高兴地说："各行有各行的想法。爸爸，既然您觉得这种方式可行，我能不能充当您另一把钥匙的保管者？"

"好儿子，就是你了！我们赶紧回去重新设置密码。你设置其中的另外三层。"

父子俩一阵风似的跑回老木屋的二楼。见艾佳没有跟上楼来，肖成城走进房间，拉开书桌的一个木抽屉，里面露出一面老式的液晶显示屏。

这里的一切东西都是那么古旧，可能只有隐藏在房间木壁内的脑库屏蔽系统是现代的。

肖成城在液晶显示屏上操作了好一阵，轻声说道："我已经消除了其中三层密码，现在就由你来设置吧。"然后转身走出房门，朝楼下喊道："艾佳，把饭菜端在堂屋的老方桌上，我们马上下来吃饭！"又自言自语道，"我现在终于感到有些饥饿了。"

不一会儿，肖理夫走出房间。肖成城问道："设好了？"

见儿子认真地点了点头,这位生命科学界的大佬紧紧拥住儿子:"理夫,现在我的脑库成为我俩的共同体了,你一定给我好好活着。"

肖理夫动情地说:"爸爸,今后无论发生什么事,您都不能轻生。如果您那样做,我会紧步您的后尘。"

这个举世闻名的古怪老头的眼圈突然红了:"儿子,咱们吃饭去。这里的蔬菜和粮食都是我亲手种的,酒是我用山泉水酿的,味道绝对不同于城里那些工厂生产出来的仿生食品。你有时间就常回来,屋后那片稻子的长势真好……"

肖理夫说:"爸爸,稻子成熟时,我一定回来帮您收稻子。"

"这个就不用你操心了。现在的年轻人哪里还会干这种原始农活?艾佳在力气方面比咱俩都强。"

"那么,那件事呢?爸爸,您要不要再考虑一下?"趁着父亲高兴,肖理夫再次提了出来。

"既然我一下子死不了,记忆留存的事暂时就不用考虑了。"

"可是,我总担心,如果有意外……"

"一旦进行记忆留存,才有可能发生意外呢。理夫,隔行如隔山,有些事情你是不明白的。"

这时,他们已走到一楼的堂屋门口,父子俩只好结束了这个沉重的话题。

4

由于不用考虑父亲当前的身体和心理健康状况,肖理夫的心情格外好,他一回到成都就进入了极佳的创作境界。经过两个多月的创作与不断修改,一百多万字的巨著《天脑纵横》正式完成,整部作品比他预想的效果好出许多!

这是一部科幻作品。当前精神文化的主流就是科幻作品,其次是反映古代田园生活的文艺作品。至于家庭和爱情故事,就如同21世纪初的穿越剧一样不靠谱,更如那时候的诗歌一样不叫座。

在好奇心和各种忧患意识的驱使下,人类不懈地探索浩瀚的宇宙,寻找第二甚至第三宜居星球,开发各种宇宙资源等愿望变得越来越强烈。于是,追光速甚至超光速恒星飞行器已成为全球前沿科学界的主流研究方向。

而事实却是,当前最先进的飞行器,其飞行速度勉强能达到光速的十分之一,也就是每秒不到30000公里,远远达不到开发或移民第二宜居行星的要求——当前人类平均寿命为160岁,纵然一个人一出生就能驾驶高速星际飞船,终其一生才勉强飞到太阳系的边缘柯伊伯带——这还是不考虑各种意外因素的理想情况。

但在一次次高能耗的试验中,地球上的可用能源消耗得近乎枯竭。并且每次大试验,都给地球大气层环境造成一定的污染,甚至给地球内外带来一定的伤害。因此,地球看起来一片繁华,实际上已是千疮百孔。

因此,一方面,人类希望在生命科学方面取得重大突破,让人类的寿命更长;另一方面,对高速飞船的研发几乎达到疯狂的地步,从而催生出对科幻作品的狂热追捧。

肖理夫创作的科幻巨著《天脑纵横》正是在这种情形下应运而生——科技越发展,人类对未来科技发展的多种走向越向往、越迷恋,越需要优秀的科幻作品来满足人们热切的精神需求。

在这部科幻作品中,地球人类利用天脑的智能数据库,发现了宇宙中存在的生命不死因子——极原始的端粒酶,使人类几乎可以长生不老。同时,利用天脑的博大数据库,人类不仅找到了更多适宜地球人生存的星球,更在天脑数据库的运行中发现了超光速飞行原理……最后，地球人类成为神一样的存在，帮助弱小的星际文明打击宇宙霸权，平定奸佞与阴谋，纵横于百亿光年的浩瀚宇宙中……

当然，《天脑纵横》的情节设计也是一波三折、柳暗花明，细节推理天衣无缝，尤其是一系列正反关键人物的设置，都塑造得立体饱满，入木三分，绝对不同于一般的小说。

肖理夫深知这部作品的市场价值和开发潜力，自然不愿找最低级的传播媒介——声媒，至少也得找中等级开发商，做成立体影视。当然，如果能开发成最高端、最流行的作品形式——互动式影视，其精神享受自然更加强烈，作品的回报自然更加丰厚，自己也可以跻身全球名作家行列了。

为了达成这个愿望，肖理夫把这部作品的内容简介和部分精彩章节链接到"原创科幻"这个全球性公共交流平台上，希望找到理想的合作方。

肖理夫根本不需要把简介和精彩章节转化成其他语种，汉语早已成为全球通用语言。因为这个时代全球人类有三分之一是华人，有过半人口，也就是二十多亿人日常使用的就是汉语。

21世纪末期，全球连续爆发了几场难以预测也难以抵挡的流行性病毒，使地球损失了三分之一以上的人口。当时的人类对这些病毒没有足够的认识，自然没产生足够的警觉，医学上的紧急应对措施远远跟不上病毒的变异速度，最后导致全球人口急剧减少！有些医疗条件极不发达的地区甚至出现了人种灭绝的极端惨状。

之后，由于地球人口大幅减员，地球资源相对丰富起来，于是人类文明出现了又一个蓬勃发展期。但地球人口总量一直变化不大，两个多世纪以来，基本上维持在40亿左右——越是高福利社会，人们生儿育女的想法越淡漠。

肖理夫的作品简介、章节精选链接上去没几天，果然被英国一家名叫约瑟华兹的跨国文化传媒公司看中了,并且表现出强烈的合作意向。

于是,肖理夫暂时屏蔽了所有或试探或合作诚意不太明确的信息来源,专门和这家公司洽谈起来。对于那些合作意向不够明显的文化机构,肖理夫不想多浪费时间——至少当前如此。

双方正在沟通界面上紧锣密鼓地商谈合作事宜时,艾佳忽然主动给肖理夫发来一条信息——

理夫先生,您现在方便吗?

以前都是肖理夫主动与艾佳沟通的,这早已成为双方沟通的惯例。

父亲那边肯定出了什么状况!他连忙回复过去:"方便,方便!我父亲是不是出什么状况了?"

沟通界面的顶端再次跃出一行字:

您父亲想和您沟通,他希望用视界方式,您方便吗?

肖理夫赶紧用语音回复:"方便!那我们一起打开视界吧。"然后向约瑟华兹公司的洽谈者发出一句"对不起,我现在有急事,暂时中断商谈",手指再一划,整个沟通界面立即切换到父亲所处的场景:

午间的阳光洒满父亲全身,那套古朴的灰色棉质衣服上落满了金色的阳光和细碎的金黄色草叶;老人家的脸色稍微变黑了,但气色不错;四周是那片再熟悉不过的葱郁森林,葱郁间透露出深深的墨绿;山风轻拂,有些阔叶林间不时飘落或红或枯黄的叶片,如彩蝶飞舞;父亲身后是一大片金灰色的稻草垛子,老人家就坐在一堆稻草上。

哦,已是深秋了,并且已经秋收了,我居然把这事给忘啦。肖理夫有些内疚,立即挥手打招呼:"爸爸,您还好吗?我竟然忘记回去和您一起秋收了。"

"我知道你最近很忙,《天脑纵横》的简介和部分章节我在网络上都看到了。写得不错,老爸为你高兴!今年稻谷的收成很不错,你不用为这事操心。"肖成城的脸色看起来很不错。

看来,密码转移设置之后,父亲果然不再为这事伤神了。

但肖理夫还是有些不放心,问道:"爸爸,有什么大事情吗?"

"没有。我只是想你了。顺便向你提个小要求。"

"请爸爸明示。"

"理夫啊,你年纪也不小啦,应该考虑要个孩子了。"

肖理夫一下子噎住了——父亲以前从来没有向他提出过类似的话题,如同父亲很少同他提起妈妈一样。肖理夫的心情很复杂,不知该怎么回答这个古怪老头。

"理夫,我知道你考虑最多的是什么。放心,现在的你比你老爸年轻时帅气得多,只要你愿意付出,你的伴侣肯定愿意和你长久相处。不像老爸我,人长得不怎么样,年轻时却花心得很。你妈妈生下你之后的大半年里,我忙着交新的朋友,又忙于科研工作,陪伴她的日子几乎没有。她那么早离开我们父子俩,是完全可以理解的……"老头子说到这里,满脸羞愧,"我现在对你说这些,只是想让你好好珍惜身边的一些人和事,不要再像老爸我一样。"

肖理夫还是不知该说什么好。他从来不知道那个印象模糊的妈妈匆匆离开自己、离开父亲的真正原因。

老人家又说:"你妈妈是个很漂亮也很有气质的女人,等她真正一去不复返之后,我才发觉,她在我心目中的位置有多么重要,但一切都已无法挽回了。于是,我只好把自己对她的歉意和爱恋都用到了你身上……理夫，你应该怨恨我这个不称职的老爸。"

肖理夫对父亲认真地摇摇头。他对父亲一点也不怨恨，相反，记忆中的风雨岁月，只有父亲对自己无微不至的关爱，点点滴滴，如同繁星闪烁。

肖理夫感动地说："爸爸，过去的事情反正已经过去了，我对您只有爱和深深的感激。您的要求我可以答应，不过您也要答应我一个要求。"

"什么要求？不会是那件事吧？"

"就是。"肖理夫笑了笑。

"不行！我不想让你爷爷的那种糟糕局面在我身上重现。"

"可是，您明明知道的，现在的科技远非半个世纪前了，记忆留存技术很稳定，绝对不会闹出爷爷那种麻烦了。"

"那也不行！这不能成为你我交换的条件。就算是我对你情感投资的回报，我现在要从你的'情感银行'里提取利息了，你不可以拒绝我！"这个古怪老头展开的笑容中隐含着坚定与不可商量的成分。

"好吧，我答应您。我会尽快实现您的愿望。不过，爸爸，就算不是条件交换，您也得考虑一下我的感受——我不希望您今后的一切像云烟一样消散得无影无踪。求您了，爸爸！"

肖成城的头低了下去，似乎在犹豫着什么，思考着什么。

有点希望了，得趁热打铁！肖理夫赶紧说："爸爸，我现在已经知道您最担心的是什么，我已经想到办法了，可以把您的全部记忆直接留存在我的脑库中，这样，只有在我想念您的时候才可以随时……"

"别说了！以后见面再聊。"肖成城突然切断了视界。

午后，秋天的阳光照进房间里。肖理夫望着眼前的虚空，想了想，确实有些后怕：自己差点透露出某种信息，别人有可能从这个话题联想到密码转移这件事上来——如果此次沟通被监视了的话，如果他们联想到这个环节的话。

幸好父亲思路敏捷、反应极快——应该不会捅下什么娄子吧。

5

北纬 41.118°，东经 100.316°——中国古老的卫星发射基地。

这里除了森林和植被变得更加丰富，生存条件变得更加宜人，还有一个最大的变化，只是普通人根本无从知晓。

在一大片胡杨和白桦林掩映的小山包旁，静静地伫立着十来幢纯金属结构的建筑。这个小建筑群的楼层普遍不高，都在三到五层之间，比周围那些笔直高大的白桦树低矮许多。因此，从外面看的话，根本发现不了这些建筑。至于这些建筑地下还有多少层，就更加隐蔽了。

中间那幢五层建筑算是其中最高的，门口挂着两块很不起眼的金属牌子——"联合国地脑系统运行中心""联合国天脑筹建中心"，每块牌子上只用中文和英文书写，再无其他语种。介绍如此简洁，只是便于内部工作人员识别。

联合国总部依然在美国，却衍生出许多分支机构，而更多重要机构已明里暗里地转移到了中国。

整个地球上，除了某些地区的归属稍有改变，各国依然存在，但地缘和国家意识已显得不太突出。在这高福利的年代，各国政府的主要作用重点体现在科技沟通与协调合作上，以及协助联合国向地球外围空间发展等方面——当然，还有其他更加重要的事情，只是不会大张旗鼓地展现在普通大众面前而已。

人类历来如此，越是关键或越是重要的事情，越不会让普通大众知晓,更不会让他们参与。否则,就世界大乱了。

又一个重要的小型会议正在这幢五层建筑的一楼召开。这是一楼靠西边的一个小房间。房间里总共只有六个人:三男二女,还有一个从外貌上根本看不出性别的人,但特别年轻。

主持会议的是个六十来岁的壮年人,他显得很精干,说话的语气也是干净利落:"各位,由于这次会议的重要性和保密度,不能进行网络会议,只好把你们召集过来。确定你们所有的通信设备都关掉了吗?"

见众人一致点头后,主持人说:"最近,我们的工作进展受挫,尤其是针对那个关键怪老头子的密码,以前尽管进展缓慢,但毕竟在步步推进,可最近根本无法破译了。你们能找出其中的原因吗?"

众人摇着头,都是满面愁容。

"西格温,这个工作具体由你负责,你说说详细情况,供大家参详参详,看能不能找到其他突破口。"主持人朝圆桌对面的一张欧洲女性面孔努了努嘴。

西格温一头淡黄色头发,看不出实际年龄,她抿了抿丰润的嘴唇,说的还是中文:"我和我的团队一直在思索这个问题,却百思不解。这个怪老头的另外几层密码根本无法搜索并破译,他似乎完全失忆了,在他的记忆库中找不到任何有关的记忆残存,连潜意识里都没有……马司长,谢谢您对我的信任,让我负责这个关键项目,可能是我的能力有限,无法胜任这份工作,您可不可以考虑另换负责人?"

"西格温,你的能力不用怀疑,以前你的工作不是进展得还算顺利吗?还是由你继续负责这个项目。我们可以寻找其他途径协助你的工作。"马司长扭头对其他与会者说,"你们最近的工作进展呢?都汇报一下吧。"

一个棕色面孔的老年男士用英语说道:"司长,我的团队已经成功破译了密斯罗森的脑库密码，想着可以协助到西格温，可是，搜遍密斯罗森的脑库，其中除了许多他和密斯肖之间工作往来和生活琐碎方面的频繁交往，竟然没有发现任何有价值的信息。也就是说，他俩尽管同事几十年，并且这两人的关系也非常融洽，但他俩之间根本没有提到过有关生命科学研究方面的关键话题。这实在太奇怪了，也太不可思议了！"

马司长说："艾略特先生，你的工作很出色。这只能说明，那个怪老头在生命研究领域里肯定又发现了极其重要的奥秘或线索，却不愿公之于众。要知道，这个怪老头对整个人类的意义非常重大，他五十多岁时研究出来的成果——通过提升人体端粒酶的填补与修复效果，就让我们现代人的平均寿命延长了四十年！

"正因为他天才般的大脑，当年联合国科学院从世界各地、各部门紧急调集相关专家和学者，专门成立了'生命终极研究中心'。由这个怪老头牵头，具体负责研究人类生命的终极奥秘，希望人类的寿命可以无限延长。

"可是，在潜心研究近五十年后的三年前，这个怪老头却突然莫名其妙地辞职，导致该研究中心被迫撤销。可以想象，他的发现一定非常惊人！因此，我们一定要设法获取他的发现，以促进有关前沿科技的进一步发展，这正是我们的使命所在！"

马司长说完，在圆桌上砸了一拳。尽管砸得不重，却显示出他信念的坚定。

"司长，我们是否可以向联合国有关的职能部门申请，直接把那个怪老头进行强制催眠，何必花这么多的精力和时间呢？"

"就是啊，或者直接对他进行逼供……"

马司长狠狠一拳砸在桌上，几个杯子震得跳了起来："荒唐！这是人权社会！你们怎么可以想到这一出呢！你们知道那个老头在国际上的声望有多大吗？如果那样做，我们这个部门会立即完蛋！"

他突然觉得自己有些失态，语气缓和下来："我们都是优中选优的精英分子，我们的科技、我们的毕生所学是用来干什么的？就是为了让人类更自由、更安全、更强大！再说了，我们好不容易排除种种阻碍，才成立了这个'脑库索取司'，还是在联合国个别重要领导的支持下秘密开展工作的——我们现在只是'地脑'的秘密分支机构。

"因此，我们要时刻明白，如果摆在台面上，我们这个部门很有可能会被撤销。因此，你们一定要管好各自的工作人员，要他们处处小心，不要张扬，更不要触雷。

"尤其是那些反对派势力，那些极端的人权主义者，他们以严重侵犯个人隐私为由对我们的计划进行种种干涉。所以，千万不要让这些人抓住我们的实际把柄。因此，我们在破解有些人的脑库密码时，绝对不能暴露我们的路径痕迹。这样，就算有人怀疑到我们，也可以转嫁到民间黑客头上去，会有专门的部门为我们'澄清事实'的……"

"马司长，我的部门最近连续遭到黑客围攻，系统几次差点崩溃，弄得我寝食难安，防不胜防。"那个看不出性别的年轻人突然站直了高瘦的身子，尖锐的声音有些激动，"我相信，绝对是反对派分子在对我们使坏。司长，您能不能申请有关部门对他们进行制约，要不……"

马司长很快打断了对方的话："还想去制约人家，不被他们制约就不错了！万洪波啊万洪波，你是信息安全员，你的职责就是负责我们整个中心安全运行的，是我们的防护罩！你要多动脑筋，多设置一些诡异的防火墙，要勤换防护密码，这些日常工作，还用我来教你吗？小万啊，你要明白，防护罩一旦被他们攻破，不但我们的运行系统将面临瘫痪，我们的秘密资料也可能泄露出去。那样的话，我们的行为将会受到国际人权总署的干预，甚至会受到国际最高法庭的审判！因此，你要时刻保持万分警惕！"

那个叫作小万的青年点了点头，满脸郁闷地坐了下去。

马司长继续说："小道理、小事情我就不多讲了。对于像肖成城、达里奥、井村二郎这些国际顶尖专家的脑库，我们一定要抓紧时间设法利用和开发起来。他们是人类共同的财富，是造物主赐给人类文明的财富。我们千万不能让这些财富遗漏而造成千古遗憾，那样，我们会成为人类文明进程中的罪人。

"以牛顿、爱因斯坦等人为例，他们在三个多世纪前所发现的理论，直到今天依然引导着科学的前进之路，我们在物理和天文方面取得的成就，至今还是以万有引力、量子力学和广义相对论等理论作为基础啊。这种天才式的大脑，如果以现在的技术加以留存和开发，那将为人类的发展带来更大的福泽！所以，我们一定要想方设法开发现有顶尖专家们的脑库。

"还是那句话，我们要想成为宇宙的主宰，就要好好利用造物主赐予我们的财富。也许我们这一代无法完成这个宏图伟业，但是，这个伟业的进程，将以我们的努力作为起点。

"不过，在极端自由思想的制约下，我们现在的工作是顶着磨盘跳舞——吃力不讨好。因此，我们得换换思路，看能不能从外围寻找突破点。我现在又觉得小万的想法有点道理，但不是他那种简单的思路……各位，你们多动动脑筋吧，希望能触发新的想法或找到新的突破点。现在，大家就畅所欲言、各抒己见吧！"

6

肖理夫暂时放下了与那家跨国传媒公司的商谈合作，开始考虑怎么实现父亲那个愿望——既然答应了爸爸，就得尽快落实。

他在脑海中搜索着身边交往过的女性朋友。肖理夫不是一个特别看重性爱的男人，几十年来，交往的比较稳定的异性并不多。

尤其是在忘我创作过程中，尽管也有异性朋友偶尔前来约会，或者偶尔外出放松一下，但他似乎已把大部分的雄性激素转化为创作灵感，那方面的欲望就变得不太强烈了。

肖理夫很快想到了一个交往比较频繁的女性朋友。

肖理夫在交流界面上找到一个小图标，发出一句简短的文字："宁静，你现在方便吗？"

"现在方便吗？"已成为人们使用频率最高的日常问候语，早已取代"吃了吗？""Hello"等打招呼用语。由于生活方式、生活态度的高度开放，人们不太方便的时候也随之越来越多。但是，不管人们多么开放，男女之间在满足生理需求时总不希望别人干扰，更不希望被外人看见——这是人类有别于动物的最后羞耻底线。因此，不管是当面问候，还是通过网络沟通，如果首先打招呼的话，必须先问一声："你方便吗？"

"方便呢。大作家，你现在在哪里？"对方很快回复过来，文字后面还有一个愉快的表情符号。

由于心中有了更深一层的想法，肖理夫顿时涌上一股从未有过的激动。黄昏的阳光斜照进来，竟然在他脸上映出一抹潮红。

肖理夫立即回复："我在成都的家里。你呢？"

"我还在研究室上班，你……"张宁静是生物学博士，今年才三十出头，目前在一家大型生物药业公司的某研发部门工作。

在肖理夫的感觉中，张宁静不仅人如其名般安静，还有东方古典女性的某种羞涩，就算心中有那种想法，也很少主动表达出来。这在现代社会显得特别难得，这正是肖理夫首先想到她的原因。

"你既然方便，我今晚想去看你。行吗？"肖理夫也变得含蓄羞涩起来。

对方没有很快回复。肖理夫的心怦怦直跳,这也是从未有过的感觉。

还好,五秒左右,对方回复过来:"还是我去你那里吧。"

"那我立即过去接你!"肖理夫长吁了一口气。

"我还是自己过去吧。我知道你很忙。再见。"多么善解人意的文字,似乎每个字都烫到了肖理夫的心上。

在焦急等待的过程中,肖理夫一秒也没让自己闲着,他飞快地布置着房间里的每一样摆设,连房间角落里那几盆大叶君子兰也被他用毛巾一一拭去了叶片上的微尘……

整个房间很快布置得像一间古老的"洞房"——他知道她喜欢古典氛围:房间里弥漫着粉红色的灯光;柔情妙曼的古典歌曲——电影《泰坦尼克号》的主题歌《我心永恒》循环播放着;空中的立体影像也是《泰坦尼克号》中男女主角站在船头依偎飞翔的情景……

但肖理夫还是有些忐忑,因为他打算向她摊牌,但他不知对方会不会答应——尽管自己并不显老,但毕竟比她大出那么多。同时,他在心中不断反问:现在的人还表现得如此浪漫多情,会不会显得很廉价、很可笑呢?他却想不出其他方式来表达自己现在的心情……

正在纠结间,门铃声响起。接着,眼前的沟通界面上出现了一个长发披肩的女性面孔,年轻的面孔美得极其精致。

肖理夫长吁一口气,他整了整头发,连忙过去开门,心里却更加激动、欣慰。好久没见,她果然没变,还是习惯乘电梯上来——不像一些女性,背着个单人飞行器,飞侠一般从天而降,个性张扬得让肖理夫都有些不好意思。

身材修长的张宁静轻轻走进房间,却突然被电流击中一般,她被眼前的浪漫景象惊得有些不知所措,清澈的眼神中露出惊鹿般的慌乱。

肖理夫反而被她的神情弄得又紧张又惊喜:她的身材那么好,穿着却那么含蓄得体,不像有些女性,总以凹凸有致的火辣造型将过剩的雌性激素展露无遗。

刹那间,肖理夫有些恍惚:她是不是从古代穿越过来的女孩?我以前怎么没发现她如此迷人呢?

"理夫,你,你这是干吗?"张宁静终于说出话来,一下子将肖理夫拉回了现实,他赶紧端来一杯早已准备好的香茶:"看,茶都快凉了。快坐,快坐下。"

她接过茶杯,却没有立即坐到身边的沙发上。

肖理夫没敢轻易去拉她。如果是以前那种游戏的心态,他早就露出玩世不恭的神色了。同样,张宁静看到肖理夫房间里格外浪漫的布置,再加上对方的紧张神态,也拘束起来。

这样下去,双方只会越来越紧张。肖理夫深吸了一口气,说:"宁静,我想你了。你想我吗?"

对方点了点头:"有点想。要不,我怎么这么快就赶过来了呢?"张宁静果然变得轻松起来,笑容中还浮现出俏皮和玩乐的成分。

"我们有多久没在一起了?你说想我,为什么不主动来找我呢?唉,你能不能告诉我实话,你现在有多少个异性朋友?"肖理夫再次把率真的心思说了出来。

"我俩有半年多没见面了吧。但是你也没来找我啊。包括你在内,我共有三个异性朋友。"她很自然地捋了一下黑亮的长发,然后坐到了沙发上,又很自然地打量了一下肖理夫。

肖理夫满意地点了点头,顺势坐在她身旁,抚摸着她的长发,声音柔和得像融化冰雪的阳光:"宁静,说实话,像我们这样生活比较严谨的人已经不多了。我们的很多生活观念是相通的,所以我特别喜欢你。你能不能告诉我，你选择男朋友的标准？方便的话，你就说，不方便的话，可以不说。"

熟悉肖理夫的人，都说他充满磁性的男中音几乎可以吸起非金属。他这次故意用如此磁性的声音对女友说话，对方想必会被感染得不忍拒绝他的请求。

她果然认真地说道："我，我好像没有刻意为男朋友设置什么标准，还是看缘分吧。"说到这里，她的气息有些急促，羞涩地扑到了肖理夫身上。

因为心中那份热望，他反而没像以前那样顺其自然地和她抱成一团，而是扶着对方的肩膀，认真而热切地说："宁静，我很感谢你……如果，我说，我想和你生个孩子，你会怎么想？"

终于提到了关键话题！

张宁静看着肖理夫，半晌没有出声。

肖理夫也紧张地看着对方姣美的面容。

接着，两行清亮的泪珠从她的眼睛里涌了出来，她用力点了点头，泪水随之滴了下来："我愿意！我愿意品尝做母亲的滋味——尤其是和你。我一直依恋着你，你知道为什么吗？尽管我俩相处的时间并不多，可是，你的柔情，你多年来对我点点滴滴的关心，总能给我父亲般的安全感。因为我不知道父亲是谁，从小也没尝到过父爱的滋味，是你给了我父爱的感觉。在我成年后，妈妈为了不断寻找新的幸福……我和她已经很少往来了。因此，我很想有一个真正的家。我的孩子如果能有你这样稳重慈爱的父亲，一定会很有安全感的，也一定会很幸福的。谢谢你，理夫。"

肖理夫受宠若惊，结结巴巴地说："真的吗？我——我可以这么理解吗？我俩今后在一起时，你——你可以不用避孕了吗？我俩真的可以拥有共同的孩子了？"

张宁静满脸红霞，点头道："真的。是的，我一直盼望着……"

"那……"

"我会立即断绝和他们的关系。"

"我比你大四十岁啊,你有必要为我牺牲那么多吗?"

"我不认为我为你牺牲什么,相反,是你给予我太多。也许,有些人会认为我很傻,现在这个时代还考虑什么血缘,但我就是这么想的,我需要我的孩子有明确的父母。也许,纯粹的肉欲对每个正常人来说都很重要,但是,我更看重精神层面的享受……理夫,谢谢你主动提出让我成为你孩子的母亲。我早就有这种念头了,却一直不好意思主动向你提出来。因为,万一你不愿意,我觉得我会在你面前抬不起头……"

"宁静,请别说了,我的心被你说痛了……"肖理夫的眼泪差点流了下来,连忙打断了她。

直到现在,这对约会了十几年的男女,才觉得自己是在真正地谈恋爱;直到这时,他俩才发觉,对方的声音,哪怕是细微的呼吸声,都仿佛是动人心魄的情话——因为,他俩将拥有共同的小生命,让他们的生命有了共同的延续。

此刻,肖理夫甚至想和张宁静去办一张传统的结婚证,可惜这种机构早就没有了。

7

肖理夫还意犹未尽地躺在床上,遐想无限——现实、未来和作品中的幻想几乎都快乐地混淆在一起。

张宁静轻轻地起了床,梳洗之际,已将外卖叫了进来,这是一个商业机器人送来的,速度特别快。荤、素、汤都由包装盒装着,温度恰到好处。原来,机器人拿到配送食物后,一边飞行过来,一边利用自身的热能装置将食物加热到恰到好处。

两人温馨地吃着早餐。张宁静忽然说："可惜这里没有锅灶，要不，我愿意照着菜谱给你做各种饭菜。"

肖理夫又涌上一阵感动："都什么年代了，还要自己劳神做什么饭菜，多费事……你还要上班，不可以让你受累。"

"不知什么原因，我现在特别想做一回几百年前的女性。"张宁静的脸竟然红了。

肖理夫看看时间，有些不舍地说："可惜家里没有那些科研设备，要不你就能在家里办公了。"

"是啊，如果我也是一个作家该多好啊。"她的表情突然有些忧伤。

快到上班时间了，张宁静走到房门口时，忽然回头问道："我，我今晚还能过来吗？"

肖理夫立即答道："当然，你当然得回来啊！这里就是我俩的家啊！"

张宁静用力点了点头，一个转身，迷人的身影飘进了电梯。

张宁静离开后，肖理夫点开手腕上的沟通界面，将以前有过约会的其他女友全部屏蔽了，然后将张宁静的图像设置成"首优"。

首优一旦设置成功，将是最稳定的沟通模式，甲乙双方不论另一方在哪种情况下，哪怕对方正在与他人通话，哪怕另一方的通信设备已经关闭，都可以自动打开对方的通信器，进行无干扰联系，并且任何第三方无法进行监测。这种超稳定的通信方式，原来是特工部门为了单线联系而研发的保险沟通措施，国际形势缓和后，这种通信方式就改为民用了。

但前提是，对方也要将你设置为首优，并且两人得设置同样的密码锁。另外，每对首优通信只能设置甲乙两方，不能再设第三方。如同最古老的电话模型，电话线两端各只有一个用户。只是利用现有的科技，使这根无形的电话专线无限延长，并且能够穿越地球上任何阻隔。

不过，同一人可以与另外多人互设首优，如同某人可以与不同的人互设单线电话——只要你不在乎，也不介意被多个单线联系者无条件打扰的话。

还是那层意思：互设首优者，双方必须格外信任，并且方便他俩随时随地无条件地进行安全联络。

肖理夫想：今晚等她回来后，我也要她把我设为首优，她肯定愿意的，因为互设首优可以看作是我俩对感情的一种宣誓；现在没有《婚姻法》了，也算是对一种稳定情感的补偿手段或补救措施吧。

接着，他在沟通界面上对艾佳发了一则信息：艾佳，我父亲现在方便吗？我想和他进行视界沟通。

艾佳的字幕信息很快回复：

　　理夫先生，您父亲正在吃早餐，他很乐意和您进行视界沟通。

肖理夫的通信界面一闪，父亲立即出现在视界上：老人家正在喝粥，碗里还冒着丝丝热气。

肖理夫开心地打招呼："爸爸，您的心情最近还好吗？"

"儿子啊，你的脸色不错。老爸很好的。"老头子放下碗筷，擦了一下嘴巴，露出开心的笑容。

"爸爸，我向您汇报一下，您对我提的希望，可能很快就会实现，也就是说，您不久之后就会做爷爷了。"肖理夫满脸幸福。

"哦，进展得这么快？我说嘛，我儿子比我长得帅，肯定会心想事成的。"老头子笑得满面皱纹荡漾开来。

"关键是这个女孩——也可以说是您儿媳妇吧——让我很感动,让我既温暖又幸福,我第一次有了家的感觉。我相信您对她也会满意的。您看看吧。"肖理夫一边说,一边操作着界面,迫不及待地把张宁静的一些生活影像发送过去。

老爷子一边看着视界,一边说:"老爸为你高兴。哦,真的很美,难得的古典美,你们的儿子一定像你一样帅……如果是女孩子,肯定像仙女。这个儿媳妇看起来很有修养,你一定要好好珍惜,不要像我一样……我要给她送点礼物表示一下才行。送什么好呢?"

肖理夫连忙说:"爸爸,不要您送什么。只要您开心,就是送给我们最好的礼物。"

"那怎么行呢?你不能代表她,我是送给我儿媳妇礼物。对了,我知道送什么了,她一定会喜欢的。你们什么时候回来呢?你带她来散散心吧,这里的自然环境独一无二,我儿媳妇肯定会很开心的。"

"那,我让她请个假,可能的话,我们明天就回去。"

老爷子停顿了一下,接着说道:"不用这么着急吧。既然你有了情感的归宿,有了家——你明白的——老爸就放心了。我准备去外面做一次短暂的旅游——我老早就想出去走走了,现在终于可以放心地走了。你们过段时间再回来吧,我很快就会回来的。理夫,记住,这里也是你的家,是我们共同的家,是我们心灵的归宿。"这个曾经叱咤生命科学界的老人家说到这里,脸上浮现出浓浓的不舍和淡淡的伤感。

肖理夫不知道父亲为什么忽然伤感起来,连忙说:"您准备去哪里?我——我们陪您去吧!"

怪老头又笑了:"小孩子不要管大人的事!好好享受你们现在的

生活吧。我的身体好着呢。再说了,有艾佳全程陪同,你有什么好担心的?下次再聊吧,我要去翻地了。秋冬的蔬菜也该下种啦。"

肖理夫还想说什么,沟通界面很快变黑了。

8

下班时间还没到,张宁静就来了。

肖理夫惊喜地问:"你下班时间提早了吗?"

"想你了呀。我今天请了一会儿假,就提前回来了。"她果然说"回"来了。

这让肖理夫的心里踏实许多:"早点回来好,早点回来好。我一整天都在想你。"

张宁静玩笑道:"我是回来捉奸的——看家里有没有别的女人。"

她说"家里",她又说要"捉奸"——"捉奸"几乎是古代用语,只有真正的family——有着法律和道德的约束,才谈得上捉奸。而现在这时代,哪里还有"捉奸"的说法?

肖理夫更加踏实了,他连忙认真地说:"宁静,谢谢你这么在乎我,我已经把所有曾经的女朋友都屏蔽了,并且把你设成了首优。你能不能把我也设成首优呢?"说着,他点开沟通界面,以证实给她看。

张宁静的表情由玩笑到认真,接着又滚下两行清亮的泪水,她的肩膀一颤一颤的,却强行压抑住哭声:"理夫……我真的很感动,没想到你对我认真到这个地步,我没有看错你。但是,我还不能把你设为首优。"

肖理夫一下子惊呆了,半晌才结结巴巴地说:"你,你,你是不是还有别的想法?是不是因为我年龄太大了?是不是我对你不够好？"

"都不是。"张宁静摇了摇头。

"那是什么？"

"正因为你对我太好了，我希望能和你更加长久地生活在一起，才狠心拒绝把你设为首优。理夫，请你不要再问了，至少我现在不能把你设为首优。"

肖理夫伤感地说："可能是因为我的年龄比你大这么多，无法满足你更多的需要……如果是这样，我放弃你设我为首优的想法，我也不敢奢求你和我长久在一起，你是自由的，你随时可以离开我……我只是为了达成父亲的愿望，想和你有个孩子。"

张宁静终于哭出声来："不是你想的那样，你是我用情最深的男人，也可以说是丈夫——如果你认同的话……我愿意和你生一大群孩子。更重要的是，你是我精神上的偶像，是我的精神寄托。只要你以后不厌倦我，我愿意和你相伴相守一生。除非你出现生命上的意外——请原谅我直言不讳，我才有可能因为上帝或魔鬼赐予人类的原始欲望和别的异性……现在，我只是不想让你牵涉太多的事情——这是为了你好，也为了让你能安心创作，更是为了我们能平静地好好生活。请你不要再问了……我现在真的无法设你为首优。请原谅我……"

张宁静的表白让肖理夫格外感动，他相信她的真诚，更相信她对自己的真爱，就不再问下去了。

在此后很长一段时间内，他俩几乎夜夜厮守在一起。她对他流露出来的情感是那么热烈，那么持久，他无法怀疑她在感情上对自己不忠贞——尽管这个时代男女情感已不再奢谈忠贞了，但他俩偏偏出现了这种神话般的情感——至少现在如此。

肖理夫也不再提及首优一事。

正因为肖理夫对张宁静格外钟情，格外专注，自然也格外在乎她,因此迫切希望能了解对方心灵深处不愿互设首优的秘密。肖理夫甚至萌生一个念头:如果能够通过脑电波扫描仪探测一下她的脑库就好了。

肖理夫第一次觉得,脑库扫描也不是那么可恶,那么令人憎恨。

9

一列古老的磁悬浮列车以时速500公里的速度向南方驶去。

列车上的旅客不多,大多数是老年人——选择这种古老的交通方式出行者,或多或少都有些怀旧心态。

列车通过琼州跨海大桥时,速度慢慢降低。艾佳对一直望着窗外的老人说:"老先生,马上就要到达海南岛了,要不要给他发个信息?"老人依然脸贴窗户,望着一望无际的海面,然后轻轻摇了摇头:"不用,下车后,我们直接搭乘飞行出租车过去就是。"

琼州跨海大桥建于21世纪中后期,那时候,全民飞行时代还没到来。否则,这座在当时耗资巨大的跨海大桥也就没必要修建了。

飞行出租车降落在一座很小的岛屿边缘,惊得一大群海鸟黑压压地飞离小岛。

这里距离海南岛300多公里,是西沙群岛上一个名叫北沙洲的小岛。由于四周有着古老而坚实的水泥钢筋护堤,这个不足两万平方米的小岛远看椰树成林,近看百花遍地。

飞行出租车飞走后,肖成城打量了一下四周,笑了:"想不到,这家伙竟然和我一样,很会享受生活啊。走!"随即顺着一条卵石铺就的蜿蜒小径,往小岛中心走去。

小径的两侧全是热带花草灌木,艾佳不声不响地跟在他身后。

前面,椰树掩映的林间,出现一幢精致的雕花木窗小楼。楼下,木柱支撑的架空层足有两个人高,上面的檐角探出椰林。檐下的地面上依然花草齐腰。

离楼房还有30来米远时,一条高大的藏獒忽然从架空层钻了出来,老头子说:"哟,热带怎么还养得出高寒地区的藏獒?奇迹!"

藏獒却突然发出两声惊雷般的吼叫,向他们逼近。

还没等老人反应过来,艾佳连忙冲到他面前。同时,"她"的双掌发出"咝咝"的细微电流声——为了保护自己的主人,这种高度智能机器人随时可以释放高压电流,在十米左右范围内电击靠近的危险生物。

艾佳体内的能量装置很齐备,既可以进行有线充电——在雪峰山脉主要以这种方式补充能量,也可以无线接收电能;就算在完全没有电源的情况下,"她"体内携带的微型核电池也可以让"她"维持较长一段时间。

可是,那条藏獒已逼近十米内,艾佳却没有立即释放电流,"她"满眼疑惑,步步后退地护着老人:"它,它,我扫测过它……我无法电击它……它是什么生物……"

"龙驹,快回来!"一个身材高大的老头出现在花窗小楼上。名叫龙驹的高大藏獒立即应声退回到木楼的架空层下。

两个老人四目相对,楼上的老头立即惊喜地喊道:"呀,肖主任,肖老兄,您怎么突然来了?也不事先打声招呼。"语气中满含尊敬,并沿着金属旋转楼梯快步迎了下来。两位老人很快聚到了一起。

"罗森兄弟,我本来想给你一个惊喜,想不到你却给了我一个惊吓。哈哈,你这日子看起来比我过得诗情画意多了啊!"肖成城满脸笑容。

旁边的艾佳还沉浸在刚才的疑惑中，柔声插了一句："这，这龙驹，它是生物吗？"

"老兄，'她'就是您家的艾佳吧。"叫罗森的老者看了看肖成城，又回头对艾佳笑道，"它是一只比较智能化的仿生机器狗，它不是真正的生物。"又对肖成城说，"没办法，在这孤岛上，我总得找点安全感，就买了它回来，还稍微改造了一下——关键时刻，多少能派上些用场。来，楼上请，我们好好聚聚。老兄，其实我早就想去看您了，但一直不敢贸然打扰。"说完，就挽着肖成城的胳膊，直接往楼上走去。

这是一间豪华的大房间，全木质地板，合金墙壁上的雕花窗户却是白桦木制成的。窗户很宽大，南北朝向的两扇大窗几乎落地，空气通透，光线充足，茫茫海景一览无余，大群海鸟不时掠过碧波起伏的海面。

一个面无表情的高大机器人端来三杯热饮，给两位老人依次递上饮料后，竟然也给艾佳递来一杯，弄得艾佳满脸尴尬，连连摆手："谢谢，不用。"

罗森老人只好接过那杯热饮，不好意思地解释："肖兄啊，我只用得起这种低智能机器人，哪像您，儿子那么孝敬，给您弄个这么精美又高智能的。"

的确，这个高大而笨重的机器人和艾佳相比，有点像原始智人与现代人的差别。

肖成城淡淡说道："兄弟说笑了。艾佳，你去岛上四处转转，看看风景吧。"

艾佳转身下楼后，罗森老人也吩咐一声："虎驹，你可以下去做晚餐了。"名叫虎驹的高大机器人也下楼去了。

楼上只剩下这两位隔桌而坐的老人。肖成城近乎严肃地问道："老弟，你这里还安全吗？你过得怎么样？"

"唉，我还能怎样呢？没有您这头雄狮的带领，我只能这样行尸走肉地过完余生了。至于人身安全方面嘛，应该不存在太大的顾虑。但要说到真正的安全，我想，这地球上，现在好像没有真正安全的地方了。就连老兄您隐居的世外桃源，尽管比我这里稍好一些，也应该安全不了多少吧？"罗森在椅子上挪动了一下，似乎有些不自在。

"雪峰山脉确实好不到哪里去，只是没有明目张胆地安装那么多装置而已。但只要被他们紧紧盯上了，也是防不胜防啊。所以我今天特意来看看你，所谓灯下黑嘛。"肖成城反而笑了。

罗森也放松了许多："肖兄，不管您出于什么原因，您的选择可能是对的——您一定有您的道理。您突然离开后，我们这些属下都很理解您。"

"你是说我突然当逃兵那事？你们真的不怪我？不会觉得我不负责任？"

"如果说您是逃兵，那么我们这群碌碌之辈就是腆着脸皮领高薪过日子了。何况，您想想，您那么一走，中心被迫撤销，我们也就可以名正言顺地提前退休养老了，我们怎么会怪您呢？"罗森也笑了，接着他又动情地说，"老兄，在生命终极研究中心的几十年里，您对我方方面面的关照和庇护，让我终生难忘，我不知道该怎么报答您……"

肖成城轻描淡写地打断了对方的话："不要提这些了，这本就是我应该做的——我看重你是个真正的人才，只是你一直没有找到发挥的突破口。"接着他慎重地问道，"我问你一件事，你的脑库被那个了吗？"

"几个月前就被破解扫描了，尽管我设置了多重密码。不过，我等碌碌无为之辈的脑库，也没有什么有价值的东西。只是我的个人隐私被他们窃取了一些，让我感到有些尴尬、恼火。"

"我早就预料到了，所以我这次才敢跑过来走动走动。"

"我被窃取了，您反而敢来了，这话怎么讲？"

"正因为你被他们扫描过了，他们就不会再来扫描你的脑库了，至少较长一段时间不会再盯上你。"

罗森老人笑道："您是说，我反正是个无足轻重的角色吧？"

肖成城突然把头凑近，轻声说道："相反，你是我这一生中最重要的好兄弟、好朋友。因此，我这次过来，尽管不会告诉你有关那方面的事情，但我有一件私事相托。"

罗森满脸诚挚，轻声说："您尽管只比我大那么几岁，但您既是我的领导，更是我一生的恩师和恩人。老兄，您有什么事放心托付给我吧，我一定会尽心尽力完成的！"

肖成城从桌子底下递过去一个文物级的古老信封，几乎是耳语："兄弟，请你收好，你现在什么也不要看，如果我哪一天完全消失了——也就是再也找不到我了，你再把它交给他吧。切记，切记！"

这时，那个面无表情的高大机器人走上楼来，语气生硬地说："主人，饭菜已经做好了，下去用餐吧。"

他俩暂时中止了谈话，走到楼下的小餐厅。菜肴以海鲜和海菜为主，不过，味道不敢恭维。

两位老人用过晚餐后，天色尚早，满天霞光铺天连海。

走在海边的沙滩上，夕阳将两位老者的身影拉得老长。身后，那条高大的仿生藏獒不远不近地跟随着。

肖成城说："也许我的时光已经不多了。"

"老兄，以您对整个人类的贡献，至少可以让自己再活五十多年——您的身体看起来还是那么硬朗，应该没有什么问题的。不要想那些太长远太复杂的事情，活在当下就行。我是什么也不愿多想了，当然，想也是白想。"

"可我没办法啊,总有一些激进分子在逼我……不说这些了。老弟,你的儿女们呢?他们还经常来看你吗?"

"女儿依然在做律师,满世界跑,偶尔会来看看我。不过,我的身体还行,也不需要她经常过来。有这条狗陪伴,有那个机器人照料,只要不想别的事情,日子还算过得省心吧。儿子已调去火星基地了,还是在搞太空飞船实验。往返一趟不容易,现在的高速飞船技术还不是太稳定,就算乘坐最快的飞船,往返一趟也得好几个小时,一旦在高速飞行途中出现什么意外,那就尸骨无存了。因此我不赞成他老是回来。不像您儿子,随便在哪里都可以创作,很安全的,收入也不错。做人不就图个平安嘛。"

"个人安全并不等于整个人类安全啊。那些激进派……"

"小心,脚下有淤泥!"罗森突然提醒了一句。

他俩已来到一处小海湾。椰树和红树林交叉生长着,相互依存也相互排挤,同时,它们密集的根系固定住了许多淤泥细沙,深浅不一的淤泥沙土中生长着各类海草,许多小鱼、小虾藏身其间……

罗森刚才的那声提醒,惊得一群在海草中捕食的海鸟飞了起来。

罗森说:"这些种类不一的海草是我从别的海域弄过来的。刚开始时,它们在这里生长得特别茂盛,不断向周边扩展。随后,一些鱼虾蟹螺不断汇聚过来,有些鱼虾蟹螺以海草为食,使这些海草一直保持着现在这种生长密度。老兄,您看,现在这个小生态圈维持得多好!"

肖成城站在旁边看了一会儿,大为触动,脸上浮出浓重的忧患:"本来,按宗教的说法,上帝——也可以说是造物主吧,创造了万物和人类,人类只是自然进化过程中衍生出来的一种生命形式而已。造物主肯定希望自然万物与人类这种生命形式在相互制约、相互依存中共同维持某种平衡。可是,时至今日,科技取得了突飞猛进的发展,可以大量制造除真正的生命体之外的万物,于是人类也成了造物主。并且,某些人甚至想破译生命的真相,想成为造物主,实在太狂妄了……

"这些打破一切自然与宇宙发展规律、妄自尊大的思想引发的一系列行为,绝对是极其可怕的悲剧!现在,在这地球上,再也没有其他物种可以制衡人类了。在全球当今这种体制与社会意识形态下,如果现在还想制衡人类的话,也只能靠人类的正反双方相互制衡了。我想,这就是人类社会体系中总会出现左派与右派、激进派与保守派、战争派与和平派、大同派与自由派的原因——否则人类迅速膨胀的欲望根本无法遏制,这非常危险、可怕,而我却毫无办法、无能为力……"

身后的仿生藏獒龙驹突然"汪"的一声,一个疾射扑进茂盛的海草中,激起雪白的浪花,打断了这个怪老头的即兴演说。

不一会儿,龙驹叼着一尾大海鱼返回了海滩——这尾大海鱼可能是来这海草中捕食小鱼的。

龙驹甩了甩身上浓密的仿生长毛,不用主人吩咐,就叼着这尾使劲挣扎的大海鱼往小楼方向跑去。

"老兄,您的忧患意识还是这么强烈,但您活得太挣扎了。我这一生很敬佩您,相信许多人也和我一样。难怪那些人一直那么关注您。"

肖成城笑道:"你是说我锋芒太露了吧?我也发现了自己这个最大的弱点,现在已经收敛多啦。你的仿生狗用途真广。"

罗森也笑了:"龙驹的用途远不止如此,它和那个叫虎驹的机器人都是我亲手改造过的。老兄,我现在又顿悟了一点,人只要活着,总得做点实事啊……"说到后面,他一脸凝重。

肖成城并不知道,罗森进入"生命终极研究中心"之前,是从事智能模拟计算机研究的——他曾获得生命科学和智能模拟计算机双博士学位。由于这些人员都是在联合国人才资源部从世界各地、各部门紧急调集过来的,肖成城对这些部下的过往知之甚少——如果对方不主动提及的话。

10

一天夜晚,在昏暗而柔和的夜灯下,张宁静开心地对肖理夫说:"告诉你一个好消息,我已经怀孕啦。"

"真的?这么快?"

张宁静点了点头。

肖理夫陶醉了一会儿,说:"我爸爸已经旅游回来了,我们什么时候去雪峰山脉看看他吧。他很希望见见他未来孙子的妈妈,你向你的上司请个假吧。"

"好啊,打算什么时候动身呢?"

"如果可以的话,你现在就请假吧,我们明天就动身,怎么样?"

张宁静点开自己的沟通界面,想给上司发信息,却怎么也发不出去。

肖理夫说:"哦,不好意思,我睡觉前习惯屏蔽整个房间。我现在就解锁。"

"理夫,你做得很对,我赞成你的做法。"张宁静说。

跟上司请假的事进行得很顺利,张宁静说:"明天就可以出发啦!我们可以去那边多待几天。如果不是因为有你,如果你的祖居地不在雪峰山脉,我哪有机会去那种世外桃源玩呢?谢谢你,理夫。"

肖理夫忽然说:"别光顾着开心,我们这次回去,我还带着另一层任务——我希望我俩相互配合,珠联璧合,攻破那个怪老头最后那层碉堡，那你就居功至伟啦。"

"想不到你带我回去还另有企图啊，说说看。"

肖理夫说："人的寿命再长，总有一天会去世，因此，我一直想将爸爸今生所有记忆都贮存下来，当我想念他的时候，就可以通过各种沟通媒介随时和他交流，和他谈心，这样，爸爸就算不上真正去世了。宁静，你是知道的，我对爸爸的情感很深，我不想有一天他像云烟一样永远消失在岁月的长河中。可是，爸爸一直以爷爷的意外事故为借口，不愿意进行记忆贮存。以现有的科技，大脑记忆贮存技术已非常成熟，绝对不会出现爷爷那样的事故了，但爸爸一直以这事为借口百般推托，我也不知道这是什么原因。"

"先说说你爷爷的事故吧，看我能不能帮上你。"张宁静的好奇心上来了。

这是一件比较离奇的往事，三言两语说不清楚，肖理夫干脆把天花板上的灯光调亮，绘声绘色地讲述起来——

五十多年前，我才二十来岁，还在上大学。爷爷已经九十多岁了。

爷爷也是生物学家，主要研究非洲草原动植物的依存关系。爷爷的身体一向不太好，他知道自己所剩时日不多了，就主动要求爸爸对他的记忆进行贮存，希望自己的"生命"可以长存。这和我想法是一致的。

但在那时候，大脑记忆扫描以及贮存技术才刚刚起步。而爸爸的重大研究成果才有点眉目，还处于理论阶段。也就是说，他让人类平均寿命延长40年的成果，却无法给我爷爷带来实质性的帮助！

因此，爸爸自责之余，就按照爷爷的愿望对他的记忆进行扫描，并全部贮存下来。

宁静，你知道的，直到现在，记忆贮存设备系统也是非常复杂而昂贵的，这种设备只有大城市里才有。因此，当时我和爸爸将神志还很清晰的爷爷送进成都市记忆贮存中心，办完所有手续后，就对爷爷的大脑进行了记忆扫描与贮存。

随后，我们把爷爷和他的大脑记忆数据库带回了家，并把爷爷的脑库数据全部转存于家里那台崭新的生物电脑中。

由于每个人一生的记忆数据是那么庞大、复杂，包括一生的情感、生活、知识、阅历、感悟、体验等，还有潜意识里的许多东西，家里原先的电脑根本无法贮存，爸爸因此专门买了一台当时最先进的生物电脑以及相应的配套设施。

那时候，生物细胞记忆与贮存技术也刚刚应用到社会生活中，这种生物电脑的性能不但不太稳定，而且这种超容生物电脑的价格非常昂贵。宁静，你可能没见过那种最原始的生物电脑吧？没错，最初的生物电脑由于总是出现各种问题，不久之后，这种电脑很快就被淘汰了。取而代之的是现在这种光子电脑。

不久之后，爷爷去世了。

可是，后来的事情，就变得有些哭笑不得了。

我们打开这套生物电脑系统，本来想和"爷爷"好好聊聊天，或者重温一些往事，可是聊着聊着，立体界面冷不丁跃出一些惊悚场面，如猛兽、毒蛇扑面而来，或争吵或哭闹或大笑的声音不绝于耳……总之，是各种杂乱的多维画面和种种混乱的声音。

尤其令人尴尬的是，一些赤裸裸的性爱画面突然充斥整个立体视界——想不到爷爷年轻的时候生活也曾那么张狂,甚至有些放荡!后辈们自然无法接受这些场景。

也就是说,凡是爷爷生前记忆深刻的东西,不管是他的亲身经历,或是他见过、听过、想过的玩意,总是防不胜防、杂乱无章地汹涌浮现……因为当时的扫描和贮存技术还不够稳定成熟,爷爷的个人意志根本无法控制复杂繁乱的所有记忆,我们根本没办法和"爷爷"进行正常交流。

可更加扰人的是,不管是白天还是夜晚,系统有时会主动打开,不断向我和爸爸叫喊:"我一个人太孤单了,你们怎么把我撇在一边,和我聊聊天啊!""理夫,我想去外面的世界看看,带我出去吧!""成城,你这孩子,不要光顾着你自己玩,给爸爸找个伴吧,我就不再那么乏味了"……

有些是爷爷清晰的想法,但更多的是爷爷潜意识里的东西,它们总是乱七八糟地闪现出来……可面对"爷爷"这些乱七八糟的要求,我们怎么去完成呢?

弄得爸爸很长一段时间都不敢回家,我也不敢回来。

可我们还是避不开这个"爷爷"。我随身携带的通信系统时不时跳出爷爷的叫喊声、祈求或哭诉声;爸爸被潜意识支配的"爷爷"骚扰得更加厉害,因为他是爷爷的亲儿子啊。

那就把整个电脑系统断电吧——可是,宁静,你也知道,这些电脑系统早就是自带电能接收装置的,根本断不了电!除非把整个电脑系统毁掉。可是,一旦毁掉,爷爷的整个记忆数据库就全部没有了。

最后,我和爸爸鼓起勇气,想和"爷爷"来一次谈判。

爸爸刚刚流露出如果"爷爷"再胡闹的话，就把整个电脑系统毁掉的意思，想不到"爷爷"气急败坏地大吼大叫："你们这是谋杀！我们当时共同签署过有关协议的，你们无权剥夺我的生命！"

我和爸爸顿时蒙了。

"如果你们真的打算这么做，我立即进入公共数据系统，控告你们犯谋杀罪！这是全球互联时代，我现在就上公共系统！肖成城，如果你想毁灭我，我就把你和女人乱搞的画面发到公共数据平台上去，我还要把你现在的研究成果全部泄露出去……你们看着办吧！"

爸爸和我完全束手无策了：擅自销毁他人的脑库记忆数据算不算违法犯罪呢？

宁静，那时你还没出生，当时的法律体系根本没有这方面的司法解释。

由于记忆扫描与记忆贮存系统特别不稳定，潜意识支配下的"爷爷"完全紊乱，"他"已成为一个十足的疯子。

可是，谋杀疯子也是犯罪的！

与此同时，由于类似的闹剧在世界各地层出不穷，国际法庭调集相关的法学专家通过两年多的论证，最后正式立法：数据紊乱的大脑记忆数据系统可以销毁。但前提是，必须通过权威部门鉴定其紊乱程度。

我们度日如年地熬过两年多后，那套承载着"爷爷"的电脑系统总算在地方法庭的鉴定和监督下合法销毁了。

还好，此前的两年间，"爷爷"并没有给爸爸的工作带来太大损失，因为爸爸早已将自己的科研电脑系统设置了层层密码，生前不是电脑专业的"爷爷"根本进入不了；

也没有给爸爸的声誉造成太大的负面影响——那些艳情画面传到互联平台上后，只是免费满足了一些人的窥私欲而已……

我不得不承认，爷爷这件事，对于爸爸和我来说，确实是一种羞耻而可怕的灾难。

唉，就这样，爷爷的记忆全部消失了，但我还是感到有些遗憾。宁静，科技日新月异，半个多世纪过去了，现在的脑电波扫描和大脑记忆贮存技术已相当成熟，并且非常稳定，脑库记忆贮存者完全可以根据自己的意愿与外面的人进行理性交流，绝对不会出现爷爷那种闹剧了。因此，我想在爸爸去世之前将他的记忆全部留存下来。这样，当我想念他的时候，随时可以和他聊天，他甚至可以指点、启示我很多事情——你知道，爸爸是个非常睿智的老人。

张宁静一直沉默着，好像还沉浸在这个离奇的闹剧故事中，末了，她说："理夫，谢谢你对我这么信任，把这段往事告诉我。我很理解你的心情。让我仔细想想吧。"

作家的感性思维让肖理夫并没有觉察到张宁静浮现出来的淡淡矛盾，他只是以为，她是在思考合适的说服方式。

11

由于有张宁静同行，这次肖理夫是驾驶飞行车出发的。

不到两个小时，他们就飞临雪峰山脉。这时，早晨的阳光照得眼前的山峦金黄透绿。

飞行车的动力已明显不足，肖理夫连忙将飞行车降落到下方的公路上，收起两侧的机翼，继续往雪峰山脉腹地驶去。

飞行车改为地面行驶后，电能消耗最多只是原来的十分之一，车上自带的蓄电池在智能数据系统的配合下，行驶千把公里完全没有问题。

一个小时左右，就到了雪峰山脉腹地苏宝顶山脚下。这里有一条芳草遍布的山道盘旋通往苏宝顶，但为了不打破雪峰山脉的宁静，他俩把车停在路旁，然后从车中取出两个折叠式单人飞行背包，每人挎上一个，直接以化学燃料驱动，往苏宝顶方向升腾而去。

张宁静脑后的长发在清晨的阳光中飘荡着。山美，人更美，肖理夫忽然有种飘飘欲仙的感觉。

在苏宝顶西岭的第六根大金属柱底下，肖成城和艾佳都在翘首等待。

张宁静和肖理夫手牵着手，还没完全飘落下来，老人就大笑道："哇，我儿子变成董永，带着七仙女回家啦。欢迎，欢迎！"

艾佳也满脸笑容，声音是那么柔和："欢迎理夫先生携夫人回家。"

张宁静连忙向老爷子施礼问候："爸爸您好。"又转身对艾佳行了一礼："艾佳大姐好。"慌得艾佳连忙还礼。

老木屋的餐桌上，早已摆上了一色的山珍美味。

让张宁静尤其赞不绝口的是那盘小干鱼，她轻声问身旁的肖理夫："我从来没吃过这么美味的小鱼，这是什么品种？"

"阳光鱼和黄冕鱼。这是雪峰山脉小溪中特有的泉水鱼，尽管最多只能长到筷子长，但其他地方根本没有，你以前当然吃不到。"肖理夫得意地说，"爸爸，我们待会儿一起去小溪中钓鱼吧，让宁静也感受一下我童年的快乐，好不好？"

老头子开心地应道："好啊，我们今天干脆比试一下，你和我儿媳妇一组，我一个人一组，看哪组钓得多！"

艾佳收拾好碗筷后，就提着一把小锄头去林间厚厚的落叶层下挖蚯蚓了。

肖理夫赶紧从老木屋里找出两根钓竿来，全是整根小竹子做的，尽管已过去几十年，但都没有被虫蛀坏，擦去灰尘后，还是那么油光锃亮。当年，这些细竹竿砍回来后，都被父子俩用不大不小的火焰细细烤过，直到烤出细密的汗青为止。因此，这些细竹做成的钓竿历经多年也不会变坏。

此时，艾佳也端着一竹筒蚯蚓回来了，一行人兴冲冲地走向附近的小溪。

爸爸那根小钓竿用不着肖理夫整理，因为他经常在附近的小溪边钓鱼，他的钓竿一直被他侍弄得很好。

对张宁静来说，这里的一切都是那么新奇，哪怕是那个装蚯蚓的竹筒。她快乐得如放飞林间的小鸟，一直哼唱着小曲。

在那个清澈见底、不足十平方米的小溪边，三人依次坐在滚圆的石头上。

这些分布在溪边的石头，由于山洪千万年的冲刷，早已打磨得十分光滑。秋天是少雨的季节，溪水早已"消瘦"下去，山林间的青绿也仿佛"消瘦"了些许。

艾佳一直站在老头子身后，因为"她"的主要职责就是时刻保护肖成城的安全。

肖理夫紧挨爸爸坐着。但真正钓鱼时，却显得有些心不在焉，鱼儿有时候把他的浮标完全拖入水中他才反应过来。老人却钓兴正浓，一尾接一尾地将小鱼从小溪中牵出来，然后把这些欢蹦乱跳的溪流鱼放入脚下那个浸泡于溪水中的竹编鱼篓里。

张宁静更加不得要领，好不容易把蚯蚓串在鱼钩上，鱼上钩了也把握不住提竿时机，急得老头子连连提醒，她才陆续钓上了几尾小鱼，但依然兴奋莫名……

两岸古树夹溪，秋风拂来，或黄或红的落叶缓缓飘落水面，不一会儿就随同上游流水激起的白色泡沫一并漂走了。只有人影和树影静静映入水中。

此景此情激发出肖理夫的灵感，也找到了切入主题的话头，他声情并茂地说："爸爸，您看，流水流走了，泡沫漂走了，落叶也漂走了，但我们的倒影没有走，原因是倒影的主体——树木和我们没有走；岁月流逝了，时光流逝了，星辰在时间的长河中也在不断远去和消散，但我们的记忆可以留存下来，关键得有承载的主体……"

"理夫啊，我知道你又准备说什么了。"老人立即接过儿子的话茬，微笑道，"其实，我也早就想和你好好谈谈这方面的事情，免得你也一直认为我是'怪老头'。干脆就趁现在这个机会仔细说说吧。这个记忆是什么？我只能从哲学角度粗浅解释一下：在我们的记忆里面，是我们的生活与阅历，是我们的已知；记忆外面，是他人或其他物种的生活与阅历，是无尽的未知。如果把记忆里面和记忆外面混合在一起，其中的变数就太大了。"

肖理夫的思维一下子转不过弯来，旁边的张宁静却一下子来了兴趣，她放下钓竿，凑了过来："爸爸，您这话好有内涵啊，请您继续说下去吧。"

老人一笑："真的还有人愿意听我这玩意？好，那我就继续说下去。近几十年来，我们终极生命研究所还附带研究了一些植物的生命体系，也研究了许多动物，更查阅了许多文献资料，发现一个规律：凡是植物和低等动物，都有记忆遗传——潜在的细胞式记忆，这样就可以让它们趋利避害地生存、延续下来。尽管这些基本记忆可能非常简单，却是它们得以生存、延续下来的基础。

"比如说老鼠、鱼、蛇甚至蚂蚁等，它们通过一代代记忆遗传，使它们在潜意识——也就是天性中对各种自然征候和自然灾害特别敏感。往往自然灾害还没降临，它们就事先逃避了。具有如此敏锐的预警系统，正是因为它们的先祖在一代代生死交替中将自然规律和自然灾害等相关记忆等以遗传的方式传递了下来。

"人类和高等动物却正好相反，不管生前的生活阅历有多丰富、平生所学有多渊博，全部随生命的结束而消失，无法以任何形式遗传给下一代。后代们只能从零开始，重新学习。

"这一切都是造物主的精心安排，我们不可以违背。这也是造物主对地球上所有生命的一种平衡、一种整体制约，也可以说是一种最原始的生命尊重。"

肖理夫的兴致也上来了，但他还是不愿放弃自己的愿望："但是，那种整体平衡制约机制和我的想法还是有区别的，您没必要那么排斥它。毕竟科技是造福人类的，是文明发展的第一推动力。"

老爷子对身后的艾佳吩咐道："艾佳，该做午饭了。你先回去吧。"

艾佳走远后，老爷子继续说："理夫啊，你毕竟是学文的，事实没有你想象得这么简单。现在，越来越多的人违背自然规律，把自己的记忆通过各种贮存设备留存下来，企图以此实现记忆不死、生命永恒——正如你爷爷的初衷。后代们也随时可以和身体死亡的长辈们通过先进媒介进行交流——正如你的想法。这好像是好事，并且是一举多得的好事。

"但是，随着科技的不断发展，某些激进分子的欲望不断膨胀。他们，尤其在个别狂热科研人员的推波助澜下——你知道的，有些人可以不择手段地窃取我们脑库中的信息，他们自然会想方设法运用这巨量的被贮存下来的大脑信息。他们会把它们全部汇聚起来，结合起来，并利用起来——以此希望科技能更快速、更高效地发展。这似乎也是好事。"

一只小蚊虫被一股小旋风卷落在水面上，振动的小翅膀激起细微的水纹，一尾小鱼从石缝间快速钻出来，飞快地冲向水面！那只小蚊虫一下子不见了，那尾小鱼也稍纵即逝。

"但是，我一直担忧的是：大量脑库信息和知识不断汇集、组合、重叠，这种违背造物主意愿的做法最后会出现怎样的结果呢？因为每个人的知识水平和认知能力各有差异，每个人的体验更是千差万别，最后势必造成信息紊乱及各种矛盾冲突，你敢想象最后会出现怎样的结果吗？如果还有对立的力量相互强硬干扰，整个地脑系统完全瘫痪都很有可能！那么，整个人类文明就如同刚刚出生的婴儿，一切都得从零开始。我不敢想象这种灾难性的结果，更不愿以自身作为尝试，尤其不愿违背造物主的意愿。理夫，这就是我最真实的想法。"

肖理夫沉默下来，他用求助的目光望着张宁静，希望得到她的协助。

张宁静却并没有理会肖理夫，只是淡淡地说："如果万一出现了那种灾难性的后果，那也是那些极端激进分子咎由自取的结果。不过，在我看来，回归远古、返璞归真也未必不是一件好事。"

肖理夫的语气完全软了下来："我是这么想的，爸爸，把您的全部记忆扫描下来后，直接存进我的脑库中。我想念您的时候，只是选择性地和您进行心灵对话，应该不会出现那么严重的后果吧？"

"宁静，我只赞成你一部分想法。可是，理夫，你敢保证你的脑库就无人窃取？当然，你可以采取密码转移设置的方式降低被窃的风险。可是，一旦有人入侵成功，我的脑库信息泄露造成的结果姑且不论，我最担心的是你有可能变成思维紊乱的疯子。你愿意承担这种后果吗？就算你愿意，我还是希望这个世界能平稳向前发展啊……哟，上大鱼啦！"老人一提竿，果然一尾大鱼在小溪中激起一片片雪白的水花。

鱼被拉上溪岸，肖理夫连忙去解鱼钩，惊喜地大叫："爸爸，这条黄冕鱼怎么可以长这么大啊，起码有一斤重！我们以前从来没见过这么大的黄冕鱼……这一条鱼就够我们吃一餐啦！"

老爷子兴奋地收拾着钓竿："现在雪峰山脉人烟这么稀少，根本没人上来捕鱼了。冷血动物嘛，只要活着，就算成年了，也会缓慢生长的……唉，这个世界再怎么糟糕，总有美好的生活体验。没有意外的话，总会向前发展的，哪怕发展得很缓慢。走，时间不早啦，我们回家吃中饭去吧。"

肖理夫还想对爸爸说点什么，老人已扛着钓竿走到前面去了。肖理夫只好提出水中的竹编鱼篓，把这条特大黄冕鱼放了进去，又把一些多余的小鱼一尾尾地放回清澈的小溪中。

这些重获自由的小鱼儿转眼间消失于石缝或激流之中。

对，这个世界依然有许多美好的生活体验，就让这种美好尽量延续得更长久些吧。肖理夫无比感触地对身边的女子说："宁静，我们明天一起去屋后的田里翻泥鳅吧。"

当夜，这对情侣睡在一楼的一间精致的小卧室里。四周，除了偶尔传来山风的呼啸，就是若有若无的秋虫吟唱。这种特有的静谧让张宁静感慨不已："这就是传说中真正的田园生活吧。如果不是心有旁骛，理夫，我愿意和你一起终老于这方山水中。难怪曾经叱咤风云的爸爸愿意隐居在这里呀！"

这时，肖理夫手腕上的通信仪传出信息提醒声，他瞄了一眼，是英国那个约瑟华兹跨国文化传媒公司发来的，要求与他继续洽谈《天脑纵横》的合作细节。

因为时差，对方正是上班时间。

肖理夫立即回复：抱歉，我正在休息，暂时不谈了。

张宁静说："这是大好事啊，理夫，你就点开沟通界面好好谈吧。我不会影响你的。"

肖理夫干脆完全关掉通信仪，认真地说："那怎么行呢？也许我俩无法终老在这里,但我得珍惜你在这里的每一刻。哪怕陪你一起发呆,也很诗情画意的。"

12

第二天上午,秋天的阳光暖暖地斜照在浅水荡漾的稻田里,周围的树木、草皮上闪耀着点点光斑。

人类尽管能够在局部小范围内控制天气变化,但雪峰山脉的四季轮回、阴晴雨雪,绝对是纯自然的。

老人已脱下鞋子,卷起裤管,首先走下水田,踩出一片碎金。肖理夫和张宁静也跟着脱鞋下田。

有些禾茬长出了半尺多长的再生禾苗,墨绿而稀疏。

张宁静这个生物学博士感到有些奇怪,轻轻问道:"这些禾苗有些稀疏呀。爸爸,这是管理原因还是今秋的光照不够好呢?"如今,农作物只要光照充足,都不用施肥。因为有关科学家早就对所有农作物的根系进行了基因改良,其生发的根瘤菌能自动从周围环境中获取氮、氨,合成农作物所需要的营养成分。

"为了体验最原始的生活,我种的是两百多年前的传统水稻。加上这山上水冷天凉,我一年就种一季水稻。翻泥鳅的话,这水有点深,艾佳,请把田水放掉一些吧。"老爷子答道。

站在田埂上的艾佳用手掌看似轻轻一划,硬实的田埂立即被划出一道深深的小沟,田水潺潺地流淌出去……

早在一个多世纪前,有些水稻专家根据水稻茬的再生功能,特意将这种属性进行了基因强化,使水稻收割之后又能长出苗壮的禾苗,如此周而复始,再也不用重新播种和插秧了。因此,只要气温较高,只要田地里的光照和肥力跟得上,一年可以收获四季稻谷。

如果是在大空间的室内,利用核聚变人造小太阳的光照来生产粮食,由于光照更加稳定,这些重复再生作物每年的产量就更高了。不过,由于没有自然界阳光雨露的滋养,这种粮食的口感就差了许多。但是,比起纯粹的人工合成的各种碳水化合物食品,它们的口感又稍好一些。

稻田里的水只剩下浅浅一层。肖理夫早已急不可耐:"开始翻泥鳅吧。"他把十指插进稀泥里,奋力翻动起来,不一会儿就翻出几条活蹦乱跳的泥鳅来。

老爷子的手法更沉稳,只要翻到泥鳅,手掌轻轻一捧,泥鳅就乖乖地进了竹篓。

张宁静也学样翻动着稀泥巴,好不容易翻出一条泥鳅,却抓不住泥鳅滑溜溜的身子,弄得手忙脚乱的,不一会儿脸上、头发上就沾满了泥浆。衣服上倒没有水印泥渍,挺干净的——他们的衣料全是纳米材料制成的,并且通过3D技术整件无缝打印,具有防水、除污、透气、抗皱、调温、抑菌、抗静电以及弹性自调等功能。

一不留神踩在硬挺的禾茬上,张宁静一个趔趄摔倒在水田里,溅得旁边的肖理夫头发和脸上满是泥浆,她自己却坐在泥浆里哈哈大笑。

肖理夫也笑了,立即向对方泼了一把泥水过去,于是,一场浊水泥浆大战就此展开。

老爷子在一旁微笑着看了一小会儿,随后也哈哈大笑地加入了泥水大战——他协助儿媳往儿子头上、脸上用力泼洒着泥水。

泥水漫天飞溅,有些泥浆飞落到田埂上观战的艾佳身上,却立即滑落下来。

肖理夫笑着大喊:"艾佳,快来帮帮我!我快打不赢啦!"

艾佳只是微笑着摇摇头,没有走下水田。"她"并非不能下水,而是必须坚守"机器人三定律"。因此,"她"柔声说道:"你们玩吧，只要你们没有实质性的危险，我不能攻击或干预你们任何一方——哪怕只是游戏也不可以。理夫先生，恕我不能从命加入你们的游戏。"

艾佳的拒绝丝毫没有影响泥水大战的趣味性和激烈性。三人正打得不亦乐乎，张宁静手腕上的通信仪突然传来信息提示声，她抬腕一看，脸色变得认真起来："不好意思，我去通个话。"她在一个小水坑里随便洗了洗手上的泥浆，走向田埂，鞋也来不及穿，匆匆走到密林里去了。

老人玩兴正浓，心头有些困惑，却没有说出口，继续翻着泥鳅。

肖理夫也同样困惑：普通的通话用得着如此回避我们吗？但他不能表露出来，尤其不能对她表露，因为他深深知道：给对方足够的自由空间，既是对她的尊重，也能更持久地维护双方的情感——在这男女关系没有法律约束的年代。

因此，肖理夫也闷头翻起了泥鳅，任凭头发上的泥水不断向下滴落。

不一会儿，张宁静回来了，她满脸凝重地说："爸爸、理夫，实在对不起，我得立即赶回成都，我们研究室出了一些意外，我必须尽快回去处理。"

艾佳说："快到午餐时间了，我马上回去做饭菜。"然后提着装了好些泥鳅的竹篓，转身离开。

肖理夫父子几乎同时说道："不用这么着急嘛，还是吃过午餐再走吧。"

"不了，事情真的很紧急，我得立即回去。实在抱歉。爸爸，我下次回来一定多陪您一些日子。"张宁静说着，依次甩了甩脚，长袜上的泥沙全部脱落干净，然后快速把鞋穿上。

老爷子说："年轻人还是以事业为重。姑娘，你是对的，用不着道歉。"

父子俩都走上了田埂。

张宁静认真地说:"理夫,你不用陪我回去。你就多陪爸爸一些时日吧。"

肖理夫说:"可是,单人飞行背包里的化学燃料无法支持你飞到成都。你一个人回去也不安全,我不放心。如果你开走了飞行车,我回去也不太方便,所以我干脆陪你回去吧。"为了减轻重量,这次,他俩使用的飞行背包都不是混合动力。

张宁静歉意地说:"理夫,那就麻烦你了。"

三人一起往老木屋方向快速走去。

肖理夫和张宁静没有直接进屋,而是紧走几步,泡进了屋旁的溪水中,清洗着满头满面的泥水。由于他们的衣服完全无缝,根本不用担心溪水浸入身体,也不必担心秋天的溪水太凉,因为这种衣服具有自动调温功能——自动接收家里的电能进行温度调控。

老爷子却没有来溪中清洗,直接顶着满头泥浆走上了二楼的房间。

两人洗涤完毕,一边甩着头发上清亮细碎的水珠,一边走向老木屋。

艾佳早已等候在屋前,柔声说道:"我给你俩把头发吹干吧。"说着,两只手掌分别对着两人的头发,掌心吹出一股柔和温暖的离子风。肖理夫的头发很快变得干爽。张宁静的头发又长又密,稍微多花了一点时间。

这时,满头泥浆的老爷子走了下来,手中捧着一捆打好包的纸质古籍书,有十几本,全是中国最古老的线装本,如《中庸》《易经》《诗经》《尚书》《礼记》《山海经》等,然后郑重地递给张宁静:"你第一次过来,又回去得这么匆忙,我只好粗略挑选出这些老东西,给你做个见面礼。以你的古典气质,你应该不会嫌弃吧。"

张宁静却没有接过来,而是有些紧张地连连后退:"爸爸,这些，这也太贵重了吧。每一本古籍几乎都价值连城，我不能要……我，我也太失礼了，这次竟然忘记给您带任何礼物了，请爸爸原谅。"

"你能来，就是最大的礼物。好姑娘，请收下吧。"老人诚挚地说。

张宁静还是不敢接，眼里却闪烁着泪光。还是肖理夫替她接了过来，然后塞给她："既然爸爸诚心送给你，你就收下吧。"

张宁静只好接了过来，两行泪水却滴落到怀中的书上。

老爷子说："好姑娘，看来你是真的喜欢，这就让我感到很开心了。这些古籍我已经看过了，如果你有时间，我希望你也能看看，可能对你有好处。"

"我会的，爸爸。我一定会认真看。"张宁静认真地点头。

艾佳走了出来："你们还是吃过午餐再走吧。饭菜快好了。"

肖理夫说："既然打算走，就不耽误时间啦。艾佳，我们山下的车上还有一些旅行食品，你不用担心。艾佳，请照顾好爸爸。再见。"

张宁静向肖成城和艾佳分别行了礼，接着两个飞行背包分别带着他俩飘上树冠，往山脚下飘去。

降落之前，张宁静紧紧抱着怀里那捆古籍，对肖理夫说："理夫，你今晚安心和那家公司洽谈吧，我要连夜加班，就不回来打扰你了。"

13

飞行车飞跃过百山千峰，最后降落在一幢格外高大的波浪形建筑面前——开阔的地面上绿草如茵。

这幢巍峨的建筑看上去直插云霄，足有上百层，招牌挂在一楼的大门一侧，但字幕并不显眼：宇民微生物药业公司总部。

现在已不再是原始的眼球经济时代了。一家公司规模和名气的大小，并不取决于公司招牌的大小，而是看它在全球互联信息时代的立体影响力有多大。尤其是事关人类健康甚至生死的微生物药业公司，其影响力主要取决于它自身的研发能力有多强。

宇民公司正是一家享誉全球、研发能力极强的国际化药业公司。它不仅集研发、生产和全球销售于一体，更是微生物药业领域里制定行业标准的国际标杆企业，其竞争实力自然非同一般。也可以说，它在同行业领域根本就没有竞争对手！至少当前如此。

张宁静从副驾驶座俯过身来，抱了抱肖理夫，又亲了亲他的脸颊，深情地说："爸爸送给我的礼物，就请你先带回家去吧，我只有在家里才有时间认真看那些书的。"然后打开右边的车门。肖理夫下意识地抬起右手，十指当梳捋了一下她那柔顺黑亮的长发，直到望着她婀娜的身姿完全消失在电梯里，肖理夫这才启动了飞行车。不一会儿，飞行车消失在晚霞渐退的夜空中。

由于楼层太高，每架电梯里反而只有0～9和一个"End"共11个触屏按钮，上楼者只需按出相应的楼层数，按一下"End"键，再输入相应楼层的数字防护密码，最后再按一下"End"键，就可以抵达上面相应的楼层。如果无法正确输入相应的楼层密码，电梯则无法运行。

张宁静进入电梯后，并没有像往常上班那样输入地面楼层数，而是调出手腕上的通信仪界面，飞快输入一长串密码后，再输入42，电梯快速往地下楼层沉去。她的长发因失重而飘浮起来。与此同时，她立即将自己的通信仪完全关闭。

宇民大厦的地下层主要以药品生产以及包装、发货等事务为主，只有公司相关职员、高级别人员和特许人士才可以进入，但必须事先获得公司相关管理方赋予的动态密码才行,所以整幢大楼所有电梯里根本没有负号键。

在宇民大厦地下42层的一个房间里,已坐了八个人,五男三女,年龄从30岁到80岁不等,各种肤色都有,不过黄皮肤的占了一半。

当然,以现在的美容和化妆技术,光看脸部,很难真正分辨出他们的实际年龄,连肤色也可能是临时改造过的。也许表面上的年轻人却是一个老者,也许那些看起来老态龙钟者却是年轻人。

尤其是在当前这种场合下会面,如果有意隐藏身份的话,就更难分辨其年龄、人种甚至性别了。除非是能将姓名和真人对得上号的熟人,又或者直接开口说话——正常情况下,每个人的嗓音很难掩盖其真实年龄和性别。

说到底,这是一个联系紧密却不愿意轻易暴露个人真实身份的社会团体,只是为了共同的意愿才走到一起。

只有那个暂时还没到场者的身份和容貌是最真实的——由于她在这个团体中的特殊位置,因此她必须得到与会者和所有密切合作者的无比信任。

他们静静地坐在一张大长条桌前,很少交谈,只是偶尔看看手腕上的时间。

这时,张宁静轻轻走了进来,然后深深鞠了一躬:"对不起,让你们久等了。因为我最近休假,所以匆忙从外地赶回来。"

"非常抱歉,打扰您休息了。"众人同时站起身来。

"实在是事发突然,并且事关重大,所以我才在四夕女士的要求下,贸然提出这次碰面请求。对不起,宁静小姐。"一个五十来岁的黄皮肤男士补充道。

张宁静摆摆手,示意大家坐下,然后对那个男士说:"乡村先生,您做得很对,反应也很迅速,在这么短的时间内就把主要人士都召集过来了。"

乡村先生说："作为联络员之一，这是我应该做的。"

张宁静说："各位的通信仪器应该都关闭了吧。这房间里的屏蔽系统也应该早就启动了吧？"见与会者不断点头，她说，"那么，会议正式开始。四夕女士，请你先说说具体情况吧。"

这也是一位黄皮肤女士，她举了举手，语气比较激动："是这么回事，我的联络系统中最近新增了一位志愿者，他透露出一个惊人信息：地脑索取司那边准备启动一个大胆方案——打算通过联合国的相关权威部门，采取全民公投的形式，让脑库索取司完全合法化。"她看起来不到40岁，但听声音可能有60岁了。

张宁静怔了一下："四夕女士，这个消息可靠吗？"

"绝对可靠！因为这位老者可以说是智能电脑方面的顶级专家，他最近成功地侵入了脑库索取司的资料库，发现了大量的相关信息。这次是他主动联系我的。我以生命担保这个信息的可靠性。"四夕女士的声音依然比较激动。

"如果这个信息是真的，他们也太大胆了。他们就能保证能够获得合法化？他们的做法过于冒险了。"一个黑皮肤年轻人站了起来。

"有道理。马托卡，请继续说下去。"张宁静用鼓励的眼神示意他。

马托卡是张宁静的同事，他主要负责宇民公司总部大厦智能电脑系统的安全运营，是公司高层要求他加入"反脑库索取中心"的，以增加这个社会团体的安全性。同时，他也担任该中心的联络工作。

"反脑库索取中心"正是被"脑库索取司"称为"右派势力"的代表机构，尽管是个社会团体，却得到许多社会力量尤其是人权组织的支持，支持形式包括"信用数据"和其他各种方式。因此，成立两年多来，已拥有越来越多的支持者。而宇民公司正是其中最大的支持者，也是幕后执行者。

此时早已没有了实体银行，更没有与之相关的各种银行机构，连银行卡和各种实际货币也全部取消了——任何能链接公共互联网的通信设备都可以进行消费和交易，并且不受任何地域和时间限制。每个人或每个集团只有唯一一个世界通用的信用户头，以拥有者的面孔、指纹、瞳孔形成立体密码，供其使用。钱的概念只是一种单纯的世界通用数字，称之为"信用点"或"信用数据"。拥有的信用数据有多少，则代表财富有多少，并决定其在全球范围内信誉度的高低。这种信用数据对每个人而言都具有唯一性，旁人极难盗取。

马托卡说："随着个人脑库被强行扫描的人数不断增多，反对人士也越来越多，这些人大多数是高级知识分子、著名学者和专家。他们的影响力不可小觑。因此，一旦公投失败，这个完全暴露在光天化日之下的脑库索取司就会在各种社会压力下被迫撤销。这样一来，他们连秘密开展活动的可能性都没有了。因此，我觉得，对我们来说，开启全民公投反而是件好事。"

"马托卡先生，事情可能没有你想象得这么简单，"一个较苍老的声音从一位白肤色的老者口中传出，"根据我两年多来暗地里对他们的监视，那些家伙在准备公投之前，早已在小范围内做过民意调查。他们发现，普通老百姓倒是非常支持他们的。如果采取全球公民投票，纯粹以支持者与反对者的票数决定，而不是靠这些高级知识分子、专家和学者的名望。因为，在全球范围内，毕竟高级知识分子和学者、专家们所占比例较少。"这个白人老者的声音听起来似乎比他的实际年龄大一些。

"很有道理，君特先生，请继续您的分析。"张宁静说。

君特先生看上去八十多岁，一副典型的欧美面孔，他表情平静地说："除非怀着强烈的偷窥欲望，否则，脑库索取司的那些家伙不会花那么多时间和精力去扫描那些普通老百姓的脑库。因此，大多数普通老百姓并没有受其困扰。相反，众多普通老百姓倒是迫切希望那些高级知识分子能够把他们的脑库信息无私地奉献出来，以造福整个人类；并希望人类能够尽快进入外太空，去探索更广阔的宜居星球。纵然普通老百姓暂时不能移民外太空的某个宜居星球，但是，毕竟移民过去的人一多，地球上人口减少了，地球资源也就相对丰富一些，普通老百姓的日子也就更好一些——这是大众心态，也怪不得他们。因此，我觉得，如果真正展开全民公投，双方胜算几何，可能已见分晓了。"

张宁静点了点头，陷入了沉思。

四夕女士再次说道："君特先生的分析很有道理，而且我的信息传递者提供给我的信息中，也印证了君特先生的说法。索取司的人确实已进行过一些民意调查，在调查的两万多人当中，有72.3%的人支持脑库索取合法化，其中还有一些知识分子——主要是知识分子中年轻的狂热分子和激进分子。"

张宁静从座位上缓缓站了起来："他们一旦在全球公投中获胜，就可以合法地、堂而皇之地进行脑库扫描。对于那些不配合的人士，他们甚至会采取各种强制手段！那么，专家和大学者们的尊严和精神末日也就降临了。因此，我们得尽快采取各种行动。大家都谈谈自己的想法吧。"

顿时，与会者论说纷纷，各抒己见：

"既然如此，我们现在能做的，就是阻碍他们的公投行动。"

"但是，他们毕竟是联合国下属的官方机构，我们尽管拥有许多精英人才支持，毕竟是民间机构，因此，必须找到合适的方式才行。"

"如果真的进行全民公投，这是一项事关全球40多亿人口、史无前例的大数据测评，数据流量会非常庞大，各种相应配套系统也得紧紧跟上。因此，我认为，一时半会儿还无法实施全民公投行动。我们一定可以从中找出他们的破绽，或者想出一些对策，毕竟我们手下汇聚了这么多精英人士。"

"我和我的团队也打算侵入脑库索取司的内部系统，看能否从他们的信息中找到什么应对策略。"

……

大家七嘴八舌地讨论着，张宁静一直冷静地听着。

末了，这个气质文雅的东方女性表情坚毅地说："我作为'反脑库索取司'的信息汇总者，上头赋予我的职责是：在关键时刻，也是决策者。由于事情紧急，我就不向上头汇报了。从各位刚才的言论中可以看出，你们都是支持立即采取相应行动的——这算是一种集体表决吧。我的意思如下：

"首先，各位在赶紧开展各种措施的同时，务必保护好自己，千万不要在外界轻易暴露自己的身份，在没有十足把握的情况下，连自己的家人也不要透露。因为，我们并不知道这些人到底是我们的支持者还是反对者。而根据对方的民意调查，我们的反对者实在不少。我以前也做过类似的猜想，但是想不到支持脑库索取合法的人数比例会这么高。

"其次，只要能够阻止此次公投行动，在不破坏人类大文明的前提下，如果事态格外严重，你们可以采取果断手段。由于我们的信息随时有可能被地脑数据库发现，在不方便和我安全沟通的情况下，你们可以不用事先向我汇报就可以采取果断行动！但是，请大家记住，一定要在不破坏人类大文明的前提下，才可以采取相应的果断行动！你们回去之后，多和自己的团队成员商量沟通，拿出最佳的方案来。总之，这回我们要各显神通。你们现在还有什么意见吗？"

见大家纷纷摇头，张宁静说："好，时间不早了，你们现在可以离开了，辛苦各位。记住，出去的时候要多加小心，不要暴露自己。一旦有紧急情况，在方便沟通、保证安全的情况下，欢迎随时和我联系。"

大家同时起身，却不是同时出去，而是当某个人进入其中一部电梯并启动后，另一个人才会走向另一部电梯。

这里的电梯都很小，最多可容纳四人。但在整幢大楼里，这种小电梯却有很多。不过货梯除外，它的空间很大，但这里的人员都无法进入货梯，除非是专职货运职工。

马托卡出于职业习惯，是最后离开者之一，因为他要重新检测整幢大楼的智能安全系统。

这时，张宁静叫住了他："马托卡，你慢走一步，我还有事情和你沟通。"

马托卡立即返回房间，站在张宁静对面，问道："张部长，请问还有什么吩咐？"他一直在追求这位迷人的东方姑娘，可惜对方根本不给他机会。由于双方的地位不在同一级别上，他只有暗恋她的份儿。

"我们随便聊聊吧。"张宁静做了个请坐的手势，待对方坐下后，她说，"我最近请假了，请问你最近面见过郭 sir 吗？"

马托卡摇了摇头："Boss 那么忙，我哪能轻易见得到他呢？不过，这次紧急碰头会是他亲自指示我，让我立即过来，务必做好会议的安保工作。张部长，你一定也是他亲自传达的吧。"

张宁静点点头。

郭 sir 本名郭林涛，是宇民公司最大的股东兼 CEO。五年多前，张宁静就是他亲自招聘进来的。

而在两年多前的一天，郭林涛亲自把张宁静叫进自己位于顶楼的绝密办公室——这让张宁静感到很意外。

郭林涛格外慎重地说："小张，你的工作很出色，我很信任你。"

你的工作重心以后得稍微调整一下：你现在仍然是有益菌研发部的第二负责人，但你的工作重点是把这个团队组建好，并运营好，我会全力协助你。先看看这份草案吧。"

张宁静疑惑地接过那几张纸质文稿，映入眼帘的标题是——《组建"反脑库索取司"社团初案》。她飞快地把这几张文稿看完了。

"你现在有个大致的了解了吧？"

张宁静点了点头。

"这只是个初案，至于如何组建、怎样完善，全部由你完成。你需要什么条件和哪些帮助，尽管直接向我提。你也看到了，这不是我一个人的想法，而是众多行业巨头以及诸多德高望重的专家和学者的意向。你一定要把它干好。"

"这么重要的任务，我——我恐怕无法胜任。"

"我相信你，你一定能行！还是那句话，我会在幕后全力协助你。同时，我会赋予你比较大的权限：很多时候以及关键时刻，你可以大胆地自做决断，不需要事先向我汇报。因为我相信你冷静的判断能力。不过，由于你的工作量有所增加，需要加薪多少，你直接向我提出吧。"

张宁静并没有提出加薪要求，只是说："谢谢您的信任，我会尽力干好的。"

"很好，我没有看错你！既然你答应了，就好好干吧，以后可以随时向我提加薪要求。重要信息和联系人你都记住了吗？记下了的话，我就把这几张纸毁掉了。以后一切有关的工作信息，你全部记在心里就行。"

张宁静又把那几张文稿看了一遍，然后递给对方。郭林涛当着张宁静的面，把那几张纸全部烧毁了。

随后，在秘密展开的工作中，张宁静越来越觉得，成立这个社会团体的宗旨也很符合自己的意愿。因此，她一直没有提出加薪要求,但郭林涛还是主动将她的薪酬翻了一倍多。

在这社会福利较高的年代,就算完全不去工作,最低生活水平还是有保障的,但薪酬高低,毕竟表达出上司对自己工作成效和工作态度的肯定与认可程度,因此,张宁静还是很感动。也因此,尽管她对这份暗地里的工作干得有些如履薄冰,但始终尽心竭力。

张宁静也越来越理解郭林涛鼎力支持"反脑库索取中心"的个人原因:宇民公司作为全球微生物科技领域里的巨头企业,郭林涛本人既是世界级精英,也是微生物研究领域里的尖端技术人才,他担心脑库索取司入侵他的脑库,窃取他的商业机密和关键技术。付出无限财力与精力研发出来的科研成果一旦泄露出去,或者在巨大利益的驱使下被唯利是图者卖给竞争对手,宇民公司将完全失去核心竞争力!

自古以来,商场是最无情的搏杀战场!而作为最具竞争力的科研成果,则是引起商场惨烈厮杀的诱因或战利品。

对于科研成果,有些人选择不择手段地掠夺、窃取,有些人则竭尽全力地研发,郭林涛显然属于后者。

同时,每个行业的巨头,自然是该行业的众矢之的。因此,时刻担心核心竞争力泄露,或遭同行挖墙脚,或遭商业窃取与商业打劫,都是情理之中的——这正是"反脑库索取中心"得到各行业巨头鼎力支持的原因。

因此,张宁静对坐在对面的马托卡说:"郭 sir 的时刻关注是很有必要的,因为它不但事关我们宇民公司,更关系到全球各大行业巨头的命运。我们一旦失职,将会使全球各个行业陷入一片混战——这是一场不公平的战争。同时,郭 sir 也对不起各行业巨头对他的无比信任。现在,我俩承担着郭 sir 以及各行业巨头的重托,千万马虎不得!尤其是你,马托卡,你负责的安保系统一定要做到万无一失。辛苦你了,马托卡,因为我俩都是郭 sir 当前最信任的人。"

张宁静用清澈的眼神望着马托卡,诚挚地说道:"你一定要少喝酒。"

这种眼神,以及如此关怀的语气,让马托卡突然产生了强烈的感动与冲动,还有错觉,他站了起来:"谢谢你的关心,我以后一定会把酒戒掉!你,你一直是我心目中的女神……你相信在这个时代,还有真正的爱情吗?……例如,我对你这种长久的爱……"说到后来,他低下了头。

张宁静停顿了一下,真诚而冷静地说:"也许很多人不会相信爱情——他们既不愿意去尝试,也不愿意去追求。但是,我相信真爱!尤其是和他敞开心扉后,我更加相信真爱的存在和永恒。同时,我更加坚信,在这个世界上,不管是什么时代,我都相信有真爱。不过,实在抱歉,马托卡,我的真爱不属于你。但是,我和你之间有着永久的友爱以及并肩作战的手足之情。马托卡,非常感谢你对我的信任,我会珍惜一生。请记住,咱们都是郭 sir 最信任的人。"

张宁静站在一楼的大门外,仰头望去,看不到多少明亮的星星,也许是高楼的灯光和偶尔掠过的飞行车让遥远的星光逊色了吧。在这夜半时分,她打不定主意去哪里过夜。因为她说过,今夜不回肖理夫那里去了。

而在宇民大厦的 22 楼,在蜂窝般规整的众多房间中,她有一间舒适的卧室,但她已不太习惯独处了。

宇民大厦地下 40 多层以药品生产为主,地面部分主要分为两大功能区:一楼至 30 楼左右,主要是药品销售、职员宿舍和食堂等生活区;40 楼直至 100 楼左右,全部是分支细微的科技研发部门和技术支持部门。

如今,凡是走在世界前沿,或是活力十足的企业和公司,其科研技术人员往往比生产、销售人员之和还多。

马托卡从另一部电梯升了上来，轻轻走到张宁静身边："张部长，我是开车过来的。我送你去你的真爱那里吧。他住哪里呢？"黑夜中，几乎看不清马托卡的面孔。

张宁静反而立即打定了主意，说："谢谢你，马托卡，不用麻烦你送我过去了，我还是搭乘无人驾驶出租车过去吧。"

14

由于没有张宁静在身边，肖理夫回到成都的房子后，第一次感觉到这个家是那么清冷，那么没有生气，他感到有些孤单。同时，他心里多少有些郁闷：这次回雪峰山脉老家又是无功而返，不但仍然说服不了爸爸，反而被爸爸洗了一番脑——至少自己没有更多的理由说服他了，而张宁静也没有协助自己。

但肖理夫还是有些不甘心。说直接点，他依然不希望爸爸去世之后任何生动的东西都没留下——那个天才般的大脑就那样和遗体一同被汽化，就那样烟消云散……

另外，今天上午，张宁静那么刻意回避去接那个信息或者是通话，如果真的是正常工作，用得着这样吗？她会不会和别人约会去了？尤其是互设首优一事，她为什么不答应呢？她肯定有别的秘密，多半和男女私情有关……

唉，别想了，想也白想，还是以自己的事业为重吧。

肖理夫随便点了一份外卖，吃过晚餐后，便坐在沙发上，点开沟通界面，主动向约瑟华兹公司发出了沟通意向。

根本不用肖理夫多说什么，对方立即发来一份比较详细的合作协议书。其中的合作条款都让他很满意。

原来，在暂时中断洽谈的这些日子里，约瑟华兹公司对《天脑纵横》的内容进行了深入的品鉴和讨论，也对作品的市场前景进行过充分论证，并且在小范围内进行了民意随机测试，发现这部作品确实很有畅销潜质。

因此，当肖理夫主动发来洽谈意向后，对方立即给肖理夫发来了诚意合作书——既然作者主动发出沟通意向，说明这部作品还没有被别的公司抢走，他们赶紧发来最诚挚的合作协议书。

在这份协议中，约瑟华兹公司计划对《天脑纵横》采取立体式、多项性合作：这部作品会出版原始的语音产品，同时也将做成集声、文、动画于一体的综合电子品读物；更多的收益则来自立体电影，将在全球影视平台播放。同时，对方还主动提出，如果该作品日后成为经典，还可以考虑印成最原始的纸质书，供相关爱好者品读收藏。

对于作品的前三种开发模式，都无须实体印制，省去了大量印制和运输成本，而需求者只要支付相应的信用点数，即可通过各种互联媒介平台进行消费，并且可以无限量地重复销售，对于公司而言自然省去了大量运营成本。因此，以上每一项总收益，作者均提成20%。

另外，作品在各种传播形式的传播过程中，所有夹带各种商业广告产生的利润，作者同样享受一定比例的提成。

肖理夫对这份诚意满满的合作协议非常满意，浏览了一遍，就用手指在沟通界面的相应位置龙飞凤舞地画起来，签下了自己的签名。

对方也在相应位置打下了约瑟华兹公司的电子公章，并且立即有人画出一串蚯蚓般的英文：Olivier Sir。看来，这位奥利维尔先生就是约瑟华兹公司与肖理夫的直接洽谈者和负责人了。

此前，肖理夫早就通过国际互联平台，仔细查阅过约瑟华兹公司的资质和国际信誉度，以及相关在职人员的名字与相应的职位——奥利维尔先生正是该公司的文化总监。

这份合同就这样正式生效了，无论何时何地，双方都可以通过各种沟通界面调出这份具有国际法律效力的电子合同，根本无须纸质存档。

肖理夫不用担心有人盗版，也不用担心合作公司不讲诚信。

为了杜绝个人对公司开发的作品进行私下传播或交易，相关监控与防范技术自然做得非常到位，绝对不会发生几百年前的盗版事件。例如，消费者首次付出相应信用点数后，人脸识别系统会对消费者进行脸部扫描确认，消费者即可欣赏相关的文化产品；多人同时欣赏是允许的，但得额外支付相应的信用点数，只是比前者稍微优惠一些；没有系统许可，其他人根本无法下载相关的文化产品，更无法私下传播。

对于长篇作品，如果消费者一时半会儿欣赏不完，没关系，反正是人脸识别，欣赏多少，支付多少信用点数。对于付过费的部分，消费者本人可以无限次地重复欣赏，但对后面的新内容必须继续付出信用点数。

另外，作者与对应文化公司签下合同后，只要相关产品在相关互联平台系统中开始商业运营，双方都可以通过实时监控，随时知道这些文化产品的客户流量、信用支付等数据。

同时，只要产生了信用支付行为，协议中20%的收益，系统则会同步支付到肖理夫的信用户头上。

这部大科幻作品《天脑纵横》总算格外顺利地"嫁"出去了，并且还找了个好家，接下来就是等待对方将其编辑、制作以及推广和营销了。

这是一个耐心等待的过程。由于原作很长、内容浩大，不管是语音产品、综合电子品读物，还是立体电影，每一种文化表现形态，光是在编辑、制作方面,都要花费较长时间。而这三种文化表现形态必须同时上线营销,否则,在这信息高速传播时代,任何一种产品提前上线,都会产生"剧透"影响,势必降低另外两种文化产品的销售业绩。

肖理夫泡了一杯茶,睡意全无地半躺在沙发上,又开始构思下一部作品。

专业作家嘛,一旦真正闲下来,就会觉得自己空落落的,无所适从;可一旦进入下一轮的创作,尤其是构思大框架、创作大长篇,既是脑力的燃烧,也是体力的煎熬。如同翻越一座座大山,好不容易攀登上去了,下一座大山又出现在眼前,永远望不到群山的尽头。但是,只要大脑能正常运行,思维张弛起伏,就如同生命的生生不息……

这时,张宁静轻手轻脚地走了进来——在肖理夫的授权下,她早已获得这套房子在面部扫描兼瞳孔识别系统支持下的进入权限。

在昏暗的灯光下,肖理夫突然发现了她,惊喜地问:"你回来啦?……你,你不是说今晚不回来了吗?"

张宁静笑道:"现在已经不是昨天的今晚了,而是今天的凌晨了,所以我就回来啦。理夫,你怎么还没睡呢?唉,我好饿啊。"

肖理夫以为她在暗示那方面的饿,笑道:"你连夜加班不累吗?还有那想法?"

"讨厌!我是真的饿了。"

"你们这么大的公司,没给加班人员提供夜宵吗?"

"太忙了,我忘记吃了。"

"那我立即给你点餐。你想吃些什么?"

"我想吃雪峰山脉的原生态米饭和山溪鱼,可惜这里没有。你随便点吧。"张宁静说完,靠着肖理夫坐了下来。

肖理夫打开沟通界面,很快点好餐,同时支付了 118 点信用点数——其中 20 点是送餐费。只要在城市里,无论什么时候都可以点餐、送餐。因为餐馆里的送餐机器人是全天候待命,随时点、随时送;同时,所有餐饮盒早已打好无菌包装,就算多放一些时间也不会变质。

不一会儿,送餐机器人就把热腾腾的饭菜送过来了,是飞行机器人从阳台上直接递送进来的。过度的饥饿让张宁静放下了淑女的用餐礼仪,不一会儿,所有饭菜甚至连热汤都被她一扫而光。

肖理夫有些内疚:看来是自己太多疑了,竟然以为她是赴别人的约会去了。于是他说道:"宁静,这些餐盒让我来收拾吧,你赶紧去休息——为了你,也为了我们的孩子。"

在昏暗得有些柔和的灯光下,张宁静忽然浅笑道:"理夫,你不怀疑我是和别的男士约会了?"

中　篇

1

　　酒泉，古老的中国卫星发射基地。

　　一架豪华的流线形空天飞机垂直而缓慢地降落在一片硬化地面上，强劲的缓冲气流使四周粗壮的白桦林树梢一律向后倾斜。好在白桦林早已落光了叶片，地面上的落叶也早已扫除，没有激起漫天飞叶。

　　空天飞机完全停稳后，动力系统关闭，白桦林的树梢缓缓回位。一行九人立即从白桦林后面跑上前来，好像是被白桦树梢无形的拉力拉扯过来的。

　　空天飞机侧面伸出一架银色斜梯，与此同时，舱门打开，缓缓走出五个人来。中间那人身材高大，满头银发，一看就是纯正的欧洲血统，年龄在 90 岁左右，却一点也没有显现出老态龙钟之势，脚步稳健地走到地面上。

　　他就是联合国当前执行主席路易斯·奥尼尔，英国前司法部长。

　　由于职能发生了许多变化，联合国的全称早已改为"联合国全球安全协同发展委员会"。但是,根据沿袭已久的习惯,还是称为联合国。只是此联合国的权威及功能之盛,已远非三个多世纪前的联合国可比。

每一届的联合国执行主席任期四年,执行主席候选人不限国籍。不过,根据新《联合国宪章》,如果执行主席在任期内遭到强烈弹劾,只要各国核心民意代表的反对票超过半数,执行主席必须中途下野;若情节严重,还有可能被国际最高法庭起诉并获罪。当然,如果干得好,可以连选连任,并且最多可连任三届。

一行九人已来到路易斯等人跟前,领头那人率先走向前去,握住本届执行主席的手:"主席先生,欢迎您大驾光临。"

路易斯说:"胡总长,您多礼了。全球智能数据系统能安全协同运行,完全仰仗您啊,辛苦啦!"然后和其他迎接者一一握手。当他握到那位马司长的手时,这位执行主席明显握重了一些,时间也握得稍久一些。

到来者与迎接者相互握手之后,胡总长说:"主席先生,请!"

这位胡总长——胡希明——正是整个地脑系统的首席负责人。

于是,一行人向密林掩映的那幢最高的五层建筑走去。

由于地脑系统负责整个地球各类智能数据库的汇总与大协作运行,包括全球城乡发展、气象、交通、通信、能源等数据的综合、分析与协调等,可以说是整个地球的智能大脑,并且这个超容量大脑的信息库还在不断地扩充、壮大。因此,各分支机构的负责人也都是高尖端人才。前来迎接者正是各机构的负责人。

在联合国地脑系统运行中心二楼的大会议室,大长桌上早已摆好各种茶饮和鲜果,四周摆满了鲜花——这些花都是纯天然的。

路易斯落座之后,对身后的随同人员稍微示意了一下,其中三人走出了会议室,只有一位格外高大魁梧的随从一直站在他身后。胡希明等九人也依次落座。

"主席，需要我做局部屏蔽吗？"路易斯身后的魁梧随从俯身问道——他叫安泰，是路易斯的贴身保镖兼机要秘书。

这位联合国执行主席还没表态，胡希明连忙说："不用了，主席先生，您莅临之前，我们早已将酒泉附近所有的防护系统进行了层层加密，现在连任何一束可疑的外来脉冲波，甚至连中微子信息都进不来了。"

如此重重设防之下，现在连他们自己的信息也无法在地球表面上传输了，此时酒泉地脑运行中心几乎已成为一座与世隔绝的信息孤岛——和外太空有关的专项信息流通除外。

在短时间内，只要事先发出通知，地脑系统的暂时关闭不会对全球产生太大影响，因为每个国家、每个地区、每个行业都有各自相对独立的局部智能运行系统。地脑系统的链接与介入，只是为了全球大数据的整合与协同运作。如同各游击队可以独立作战，但在地脑系统的统一整合运作下，则可以展开大规模、大集团会战。

路易斯说："胡总长、马司长，以及各位负责人，我这次特意从联合国总部赶过来，就是想亲自向你们传递这个消息：你们那个大胆的提案已经在联合国各国核心代表会议上初步通过了。并且，我打算在即将召开的联合国代表大会上正式宣布这个公投计划。为了避免不必要的意外发生，这个计划暂时还处于保密状态，我现在把它当面透露给你们，就是让你们早点有个思想准备，为你们下一步的具体操作打点提前量。"

胡希明带头轻轻鼓起掌来，各分支机构的负责人也跟着纷纷鼓掌。其中以那位马司长的掌声最热烈。

路易斯继续说："各位也别高兴得太早。你们也都知道，现在尽管各国政府在政治、经济、文化意识等领域的作用力和影响力已越来越小，联合国在有关方面的作用和影响越来越突出，但毕竟得首先征得各国核心代表的同意，这些人毕竟代表各国政府的综合民意嘛。于是，我前天紧急召集这些代表，召开了一次特别的秘密会议。还好，在我们团队的意向引导下，半数以上的代表同意并通过了这个议案。接着，我们和国际最高法庭以及国际人权总署也照会了这个议案，他们也都认可了。在接下来的全民公投中，你们能不能如愿以偿，就看你们的本事和手段了。"

如今，为了使各国政府和联合国保持紧密联系，同时为了尽快表达各国政府的意愿，每个国家都选出一个国意代表，常年占据联合国核心代表会议一个重要席位。这个国意代表多半是该国现任总统或前任总统，或者是该国极具影响力的人物。总之，这个德高望重的政治人物，能大致代表该国政府甚至该国民众的意愿。

马司长站了起来，激动地说："主席先生，非常感谢您对我们的工作，尤其是对脑库索取司的大力支持。我马腾偨必定赴汤蹈火，绝对不会辜负您的期望和扶持！"

路易斯轻轻摆了摆手，示意对方坐下："马司长，我一直看好你以及你做事的风格。但光有激情远远不够，必须有冷静的思路和恰当的做事方法。我这次前来，就是想听听你的具体做法。这样，在适当的时候，联合国有关部门可以协助并配合你的工作。"

"首先，我们的工作人员前期已做过一些民意调查工作，这些数据在提呈给您的议案中已经体现出来，我就不多说了。至于后面的具体步骤和工作细节，我……"马司长的声音越来越低，说到后面，他完全停顿下来。

路易斯立即明白对方的意思，说："当然，这个议案能在联合国核心代表会议上初步通过，也是必然的，更是大势所趋！因为，如果能将全球各行业、各领域里的顶级专家的毕生成就，以脑库扫描的方式全盘托出，再以大数据库进行智能整合、分析和再创造，我们人类的科技一定会获得前所未有的突飞猛进！这样，开发并利用外太空的各种资源，应该在我有生之年有望实现——如果我的生命还可以活得更长久一些的话。马司长，你的工作具有划时代的意义，因此千万不能松懈，更不能出现任何纰漏！要知道，全球可开发并利用的高端资源已近乎枯竭了，我希望在我的任期内有所作为啊！"

胡希明说："主席先生，您高瞻远瞩、胸怀全球的意识实在令人景仰。如果您能连任三届，将是全球民众的最大福音。相信您一定会顺利连任的。"

路易斯耸耸肩，微笑道："胡总长，多谢您的肯定，可光说虚的没用啊。如果这一届我还不能做出一些具体事情来，尤其在我的司法专业领域里都不做出点成绩——连脑库索取都不能合法化的话，下一届执行主席可能就不是我了。"

路易斯已连任第二届联合国执行主席了。最后一届能否顺利连任，就看他的民众支持率有多高。说白了，如果他能让脑库索取合法化，来自普通民众的支持率则会大幅度提升。

马司长说："在您的扶持下，以及在我们的具体运作下，我想脑库索取一定可以合法化。下面……"马司长又停顿下来。

路易斯连忙说："为了不再耽误诸位的宝贵时间，你们可以先离开了。我现在想和马司长单独聊聊。当然，如果诸位也想和我单独沟通，欢迎过后再和我聊。胡总长，如果您有时间，可以留下来。"

路易斯的话已透露出不希望胡希明在场，胡希明自然听得出来，他赶紧说："我还有点事，主席先生，恕我暂时不作陪了。您单独和马司长聊吧。"

胡希明起身和其他七位各分支机构负责人匆忙离去。

路易斯又扭头轻轻说道："安泰，你也暂时出去一下吧。"身后那位魁梧大汉也走出了会议室。

会议室里再无外人，路易斯主动轻声说道："小马，你对肖成城的脑库扫描进行得怎么样了？那个怪老头一定在生命研究领域里获得了重大发现。可不知为什么,他就是不愿奉献出来。他是不是想独吞这份成果好据为己有呢?联合国花费了巨资,他有义务拿出来——这可恶的极端人权!"

马腾佶摇摇头说:"主席先生,实在抱歉,当前针对他的脑库密码的破译工作遇到了意想不到的麻烦。也不知道是怎么回事。不过,我们正在不懈努力。"

执行主席推心置腹地说:"你要抓紧时间呀。你别看我这身体……其实是外强中干啊,如今,谁不愿意活得更健康而长久呢?"

"主席先生,多谢您对我寄予如此厚望。还是那句话,只有让脑库索取完全合法化,才有办法让这些人把毕生成果贡献出来,这样才可以造福全人类。"

"可是,能否顺利合法化,可以想象,还是有一定风险的,甚至会遇到重重阻碍。其中的变数不小,我们也不能一味乐观。"

"主席先生,只要按照我的步骤和方式去实施,再加上您的鼎力扶持,这事只会成功,不可能失败!"

"你说说看。"

2

公元 2266 年 10 月下旬,北美中心城市纽约已有些寒凉,街道两旁的落叶乔木伸出光秃秃的枝丫,在寒风中呼啸,常绿树却依然展开浓密深绿的树叶,迎风招展,似乎在欢迎来自世界各地的游客。

本来就很繁华的纽约,最近变得格外热闹,各级政府部门、公司、企业甚至普通人家的门前早已张灯结彩;有些巨墙外的显示屏上,还不断跳跃着用中英文书写的大字"欢庆全球联欢节";而最大的变化是，各种远程飞行交通工具不断降落在联合国大楼外的宽阔空坪上，跨洋空天飞机也频繁降落在纽约国际机场……

因为，全球人民都在欢度这个世界上最盛大的节日——"全球联欢节"。

三个多世纪前，1945年4月25日，来自50个国家280多名代表和1700多名顾问、专家、记者聚集一堂，在美国旧金山召开联合国国际组织会议。经过两个多月的讨论，起草了《联合国宪章》。6月25日，代表们在旧金山一致通过了《联合国宪章》。

1945年10月24日，中、法、苏、英、美和其他多数签字国递交批准书后，宪章开始生效，联合国正式成立。

1947年，联合国大会决定，此后每年的10月24日为"联合国日"。

而早在一个半世纪前，随着全球飞行时代的到来，世界各地在各个领域、各个行业跨国交往越来越密切，重大跨国协商与调停也越来越频繁，导致联合国的作用越来越突出，地位自然越来越高，从而诞生了一个全球性重大节日——全球联欢节，日期即从前的"联合国日"：每年的10月24日。

于是，这个全球性盛大节日就此延续下来，并且节前节后十来天都是欢庆假期。

由于联合国作用与权威极盛，光是针对全球各国各地域的直接执法机构和实际管理部门就多达260多个，其功能与职责划分极细，如：全球气候监管中心、全球公共安全监管总署、药物监控执法司、联合国信息安全局、地球资源协调及分配总署、人权维护中心等，甚至还有全球昆虫统计中心、全球微生物统计中心、全球人均寿命统计总署等。

当然，和当前人类生活格外息息相关的，是地脑系统运行中心和全球科技发展促进总署；而全人类寄托期望最高的，则是外太空发展总署和天脑筹建委员会。

为了适当制衡联合国与日俱增的权威，早在一百多年前，也就是全球联欢节确定之际，同时成立了两个国际机构：国际最高法庭和国际人权总署。这两个国际机构在日常工作与一般事务的协调上也属于联合国的大范畴内。但是，假如联合国各层领导、各级工作人员违犯国际法律，或极端侵犯人权，这两个国际机构在法律层面上则可以制衡联合国各级部门；倘若联合国执行主席严重违法，国际法庭在证据确凿的情况下，可以对其提起公诉，甚至可以直接将其逮捕。

一直以来，联合国总部欢度这个盛大节日的方式有所不同——根据每年惯例，联合国总部总会在联欢节期间召开几场特别重要的会议。

今天，自然也不例外，并且这场全球性的会议极具历史意义。

邀请参加会议——即全球公民代表大会的人士，自然是全球各行业、各领域里的顶级专家、学者以及各国政要、名流等代表人物。因此，光是参会人数就达到一万多人。还不包括安保人员与各种媒体的记者。

好在联合国中心会议大厅已在原来的基础上扩大了好几倍，相关配备和设施也远非昔比。

其实，现在完全可以通过各种视界手段进行远程会议，实行无障碍沟通、交流或表态等。但是，联合国总部为了体现其会议的隆重性、权威性和重视程度，还是采用传统的现场会议形式。这样，各种媒介进行报道时，更加具有强烈的感观效果，让广大民众在心理上产生更加崇高的敬畏感。

整个联合国中心会议大厅如同一个巨大的内弧形大蜂巢。每个参会者都处于一个小小的"蜂房"中。在每个小巧别致的半封闭"蜂房"中，除了床铺，其他设施一应俱全。其中有表态和投票用的按钮,甚至吃喝拉撒也只需按下几个按钮,就可以得到解决——每个小"蜂房"都有几根相应的管道连接。只是用餐时,与会者只能吸食营养全面的流质食物。

因此,这种会议就算开上十来个小时也不会让参会者太难受。

肖成城作为全球生命研究领域有着杰出贡献的科学家,自然被隆重邀请参会,和另外百十位顶尖科学家共同出现在这个大蜂巢的中心"蜂房"内。

如果这个巨大的内弧面可以通过光源聚焦,那么焦点位置即联合国的主席台——也是主持台。总共才三个座位。

会议一开始,依然是联合国执行主席路易斯·奥尼尔先生首先向全球参会代表致以真诚的问候和节日的祝福。他诚挚的祝福和阳光般慈祥的笑容,如同春日里绽开的鲜花。同时,他的笑容也出现在中心会议大厅上方那个巨大的虚拟屏幕上,引来阵阵热烈的掌声。

掌声平息后,眉目俊雅的会议主持人宣读大会议程。

大会议程其实根本不需要主持人宣读,因为大会议程以汉英双语形式同步显示在巨大的虚拟屏幕上。但主持人还是不紧不慢地念了一遍。好在这次每项议程的内容都很简短——这是此前从未有过的。

主持人宣布:"下面有请联合国外太空发展总署署长克拉托恩先生做年度报告。"外太空发展总署一直承载着人类跃入宇宙深处的向往和希望,因此,每年都是由该机构的主要负责人首先向全球民众做工作陈述报告。

一位又高又瘦的黑人走向了主席台。克拉托恩先生鞠了一躬,点了点手腕上的通信仪,立即跃出一个小小的视界面,他直接看着视界——这次,中心会议大厅上方的虚拟屏幕上并未同步显示他的文字信息——面无表情地念了起来:

"从 2265 年底至今，外太空发展总署在火星新建了两处太空基地，所用材料大部分来自地球，所有建设手段仍然沿用几十年前的传统技术。也就是说，我们在建筑领域，新技术突破水平为零！同时，总署本年度一共新建了六艘太空航母，这六艘新航母的速度较之以前提升了 0.02%，但核聚变发动机的体积平均增加了 52.4%，每艘航母的自重增加了 16.6%。其他数据我就不多念了，用一句通俗的话来说——我们仍然是用最原始的高能耗换取低提速！"

接下来，克拉托恩的表情变得激动起来："总之，在上一个工作年度，我们外太空发展总署除了继续大量消耗地球上的可开发资源，在通往外太空的发展道路上，新技术的发展速度还是为零，依然没有取得任何突破！在我担任外太空发展总署署长的十来年间，我们在前沿技术方面一直没有取得任何新突破！这是我个人的失职和无能，也是我们外太空发展总署的悲哀，更是我们当前全人类的耻辱！如果下一个工作年度我们总署还无法取得新突破，我愿引咎辞职！"

这哪里是在做外太空发展总署的年度陈述报告啊，简直就是在控诉！他到底想表达什么呢？

参会者还没反应过来，也没有悟透他的真实意图，克拉托恩先生说："我的年度报告就陈述到这里，谢谢各位代表的聆听。"然后他一个转身，连最起码的鞠躬也没有，径直走下了主席台，消失在光线晦暗的主席台后。

全场一片寂静。

接着，联合国执行主席路易斯先生从主席台站起身来，向弧面代表席的各个方位欠身之后，也从主席台上退了下去。

直到此时，对于克拉托恩先生的反常言行，与会者一片惊愕之后，终于发出一片轻微的议论声。

主席台上，孤零零的主持人继续说："请安静！现在请天脑筹建委员会主席许学谦先生做天脑筹建进展年度报告。"

然而没有人走向主席台。整个中心会议大厅再次一片寂静。

主持人疑惑地环顾四周，只好提高声调，再次说道："有请天脑筹建委员会主席许学谦先生做天脑筹建进展年度陈述报告！"

总算有声音传了出来："非常抱歉，我是许学谦，这个年度报告我放弃陈述。"

接着，一个满脸灰色胡须的头像出现在会议大厅空中巨大的虚拟屏幕上，他激动地说："由于没有新的技术突破，我负责的项目进程几乎和克拉托恩先生完全一致。由于没有任何新的进展向各位代表交代，为了不让我自己难堪，更为了不耽误大家的宝贵时间，我就不上台了。十分抱歉。"他的声音一消失，头像也消失了。不知道他坐在台下的哪个小"蜂房"内，也有可能他根本就没有进入中心会议大厅。

主持人更加无所适从了，他冷静了一小会儿，只好说："那么，会议继续进行。现在请联合国秘书处主任金塞拉女士向诸位公布一项全民公投计划。"

话音刚落，金塞拉女士倒是很快走向了主席台。金塞拉女士长着一张明显的欧洲人面孔，举止干净利落，显得精力充沛，看不出她的实际年龄。

金塞拉女士没有落座，也没有打开通信界面去念，空中的虚拟屏幕更没有显示任何文字，她恭恭敬敬地连续鞠了几躬，然后中气十足地说：

"我即将公布的这项全民公投计划，事关整个地球人类未来的发展，请与会的各位精英予以特别关注。鉴于近几十年来，人类各项前沿科技一直止步不前，没有取得任何突破性的进展，联合国办公处与各国民意代表一致投票通过了一项决议：在全球范围内，以所有成年公民投票的方式决定脑库索取是否合法！同时，这个公投议案已事先征得国际最高法庭和国际人权总署的同意。

"该公投行动的宗旨和具体目的是:一旦脑库索取获得合法地位,为了科学研究、医学探索、案件侦查等需要,为了全人类整体利益与快速发展之所需,联合国所属的相关职能部门可以合法地对相关人士进行脑部记忆扫描!全民公投具体执行细节与相关解释正在制定过程中。"

此言一出,如同在这个巨大的内弧形蜂巢上掠过一阵疾风,立即产生一片细微的蜂鸣声。

金塞拉女士似乎无动于衷,她将声音提高了几度,继续激情澎湃地说:"脑库索取如果能顺利合法化,联合国有关部门将对众多顶级科学家、专家、学者等人的智慧结晶进行合法提取,并将他们的智慧结晶进行无限叠加、融合、重组,从量变到质变,从而使地球人类的科技文明获得突飞猛进的发展!那么,展现在我们面前的将是一个有着无限可能的美好未来!人类飞出太阳系、飞过银河系,甚至于纵横整个宇宙,都会指日可待!"

有人鼓起掌来,有人低声嘀咕着。

"请大家保持安静!"金塞拉女士继续说,"我们的前景尽管美好,但现实有些无情,要知道,很多追求极端自由的人士肯定会反对脑库索取。不过,没关系,现在是全球民主时代,一切以公民投票数据为准。全民投票的准确日期定为2267年1月10日。和本次公投行动有关的各种操作程序和细节正在完善和补充。与此同时,请与会的各位开明人士做好相关引导与宣传工作。你们都是世界范围内的精英分子,你们的影响是无穷的,拜托大家了……"她说着,再次向大蜂巢方向深深鞠了一躬。

"原来,前面那两个家伙表现出来的怪异言行,都是为这场压轴戏做前奏和铺垫的!联合国这群白痴还真会导、真会演啊!"和肖成城邻近的一位女学者突然尖叫起来。

肖成城终于忍无可忍地站了起来:"这群不知天高地厚、肤浅无知的家伙,真是无法无天!让他们这群杂碎去折腾吧,别再玷污了我的耳朵!"他一边叫嚷,一边走出小"蜂房",头也不回地往中心会议大厅的外面走去……

与此同时,好些须发苍苍的专家、学者纷纷站起身来,愤愤不平道:"脑库索取完全是盲目的激进行为,还想获得合法化?还要我们配合?做梦!"

"联合国这些家伙的脑袋都进了电离水啦?脑神经全被电残了吗?怎么会想出这么激进的方式?!我强烈反对!"

"脑库索取完全违背事物发展规律!自古以来,地球上每一种正常发展的文明都经历了上千年甚至更长的沉默期和积淀期,后来才厚积薄发!如此一厢情愿的激进方式,绝对会惨遭失败,我会以毕生之力抵制脑库索取合法化!"

"脑库索取违背人性,是独裁行径!是强盗行为!我们强烈抗议!"

"在这种民主时代,怎么还会产生如此荒谬的想法和行为?!脑库索取严重侵犯人权,让这个荒谬的提案见鬼去吧!"……

有些人连续按下桌面上的反对键,却不断响起提示声:"对不起,本次会议议程只发布相关会议内容,表态功能已关闭。""对不起,本次会议议程只发布相关会议内容,表态功能已关闭。"……

有些人越来越激动,他们开始破坏小"蜂房"里的设施,或掰或敲或踢……

但是,这种混乱也没持续多久,一群面无表情的机器人警察迅速走了进来,将那些言行过激者全部架出了会议大厅。

甚至有几个飞行机器人警察直接从中心会议大厅外飞进来,迅速把几个言行格外冲动的人士带走了。

接着,又有一些年龄较大的专家、学者陆续主动退出了会场。

在这强调人权的时代——至少表面上如此——尤其是对待这些退休专家,没人会强行阻拦他们,但这些人所占比例毕竟太少。

因此,经过一番短暂的混乱之后,冗长的会议继续进行。

后面的会议,联合国执行主席路易斯不再露面,一直由秘书处主任金塞拉和那个文质彬彬的主持人轮番表演。

宇民微生物药业公司的总裁郭林涛先生也应邀参加了本次全球公民代表大会,他从头至尾听完了这次会议。但他没有表态,连带有任何情绪的表情都没有出现过。因为他知道,在这中心会议大厅内外,各种监控装置无处不在。

同时,他更明白,在这种防范格外严密的联合国中心会议大厅,那些反对派人士的任何言行早已被屏蔽,不会出现在任何直播公众信息平台,事后也不会出现于任何公共信息平台上——对于公共网络的监控,国际电子警察的智能度一直非常高!

但郭林涛并不知道,在这90%以上的乖乖听完整场会议的人士当中,还有多少人像他一样暗暗潜藏着其他想法和意图。

3

西沙群岛,北沙洲小岛上。

罗森站在落地大窗前,迎着清晨凉丝丝的海风,把一个加密文件发送出去后,又点开另一个沟通界面,连续翻找并不断点击。

不一会儿,视界上出现一个皓首银须的老人,年龄在120岁以上。皓首老人周围是更加碧蓝的海面,侧面有船舷一角,身后的远景却是连绵冰雪。

罗森首先打着哈哈招呼道:"你看上去很不错啊,奥拉维格老兄,还记得我吗?"

奥拉维格老人看了一会儿，也大笑起来："哦，是罗森老弟呀，你也活得很好啊！从你周围的环境看起来，你是在热带吧——我俩处于两个完全不同的世界呢！这么多年了，你怎么突然想起我了？"他尽管也是说汉语，却带有明显的印欧语音，语气助词用得很频繁。

"因为我想您啦。您现在在干什么？"玩笑过后，罗森又显得正经起来。

"我正在海上钓鱼呢。咱们有四五十年没见面了吧。当年只知道你去了联合国科学院什么生命研究所啦。你现在具体在哪里呀？"

"在中国最南端的版图上。我在这里待腻了，很想去看您，还想在有生之年里和您继续探讨计算机模拟系统下的光锥问题。"罗森诚恳地说。

"好啊，好啊！你是说真的吗？那我去接你吧。我早就想找你这种鬼才共同探讨呢。我的小游轮非常快，简单的生存系统也很齐备，估计用不了一天时间就可以赶到你那里。"

"不用，不用！不耽误您钓鱼了。如果您真的欢迎我，我立刻动身，估计也用不了多长时间。我很想去您那里旅游一趟，请把您的详细位置发给我吧。"

"好啊，那我等你来啊。"

罗森的视界面很快跳出一个明显的卫星坐标，他迅速将其保存，说道："好，老兄，我会很快出发的。"

他关掉视界，稍稍收拾了一个背包，就走下楼来。

来到架空层，罗森老人叫了一声，仿生藏獒龙驹走了过来。罗森弯下腰，拍着它的背说："龙驹，我要出去一段时间，在我回来之前，你的主要任务就是替我看守这个房屋，不让坏人和陌生人进来。"

龙驹叫了一声，表示已明白主人的意思。

罗森又说:"万一真有人想非法闯入,你用各种方式吓退他们就行,尽可能不要造成伤害——包括你自己。有什么应付不了的,就给我发远程信息,明白了吗?你知道该怎么做,是吗?记住,一定要设法保护好自己!"

见龙驹连连点头后,罗森这才放心地转身离开。

走在椰林参天的卵石小径上,两旁的百花依然开得那么热烈,五颜六色的花丛中蜂蝶飞舞。

罗森停在一坛花草边,再次点开手腕上的通信仪,发出一个简单信息,接着,那个高大的机器人从椰树林间快速跑了过来。罗森说:"虎驹,我们今天要去远方旅行了,辛苦你啦。走吧。"就往海边走去。

虎驹随他来到海边后,罗森点开自己的通信仪界面,飞快地在上面连续点动,只见虎驹慢慢躺倒在沙滩边的浅水海面上,接着机体发生一系列快速变化,不一会儿,一艘轻巧的流线形小艇就出现在眼前。

罗森跨上小艇,又在艇内的显示屏上点击一阵,并将奥拉维格发来的卫星坐标输入进去,然后他将四肢伸展开来,惬意地斜躺在小艇内。

与此同时,小艇的内部结构根据罗森的身体卧姿又进行了一些细微调整,让他感到更加舒坦。

小艇启动,并轻轻转了小半个圈,然后往北方慢慢驶去。小艇的速度越来越快,艇后激起的水花像一道雪白的长龙,如同从小艇后面的"嘴里"直接喷射出来!与此同时,小艇内升起一道坚韧的弧形壁,将罗森裹在里面。

当小艇的速度接近音速时,罗森的身体四周又慢慢裹上一层温暖的水膜,这时,老人就像荡漾在母体羊水中的婴儿——水膜里的水是小艇直接从海里吸上来的,然后根据老人的体温予以适当加热。

小艇还在加速，很快超过了音速……

平时，虎驹的动力主要依靠接收附近无所不在、源源不断的无线传输装置发送的电能。而在这次长途旅行中，尽管广阔的海洋上已无法接收到电能传输，虎驹快艇也不是以核聚变发动机驱动的，但是，虎驹体内装有一块电力超强的核电池，在必要的时候将其手动开启，则可以提供源源不断的强劲动力。

放射性物质衰变时能够释放出带电粒子，从而产生电流。并且，核电池在衰变过程中释放的电能大小、速率，完全不受外界环境中温度、化学反应、压力、电磁场等的影响。因此，这种核电池完全是独立运行的能源系统，如同两三个世纪前的干电池，却是等体积原始干电池所储电量的亿万倍！因此，哪怕完全依靠这块核电池满负荷驱动，也可以使虎驹连续工作半年以上。

当然，龙驹体内也带有一块核电池，只是龙驹体内的核电池总电力不如虎驹这块核电池电力强大。

由于核电池提供电能的同位素工作时间非常长，甚至可以达到5000年以上，因此，如果不过量消耗它们的核电，龙驹和虎驹就算没有外来电能供应，仅靠自带的电力，它们在理论上也可以存活5000年以上！

而龙驹和虎驹大部分内外系统及其复合驱动装置都是罗森亲自动手改造并安装上去的。

小艇飞速行进在辽阔的海面上，罗森的脑海中再次浮现出肖成城来到北沙洲时的神情：不管他是有了某种惊人的发现，还是因为知难而退，这位享誉世界的生命研究领域里的泰斗在心灵深处却活得那么挣扎……

当时罗森就打定主意：不能继续无动于衷地观望了，一定要做些实事，既为充实自己晚年的精神生活，也是为了表达自己心中的意愿与诉求。同时，既然脑库索取合法化的公投议案已经被联合国正式公开，并且全民公投细节以及更秘密的方案都在付诸实施过程中，形势更是箭在弦上！好，那就让我暗暗充当右派和保守派，或者是自由派吧……

由于罗森在国际上的影响和声誉并不是太高，他没有被邀请参加本次全球联欢节期间的任何会议，因此，他根本不知道肖成城在这次会议上的精神状态。如果他知道肖成城在此次会议上遭受的精神打击，也许他就不会如此淡定地悄悄离去了。

4

新加坡滨海南花园附近，在一处阳光沙滩旁耸立着一幢圆柱形大楼。大楼门口依然是较小的楼牌：心灵倾诉国际律师事务所。牌子上同样只有中文和英文两种文字，但它们不断闪烁着不同的色彩。

在55层的一间大办公室内，尽管窗外的阳光格外耀眼，但强光透过超薄智能变光玻璃后，却使室内的亮度恰到好处。

一位60岁出头、打扮时髦的女性刚刚打开眼前的视界面，一个加密信息包立即出现在视界顶端，她本来想解码后立即打开看看，但她犹豫了一下——在这幢大楼的局域网络系统中，现在还是不打开为妙——于是她把信息包快速保存到自己的脑库中，然后赶紧清除该信息的来源路径。

迅速处理完这一切后，她这才从视界上调出一份电子案卷，一心一意地看了起来。接下来，她一会儿操作着沟通界面，一会儿又凝眉思索。

这时，走进来一位风度翩翩、英俊潇洒的中年男子，他棕色的头发微微翘曲，肤色微微偏黄，一看就是中欧混血。

男子彬彬有礼地欠了一下身体："罗律师，让您久等了。"

姓罗的女律师连忙起身："没有，没有！我来办公室也没多久。华润物先生，请坐。我正在看您的案卷呢。"

那位中年混血男士轻轻坐在长桌前的一张小沙发上。

罗律师给对方递上一杯水："华先生，其实完全不用麻烦您亲自跑过来的。因为您的申诉案卷上已经写得很清楚了。就算有些不太清楚的问题，我们可以在沟通界面上聊嘛。"

"还是过来一趟为好。那案卷里面只说明他们侵权——侵犯了我的隐私。有些事情当面沟通可能更加方便，也说得更加清楚一些。另外，我还担心我们在沟通界面上的谈话再次被泄露出去。"

"那您就说说申诉案卷中没有提到过的有关事情和细节吧。"

"好的。有些细节确实有点难以启齿。但是，为了能让您更加清楚事情的来龙去脉，更利于这起诉讼的获胜，我也只好实话实说了，请您不要见笑……"这位风度翩翩的美男子脸红了一下，清了清嗓子，有些艰难地说，"我，我这个人比较喜欢享受生活，也喜欢寻找那方面的刺激……当然，就算我无意找她们，有些女孩子也喜欢主动找上我，只要是那些让我心动的，我也就很少拒绝了，并且……"他停了下来。

"这是人之常情，很正常嘛。只要是你情我愿就行。我作为从业三十来年的律师，很多事情都见识过或听说过。华先生，都这个时代了，不要不好意思，您继续说下去吧，只要对我们的诉讼有利就行。"罗律师满脸诚恳地鼓励他。

"好吧。那我就继续说了……我这人在那方面有些创意，总会想出新鲜玩法，层出不穷的新玩法，所以，很多女性喜欢和我那样做。有些美女还慕名而来，就是想体验那些新鲜玩法……久而久之，我在玩乐圈里渐渐出名了——当然，这是不太好的名声——嗯，后来，不知怎么回事，某些非法之徒把我这些私生活视频全部发到一些网络交易平台上去了，用来牟取暴利，严重侵犯了我的个人隐私。这些，都在诉讼案卷上体现出来了，我就不多说了。"

"是啊，华先生，我在看您的案卷的时候，也在思考这个问题，这些内容是怎么泄露出去的？有没有这种可能：您被人偷拍了？"

"几乎没有这种可能。我这人尽管喜欢寻找新鲜刺激，但是，最起码的羞耻感还是有的。因此，每次玩乐时，我必须保证小环境的绝对安全。您知道的，我是智能控制系统方面的专业人士，所有的偷拍手段根本无法介入。"

"那，有没有这种可能——你那些女性朋友设法带进了偷拍设备，拍好之后故意卖给人家以谋取利益呢？"

华润物沉思了一小会儿，摇摇头说："这种可能性也几乎不存在。一来，我对女性朋友还是有一定选择的，因此，那些和我一起寻找刺激的，不会主动带偷拍设备进来；二来，我房间里的防范装置也可以检测出那些偷拍仪器，连针头大的偷拍装置也能检测出来；第三，这也是最让我疑惑的，我的私生活，只要是格外惊艳的，不管我和谁玩乐过，那些信息平台上都有！这就无法理解了，那是我所有的私生活细节啊，那些非法之徒怎么会如此清楚呢？！"

"这才是事情的关键！"罗律师心里咯噔了一下，忙问，"华先生，你睡觉的时候有没有在房间里设置屏蔽系统呢？"

华润物有些不解："我一个普通人，为什么要花那么大的心思和代价去弄那套系统呢？要知道，那套系统很昂贵的。"

罗律师一下子明白过来，笑道："我知道你的问题出在哪里了。华先生，要知道，您在那方面也是个小有名气的人物了，在你沉睡之后，自然有人会绞尽脑汁地扫描你的脑库，你脑海中所有记忆深刻的画面和信息自然全部泄露出去了。然后他们再通过筛选、剪辑，用来牟取暴利。"

华润物先生吓得站了起来:"那我该怎么办?以后睡觉也不得安宁了。"

"华先生,我给您提个建议:您这么年轻潇洒,今后的生活还很长,为了您今后的私生活不再泄露,您只能购置一套脑电波屏蔽系统。哪怕只是设置一些比较简单的密码,那些民间非法组织毕竟不是什么专业的高尖端人才,自然很难再扫描到您的脑记忆了。"

"谢谢您的建议,罗律师。唉,看来我也只能这么做了。那以前的呢?"

"华先生,这就是我们律师事务所的职责了,您不必太担心。一,我们已经通过有关法律程序,关闭了那几家以您私生活视频牟利的网络平台——不信的话,您现在就可以通过您的通信界面证实一下;二,我们会通过法律手段,起诉那些网络平台,赔偿侵犯您私生活的名誉损失;最重要的是,通过那些网络平台,我们可能会找到扫描您脑库记忆的非法组织。华先生,您这次亲自前来真的来对了,假如没有进行这么详细的沟通,还真找不出这件事的根源。"

华润物连声道谢之后,立即打开自己手腕上的信息仪,搜索了一番,果然再也没有发现有关自己那些惊艳刺激的视频了。

接下来,两人又谈了一会儿具体赔偿数额等方面的细节,华润物这才千恩万谢地走向门外。

罗律师将他送到办公室外,真诚地说:"华先生,您不用客气,我反而很感谢您,因为您这件事给了我一个提示,让我以后更有处理这类诉讼的经验——如果脑库索取真正取得合法资格的话,今后此类诉讼只怕会越来越多。"

"见鬼的脑库索取,还想合法化?做梦!"华润物小声嘀咕了一声,风度翩翩地转身离去。

5

八个小时左右,小艇内发出轻柔而清晰的提醒声,同时慢慢减速。

虎驹快艇已自动收起弧形壁,罗森慢慢坐了起来,海风刮来,脸上冷得有点刺痛,好在身上的衣服具有自动调温功能,体温如常。

远处的视野中,冰雪连绵起伏——这里已靠近北极圈。

近处的海面上,一艘豪华小游轮已变得越来越近。完全靠拢后,只见这艘豪华游轮确实小巧别致,水面部分才十来米高,尽显精巧。

罗森才站起身来,白发飘扬的奥拉维格已站在游轮边缘,不断对他挥手:"哟,来得可真快啊!罗森兄弟,你的交通工具比我的游轮快多啦!欢迎来到冰岛!快上来吧,我早已准备好了丰盛的晚餐!"

冰岛没有真正的极夜。就算冬季的夜晚,冰雪和星星相互映照、折射,也不会让夜空太暗,何况现在才下午六点左右。

罗森稍微舒展了一下筋骨,顺着小游轮的舷梯跑了上去。两个年龄相差三十多岁的老人紧紧抱在了一起。

虎驹已悄无声息地恢复了机器人形象,也水淋淋地自动爬上了豪华游轮。

良久,两位老人才松开拥抱。

奥拉维格一抬头,才发现眼前这个大块头机器人,但只是一瞬间,他立即明白这是怎么回事,笑道:"哈哈,这个快艇机器人——也可以说是机器人快艇吧,是你自己改造的吧?老弟,你的心还是那么灵,手还是这么巧。快五十年没见,罗森老弟的动脑、动手能力还是这么高超！来，请里面坐吧。外面的风毕竟很大啊。"

游轮内的温度宜人，灯光柔和，餐厅也很开阔，餐桌上摆着热气腾腾的驯鹿肉和鳕鱼寿司。更难得的是，还有两盘绿油油的蔬菜。

罗森惊奇地说："这些蔬菜是……"

"放心吧，这不是工厂的合成产品，全是我自己栽种的。在陆地上利用地热能可以栽种各种瓜果粮食，就是在我这小游轮上也可以利用艇内的合适温度和窗外的光照生产蔬菜瓜果。这些蔬菜就是游轮上出产的。"奥拉维格老人扭头叫道，"安妮，你去哪了？我半个世纪前的老同事、老朋友来啦，快来斟酒吧。"

罗森笑道："老哥，您的食物很丰盛，冰岛陆地上的地热也很丰富，有机会带我去泡泡温泉吧。"

"我去热酒了……欢迎您，罗森先生。"一位40岁左右的女子端着一大缸琥珀色的杜松子酒从游轮里走了出来。她一袭波浪式的金发，容貌姣美，高挑而丰盈。

罗森弄不清她的身份，当她给自己倒酒时，只好贸然问道："请问这位女士是……"

"我现在的女朋友，安妮。"奥拉维格老人很自然地答道，"一个人整天在这上面，总得有人陪啊。安妮，一起再喝些酒吧。"

"先生，您知道的，我已经用过晚餐了。你们慢慢喝、好好聊吧。我还要制取些淡水浇灌花草。"安妮微笑着对罗森行了一礼，"罗森先生，少陪了。"说着把酒缸轻轻放在桌上，又轻盈地返回了里面。

两人连干两杯酒后，奥拉维格说："罗森老弟，这些年怎么一直没发现你有什么大动静啊？你一直是我心目中不可多得的综合型人才，你后来是不是有些沉沦了？"

"唉，一言难尽。当年，联合国科学院忽然来征求我的意见，问我是否愿意去最新成立的生命终极研究中心工作,我当时没怎么考虑就答应了。原因比较简单:一来,我俩一起构建的宇宙四维光锥模拟系统遇到了前所未有的瓶颈,让我觉得这个项目再研究下去也看不到什么希望;二来,我也喜欢生命科学,也获得过这方面的博士学位,心想换一个研究领域说不定会有新的突破。就这样,我几乎没有跟您商量,也没有顾及您的想法,就匆匆过去了。

"可是,去了那边之后,尽管我兢兢业业,一切从头去学,并协助研究,可是只在生命科学旁支领域里有了一些小发现,对人类生命科学的研究却完全毫无建树。当然,就连生命科学界的泰斗肖成城先生都突然走了,我们几十个无名小卒就更加无所适从了。后来,生命终极研究中心被迫撤销,我也就稀里糊涂地提前退休了。

"您也知道,法定退休年龄是九十岁,如果身体一切正常的话,我可以工作到一百岁,甚至更长时间,但我却这样退下来了……我心有不甘啊,如果我一直从事某个领域的研究,说不定会有一些建树,我却把自己前面几十年的大好时光白白浪费了。

"唉,老兄,我现在一直在反思,我是不是病急乱投医,转错了行呢?还是因为我兴趣过于广泛,有些喜新厌旧,不能持之以恒地坚持某项研究造成的?不过,我觉得我还没有真正老去,我还有很多事情可以做——只是没有相关机构为我提供资金和相关条件了。所以我才想起了您。"

罗森说到这里,阴郁的脸色又变得晴朗起来。在这四壁柔和的灯光下,他的眼睛里闪烁着蓬勃生机。

奥拉维格开心地说:"好哇,老弟,你有这番雄心就好。我早就盼着你来,曲高和寡的状态让我很孤独。近百年来,我一直在研究计算机模拟系统中四维光锥在宇宙中的无限变数,如宇宙发展方向的多种可能性、平行空间和反向空间等。唉,三言两语也说不清楚,反正我已取得了一些初步成果。

"但是,科学院宇宙物理研究所的同事们有人把我当成怪物,有人认为我着魔了,没人相信我的研究成果,都说我是痴人说梦、胡言乱语。因此,后来,我一气之下干脆出来了,就在这游轮上继续从事我的研究。

"罗森老弟啊,也许只有你能真正理解我。只要你还有兴趣,就让我俩继续研究下去吧。如此一来,既能把你的遗憾弥补回来,也可以把我们的研究拓展开来,甚至有可能运用起来——我俩一个是资深太空物理学家,一个是智能模拟计算机领域里的天才,足可以进行完美的取长补短、强强互补。我就不信,这一辈子干不成一桩惊世骇俗的大事……"

还没等奥拉维格说完,罗森就激动地站了起来:"酒也别喝了,让我去看看您的研究成果吧!"

奥拉维格把他拉回座位:"不用那么着急嘛,半个世纪没见面,这次一定要喝个尽兴。只要你愿意,我们今后的时日还长呢。再说了,那些玩意也不是三言两语就能解释清楚的。要不,那些共事了几十年的家伙怎么都不明白我的研究成果呢?罗森老弟,喝酒,继续喝!老哥我难得这么开心,中国有句古话叫'酒逢知己千杯少'嘛。"说着把两只酒杯端了起来,递给罗森满满一杯。

罗森格外兴奋,果然又喝了好几杯。

这时,窗外已不知不觉暗了下来,遥望着窗外那流光溢彩的极光,罗森无比感慨地说:"我的运气真好,我来的第一夜就看到了极光。看来,我俩重续前缘,继续研究老本行,一定会获得意想不到的成果。唉,冰岛的世界还是如此古朴,似乎丝毫没有受到任何科技文明的负面影响。"

奥拉维格说:"科技再发展下去,我们这方冰雪大地就消失啦——这是生活在冰岛的人们共同拥有的忧患意识啊。我认为,这里的人类可以消失，但冰岛这片来自远古洪荒的美景不能消失！所以我故意让自己生活在这只小游轮上，就是不想轻易打扰冰岛的宁静。要知道，这是亿万年来形成的自然奇迹，在宇宙发展过程中，在无限可能的变数下，它还能持续保存至今，这实在是难得的奇迹，我们一定要用心维护这份奇迹啊！"

罗森站了起来："老兄，酒已喝得差不多了，我实在有些忍不住啦，还是去领略一下您持之以恒研究了近一个世纪的成果吧！"

"好吧，好吧。"奥拉维格站了起来，领着罗森向游轮的底舱走去。

底舱的空间格外宽敞，但是，除了两个操作台面和一张沙发，里面几乎没有任何其他陈设。

罗森惊疑之际，奥拉维格在一个操作平台上按下几个触屏键，这时，四周所有环形舱壁全部闪烁、明亮起来，接着，立体画面开始移动，他俩一下子恍若飘浮在太空深处，翱翔在宇宙中心……

罗森正看得入神，奥拉维格又在操作台面上按下一连串密码，自言自语道："今天太高兴啦，酒又喝得有点多，启动时差点忘记设置防火墙了——必须让这道密不透风的大墙严严实实地密封起来，阻挡一切不必要的干扰和麻烦。"

6

柔和妙曼的灯光下，肖理夫坐在阳台边的沙发上创作新的作品，他对着眼前的沟通界面不断轻语，亮度柔和的界面上则不断跳动着方块汉字。

在这种年代，肖理夫居然找到了愿意守护一生的真爱以及家的温馨，深深感动之际，他打算创作一部长篇爱情小说——尽管这种作品可能根本无法迎合大众心态，不能成为具有市场影响力的作品，但他还是用情至深地潜心创作着。

沙发的另一端，张宁静正在阅读那些古典线装书。可能是有些古代文辞难以理解，她不断调出自己眼前的沟通界面，翻阅注释信息。

肖理夫回过头来："宁静，我的语音是不是影响你看书了？要不，我改用脑电波输入法吧。"

"你习惯用哪种创作方式就用哪一种吧。"张宁静温玉般笑了笑，"理夫，你一点也没有影响我看书。相反，你的声音反而让我感到更加温馨，更加宁静。"

由于肖理夫一直潜心于自己的创作，并没有察觉到张宁静最近以来心灵深处那份焦躁不安。当然，也许是对方将那份焦躁隐藏较深的缘故吧。

肖理夫微笑着扭过头去，正准备继续创作时，张宁静忽然问道："理夫，你对那件事怎么看呢？是支持还是反对？"

"你是指脑库索取合法化的公投决议吧？"

张宁静神情凝重地点点头。

最近，不管是在公共网络平台上，还是人们在实际见面的各种场合中，尽管离真正公投的日期还有两个来月，但普通民众都在议论、讨论甚至争论脑库索取该不该合法。

接下来，在公共网络平台上，各种议论、争论导致的口水大战铺天盖地，没完没了……

而在许多公共场合，如酒吧、餐厅甚至体育场和舞厅等场所，打架斗殴事件更是层出不穷！他们往往是从议论开始，接着就开始争吵，接下来则发生肢体"接触"，紧接着就演变成男女老少一齐参与的大混战……

好在机器人警察无处不在，总会在较短时间内平息这些群殴事件。

随后，联合国公共治安总署只好出台一项临时法律：禁止任何人在公共场合——包括网络公共平台以及实体公共场所——议论有关脑库索取是否合法一事，违者予以扰乱公共秩序罪，进行顶额信用数据处罚！情节格外严重者，直接送进当地监狱进行羁押，直到公投当天才予以释放。

这才平息了这场遍及全球各个角落的骚乱。

肖理夫沉思了一小会儿，说："唉，这件事嘛，利弊参半，它的有利面是很明显的，而它的弊端也同样明显。我，我权衡不了，到时候我打算投弃权票。"

张宁静没有表态，肖理夫回过头去，继续创作。张宁静也低下头来，重新沉浸在古籍中，她轻轻翻动着书页，生怕这些泛黄的书页一不小心就被自己弄伤。

忽然，张宁静抬起头来，认真地说："理夫，我刚才看到一则很有趣的寓言故事，你愿意听听吗？"

"宁静，你讲的任何话我都愿意听，何况是有趣的寓言故事呢？请说吧。"肖理夫微笑着转过身来。

张宁静把那本线装书轻轻合上，轻言细语、不紧不慢地说了起来——

　　春秋时期有个老木匠，术有专攻，专门给人家做车子和车轮。有一次，一个小国的诸侯王请他去做车舆，这时老木匠已有八十多岁。在那种年代，这已是罕见的高龄了。

　　那天，诸侯王正在看书。老木匠见到了，问道："大王，您在看什么呢？"

诸侯王回答:"我在看古代圣贤之书。"

老木匠遗憾地摇了摇头:"哦,真遗憾,您在吸取糟粕啊。"

诸侯王很不高兴:"大胆,你怎么可以将圣贤之书视为糟粕呢?!"

白发苍苍的老木匠不慌不忙地反问道:"大王,我这次被您召来是干什么的呢?"

"当然是请你给我做车子、做车轮啊。"

"大王,我一大把年纪了,体力不行了,动作也不快了,您为什么偏偏要请我而不请我的两个儿子呢?他们的手艺也不是很差啊。"

"因为你做的车子结实平稳,车轮尤其圆满规矩、结实耐用,跑得再快也不会变形、散架。你两个儿子的手艺尽管也不差,但和你相比,还是有很大的差距。"

老木匠说:"这就对了。我的两个儿子跟随我做车、做轮已有几十年了,但和我相比,他们总有一定的差距,是我不用心教导他们吗?还是他们不用心学习呢?或者是他们不够努力?"

大王摇了摇头:"应该都不是。"

老木匠继续说:"诚如大王所言,我两个儿子都很努力,我也一直用心地教导他们。可是我教的东西,他们却无法完全领悟。而我呢,通过几十年的实践经验,只要看一眼车轮上密密麻麻、各种形状、不同深浅的小孔洞,就会削出与之完全搭配的木楔来,木楔打进去之后,不大不小、不深不浅、不紧不松,完全严丝合缝。只有这样的车轮,才会经久耐用、永不变形。"

诸侯王连连点头,又摇了摇头说:"可是,这和你把圣贤之书比作糟粕又有什么联系呢?"

"大王,您再想想,先古圣贤积累了一辈子的经验感悟,一旦把它们变成文字,其精髓就被滤去了一大部分,而我们再去看圣贤的典籍时,由于没有先古圣贤同样的人生感悟与人生阅历,自然更加难以完全领悟这些圣贤的思想精要了。于是,从圣贤一生的思想精华再传到我们的脑海里,经过层层过滤,我们得到的就只剩下糟粕了。"

诸侯王顿悟,对老木匠深深一揖:"您的话很有道理。看来,看书得用心领悟才行啊!只有这样,才有可能将糟粕尽可能地转化为精华。"

肖理夫想了想说:"这个寓言确实很有启发意义,所以我一定要把爸爸天才式的脑库完整保存下来,以免让那些有价值的信息遗漏,造成千古遗憾。"

张宁静咬了咬嘴唇,说:"理夫,恕我直言,我觉得这个寓言故事表达的寓意正好相反。先古圣贤在著作那些名著时,都是以毕生所学和毕生感悟才提炼出那些精美华章,才得以流芳百世。你想想,如此精辟之作,竟然都在后人们的感悟中被渐渐糟粕化了,如果把先贤们的所有思想全部流传下来,岂不是更加糟粕了吗?

"再以你的创作为例,你不可能把你全部的所思所想都变成作品吧,如果是那样,你还能创作出高质量的作品来吗?你总得在千丝万缕的思绪中进行高度提纯、加工,这样才能成就一部好作品,是不是?如果把你的脑库信息全部端出来,你想想,该是一盘怎样的东西呢?

"所以,我觉得,脑库扫描、贮存以及全盘运用是不太可取的,很有可能带来意想不到的危害,就像爷爷出现的那种情况——当然,那是在相关技术极不稳定的情况下发生的事。但是,如果有人故意将大量脑库信息拼凑组合，会发生怎样的结果呢？是否像爸爸担心的那样，会出现灾难性的后果呢？因此，我觉得，我们应该适当地对脑库索取加以抵制，这才是对全人类最负责任的做法。"

肖理夫低下头来，默默地思考着。

但对张宁静来说呢，这既是双方思想的碰撞，更是对肖理夫真实心态的试探。但她不会轻易对他表明自己鲜明的观点，以免产生意外结果。因为她是那么在乎眼前这个男人，因为他是她未来孩子的爸爸，她不希望他受到任何伤害或干扰。同时，她更加不希望由于两人观点不同，他俩最后分道扬镳。

肖理夫抬起头来，显得有些无力地说："宁静，你的分析也许是对的，但我一下子还不能完全接受——我是指爸爸万一离世之后，我无法接受他完全烟消云散的那种状况。也许是我过于固执——就像我爸爸一样。请让我再好好想想吧。"

"我从小缺少母爱，如果此生又永远失去了父亲，我不知道我的余生该怎么度过……"肖理夫一边自言自语，一边从靠近阳台的沙发上移近过来，然后把头轻轻倚在张宁静的大腿上，脸上满是忧伤，似乎爸爸真的已经去世了，而且是烟消云散地离去……

这个从小格外缺少母爱的大男人，此时，从心灵深处弥漫上来的伤感，让他很想从张宁静身上找到母性的慰藉。

张宁静轻轻抚摸着他的头发，心疼地说："理夫，你感性起来，就像个永远长不大的孩子。亲爱的，我理解你，更理解你对父亲无比深厚的感情。如果我有你那样的爸爸，我也舍不得他离开。就算他不是我血缘上的父亲，我同样舍不得他永远离开我们……但是，生老病死就是如此。我们应该理解他内心深处的苦衷。他那么拒绝你的请求，肯定有他的道理。因此，在某些方面，我们都要学会冷静与坚强。"

7

初冬的晨风有些寒冷,好在戴着绸缎般柔软的纤维玻璃面罩,张宁静乘着单人飞行器穿梭在城市森林上空时并不觉得有什么不适。

张宁静的心情有些愉悦,至少是这些天来稍感欣慰的一件事——因为在她的启发下,理夫的心态有所转变。同时,他似乎并不反对抵制脑库索取行为。也就是说,就算他知道他的另一半在干什么工作,他也不会太反感吧。

但张宁静还是不打算向肖理夫透露自己的双重身份——至少现在不会。她认为时机还不够成熟。

这时,通信仪上传出一声提示声,她抬腕一看,直接用语音回复:"我正在上班途中,说话比较方便,请问有什么事?"

双方用的是首优模式。

"我昨夜打开一份加密文件,涉及的信息比较重要,本来昨夜就想汇报给你,怕你不太方便,只好现在报告:联合国某位重要领导极端支持脑库索取合法化,他们很有可能会操控全球公投数据,也就是说,对方会以弄虚作假的方式,企图稳操胜券地使脑库索取合法化。我们千万不能掉以轻心!"

"信息来源可靠吗?"张宁静立即警觉起来。

"对方没有提供实据,但他通过以前获取的大量信息,再综合联合国该重要人物前不久秘密飞往酒泉地脑中心——而与此同时,地脑中心所有信息被完全隔绝。他由此得出推断:对方可能会采取某种非法而极端的手段。"

"谢谢你,四夕女士,你的信息很重要。我到办公大楼后立即召集相关人员碰个面,你能前来参加吗?"

"实在抱歉,我正在国外办事,抽不开身,短时间内很难赶过来。你们有什么重大决定或重要信息请及时沟通——我们都用首优互通模式吧。"

双方通话结束后,张宁静想立即给马托卡发个信息,但她想了想,觉得不太安全,又放弃了。因为她没有将对方设为首优——她还是有些担心马托卡会在个人情感方面干扰自己。

张宁静风风火火地直上宇民大楼的61层,越过一间间满是器皿仪表的小实验室,最后走进一间大实验室。

一位身穿白大褂的女性工作人员走了过来:"张部长,培养池内7586B代'地衣芽孢杆菌酶'的各种检测指数已经出来了,您要不要先看看?"

"请稍等。"张宁静调出沟通界面,简单说了一句,"马托卡先生,请尽快来我办公室一趟。"然后她转身在实验台桌面上按下触屏键,又输入一长串密码,光洁的实体显示屏上很快浮现一长串数据。她趴在桌面上认真翻阅着,并仔细核对起来。

这是宇民微生物药业公司有益菌事业部最近研发的科研项目。为了避免干扰、争端或剽窃等种种麻烦,这些研究数据不但不会传上公共网络平台,连公司内部的局域网络系统也不会链接,因此,张宁静只能在这台实体显示仪上审阅。

不一会儿,马托卡出现在大实验室的透明门外,并不断向张宁静招手示意——根据公司有关规定,在正常工作时间段,连马托卡也不能随便进入机密实验室内。

张宁静对身边的女助手低语一句:"这些指标基本无误。我出去一下就回来。小敏,你现在可以将它们打印出来,然后提交给埃里克部长看看,如果他现在有时间的话。"

张宁静走出实验室,轻轻对马托卡说:"去我办公室吧。"

两人走进一间四壁都不太透明的单间,室内的灯光明暗适宜。

张宁静问:"我这里还安全吗?"

马托卡点点头:"我已重新设置过了,没有多大问题。"

"马托卡,请你立即单线通知反脑库索取中心的所有主要负责人,请他们尽可能地赶过来碰头。地点:老地方。时间:下午一点整。同时,你也可以向郭 sir 请示一下,如果他抽得出时间,希望他也一起参加。有关这方面的事情,请随时和我沟通。"

马托卡点点头,转身走出房间,张宁静也往自己的实验室走去。

在实验室门口,张宁静刚好碰到自己的助手小敏——她正准备出门,怀里抱着一叠原始的纸质资料。

小敏立即说:"张部长,您这么快就回来啦?还是由您亲自去埃里克部长那里汇报吧。我毕竟没有您解释得那么透彻。他在办公室,我刚才和他联系过了。"

张宁静接过女助手递过来的一大叠纸质资料,往 61 层的另一端走去。

过道较长,她一路走过时,头顶及四周的墙壁随即发出亮度适中的荧光,这些荧光如同昏暗中闪烁的萤火虫,只是比萤火虫的荧光更亮一些。

张宁静走过之后,身后的荧光随之熄灭。

她一边走,一边顺手翻阅着这些纸质材料。

对于机密程度较高的信息,为了避免被外界剽窃,宇民公司有着沿用已久的规定:一律用传统纸张打印,相关工作人员看过之后随即销毁。

当然,各行各业,每个工作人员,无论职位高低,必须恪守职业操守,不可以将公司的机密信息外传出去。因为在全球一体的信用数据化时代,失去职业操守才是人生最大的破产。因此,每个正常人都不会这么干。

有益菌事业部部长埃里克——张宁静的顶头上司——果然坐在

他的办公室里等着，见张宁静亲自过来，英俊儒雅的埃里克惊喜地站起身来："你亲自送过来啦？请坐，坐下来谈吧。"他指了指身边的椅子，然后才接过那些资料。

张宁静没有落座，客气地说："部长，请您先看看这些资料吧，如果您确定无误之后，生产部就可以批量生产了。"

埃里克一边漫不经心地翻阅着资料，一边说："凡是你经手的项目，我还有什么不放心的？宁静，你近来是不是特别忙？每次下班之后总看不到你的身影。我们……"

"谢谢部长这么信任我、关注我，也感谢您多年来对我的关心。我确实很忙，并且我已经找到了真正的情感归宿。很抱歉，您应该能够理解的。我们今后还是不要谈论工作之外的事情了。"张宁静诚恳而自信地说。

埃里克抬起头来。"哦，都什么时代了，难道你真的相信传说中那种忠贞不渝的永恒爱情吗？"这个曾经的生物学教授说，"整个人类的生命都无法永恒，何况人类的附属情感——爱情呢？

"唉，不要以为当前的科技水准有多高、人类有多么强大，其实，这个世界完全是由细菌控制和主宰的，只有我们当前研究的细菌才是永恒的——细菌可以通过不断分裂达到真正意义上的生命永恒。我们只是它们豢养或制造的承载工具、扩散工具以及它们的粮仓而已。我们不知道作为微生物的细菌有没有情感。"

"病毒也是细菌的一种，只是由于我们认为它们对我们身体有明显的剥夺性或侵害性即称其为病毒。宁静，你难道最近被病毒性微生物损伤了你冷静的分析能力了吗？"

出于生物学教授的职业习惯，埃里克哪怕是谈论所谓的爱情，也会将专业知识融入进去，并且说出来的道理总是一套一套的。

张宁静脱口而出："哪怕我只是一个细菌，也愿意坚守这份美好的爱情。埃里克先生，谢谢您的教导。但是，我认为只要找对了人，我真的相信那种忠贞不渝的爱情。同时，我也衷心希望您能找到那种情感。您还是尽快把这些资料看完吧。对了，我下午还要去参加一个重要会议，顺便向您请个假。"

"能透露一下是什么重要会议吗？"

"是 boss 亲自指定我参加的，我还是不要透露为好……"张宁静正说着，通信仪传出提示声，她看了看，连忙站起身来，"哦，郭 sir 让我立即去他办公室一趟。部长，那我先走了，您看完之后，请签上您的建议和意见，然后把资料给我的助手小敏。"

张宁静走出埃里克的办公室时，埃里克也跟着站了起来，对她客气却无奈地招了招手。

郭林涛的办公室在宇民大厦的顶层 102 楼。整整一层都是他个人的办公区。不过，由于顶层属于这幢波涛形大厦的"浪尖"，比下面楼层的面积缩小了许多，但可使用面积仍然有三个篮球场那么大。这里的安全防护措施自然也是万无一失。

因此，张宁静在 102 楼金属大门的触屏上输入一串动态密码后才得以进入。当然，这个即时动态密码也是郭林涛刚刚发给她的。

郭林涛在一个球形房间里接见了她。

许久没见，郭林涛看起来还是那么年轻、阳光。

在张宁静的感觉中，从她博士毕业来这家公司上班的第一天起，郭林涛就一直是这种 60 来岁的壮年形象了。至于他的实际年龄，也许只有他自己最清楚。

郭林涛让张宁静在桌子对面坐下，然后直接问道："小张，刚才马托卡请示我要不要参加你下午一点组织的秘密会议，请问到底是什么重要事情呢？考虑到我的特殊处境，我这次可不可以不参加？"

张宁静立即把上班途中四夕女士传递给她的信息详细说了一遍，然后说："郭 sir，您实在不方便参加的话，也没有大问题，反正我现在已经向您当面汇报清楚了。只是我觉得，这件事如果属实，确实有些棘手，有些事情我不敢擅自决断，才希望您能参加。对了，这个信息还是那位四夕女士提供的。"

　　这个全球微生物药业标杆企业的最高领导人想了想，说："小张，你说的这个信息确实很重要。这个四夕女士不错，也可以说给她提供信息的那人确实很厉害。她上次透露说脑库索取司准备采取公投行动，这次我去联合国参加全民代表大会时果然正式公布了。因此，我觉得，这次的信息十有八九也是真的——这对我们来说就更加麻烦了。难怪这些家伙敢冒天下之大不韪，执意发起全民公投。

　　"如果真正进行阳光公投的话，脑库索取能否顺利合法化还很难说——尽管暂时支持脑库索取的人数占上风，但世界各界有影响力的人物毕竟大多数是反对脑库索取的。我们就是通过正常途径也可以影响一大批人。何况，我们这个团队里的主要负责人以及各自的协作者都是各行各业的精英。因此，我们不管采取哪些方式，总有博弈一番的余地。

　　"而你刚才反映的这个信息——假若他们真的采取那种极端手段，我们根本就没有博弈的机会。因此，我会尽快和各行业巨头好好沟通沟通，必须果敢采取对策！

　　"我还是不参加你下午主持的会议了，一来我还是觉得不太方便，二来我还有其他重要事情需要处理。我相信你的决断力，你全权处理这个事情吧，到时候你把相关重要信息告诉我就行。

　　"对了，重赏之下必有勇夫，为了调动我们社团成员的积极性，你可以更大幅度地提高他们的信用数据——也可以说是福利待遇吧。尽管其中很多人不是单纯冲着信用数据来的，但是，提高他们的奖励至少是对他们的尊重和肯定，这样就更能激发他们的积极性，他们就会千方百计地把事情做好。至于信用数据，你放心，只要能达到我们共同的诉求和目标，我们会给予大力支持的！好啦，你去做好相关准备工作吧。注意,一定要注意信息保密。"

有了郭林涛这番信用承诺,张宁静再次信心满满。

她从顶层下来时,开心地微笑着。透过弧形墙壁上的超强韧性玻璃窗,只见外面的天空云彩飘荡,不断有各种类型的飞行器无声掠过。

8

下午一点整,六人再次相聚在宇民大厦地下42层的那个房间里。马托卡告诉张宁静,除了四夕女士没来,还有一位男士因正在大洋彼岸,也无法赴会。

速度如此快捷的飞行时代,中国境内任何一个地方,四个小时左右都可以飞抵成都——这正是成都能成为中国乃至东亚城市中心的原因之一。而东南亚周边许多小国,若要来成都,也只有四五个小时的飞程。

出于严格的保密习惯,张宁静进入地下42层之前,照例把通信仪完全关闭——杜绝所有外来干扰或信息泄露。

张宁静走进这间屏蔽室,向与会者温和地鞠了一躬:"感谢各位同人于百忙之中前来赴会,辛苦你们了。"接下来她的语气变得严肃起来,"大家都已知道,脑库索取司策划的公投计划已经在上次联合国全民代表大会上正式公布,并且正在制定各种执行细节。而我们这边呢,却根本看不到任何有效的行动。

"我们因为志同道合才走到一起,并且还冒着种种风险,我们得珍惜这种共命运的缘分。同时,我们每天还拿着高额信用数据——当然,我知道我们都不是单纯为了信用数据而来的,但是,承人之诺就得竭尽全力!何况我们身上还寄托了全球那么多精英阶层的热望，因此，我们必须更加全力以赴！

"然而，上次碰头会之后，对于如何应付脑库索取司，我一直没有得到确切的办法。也就是说，你们似乎都没有采取任何有效的行动。请问这是什么原因，大家能给我一个解释吗？"

前来赴会的其他五人相互对视了一下，其中一位印度女士首先站起身来："Miss 张，你的心情我非常理解，我确实有愧于你的信任，但我目前已经尽力而为了……我会继续想办法……对不起。"她向张宁静鞠了一躬。

"塞纳温丽，请坐下吧。你可以先说说你那边的具体情况吗？"

塞纳温丽有着一张格外立体而生动的面孔，她再次行了一礼，才坐回座位："我回去之后，立即组织我能调动的力量展开工作——我们想入侵索取司的信息中心，希望将病毒植入其中，以扰乱他们的公投计划，或阻挡他们非法扫描他人脑库。可是，无论我们怎么努力，就是无法突破他们的阻隔墙。他们的防范越来越严密了，几乎无缝插针。我们只能另想其他办法。"

"我这边的情况也大同小异。其实，此前，我的工作人员也曾进入过地脑运行中心的外围，了解到一些关于公投事件的邮件往来信息。"那个苍老的声音再次响起，"可是，那次碰头会之后，当我们想继续往脑库索取司深入时，却遭遇了和塞纳温丽女士同样的阻碍：不管我们设计的破解软件多么新锐，对方的防御系统就如同铜墙铁壁，并且还会智能变换防护密码。由此推测，脑库索取司可能会采取更加诡秘的行动。"

"君特先生，您的推测很有道理，您的分析能力一直让我佩服。过一会儿我就会透露另一个重大消息。"张宁静接上君特先生的话，转向另外三位沉默者，"你们是不是也遇到了同样的阻碍和困难？既然如此，我对自己刚才的责难向各位表示歉意，因为我即将透露的这件事可能和前者息息相关——正因为对方可能会采取更加极端的做法，故而将他们的系统防范得更加严密。"

那三位沉默者纷纷无奈地点头——既表示他们遭遇到同样的困境，也承认各自的无能为力。

张宁静继续说："我之所以把你们再次紧急召集过来，就是想让你们知道：据消息，联合国某重要人物格外支持脑库索取合法化，他们可能会上下配合，操控全球公投的数据流量，以弄虚作假的恶劣手段获得脑库索取合法化的绝对胜算！各位，你们有什么好建议，请全部说出来，我们集思广益，也许能产生有效的应对措施。"

此言一出，全场喧哗："难怪他们防范越来越严密，原来他们准备采取如此恶劣行动！"

"就是啊，我们几乎无计可施了。"

"如果他们真的打算这么做，并且顺利进行的话，我们几乎没有任何胜算啊。"

"假如能直接破坏他们的系统就好了，可是，不知如何着手。现在已不再是暴力手段能解决问题的年代了。"

…………

张宁静只是默默地听着，希望能从他们的谈吐中听到一些有启发意义的内容。因为她自己也无计可施。

这时，君特先生苍老的声音再次传来："既然他们用下作手段，我想，我们也可以采取一些相应措施：首先，我们可以利用各种信息渠道事先广泛发布消息，把对方即将采取卑劣手段的信息公开，这样，很有可能会使他们的企图提前破产——但前提是必须获得他们确切的证据，避免造谣之嫌；其次，我们也可以采取以牙还牙的手段。我的合作圈中有人认识联合国某重要部门的人员，也许可以收买此人，这样，哪怕只是在他的系统中夹带我们某个专用软件，就可以打破他们的进程，在而达到我们的目的。"

张宁静面露喜色，立即站了起来："君特先生，您的想法太好了！对于您提到的第一条措施，只怕暂时无法实行，因为我的信息提供者也没有提供确切证据，他只是通过现有事实分析和推测得来的——我们不能因此触碰法律底线。但对您提到的第二条建议，我认为完全可以执行。因为我刚才得到高层人士的承诺，不论花费多少信用数据，只要能达到我们的诉求，高层会给予鼎力支持！"

君特先生也激动地站了起来："好，只要能做到这一点，我以自己的信誉担保，就一定可以达到我们的目的！只是时间上无法确定。因为，对方如果想接受这笔巨额信用数据的话，必然担心廉政部门跟踪、查验他巨量信用数据的来源，弄不好他将受到严惩，甚至会被执行安乐死——各位都清楚，国际法庭对联合国以及各国政府，尤其对联合国工作人员的监管很严密。因此，联合国该机要人员要想接收这笔信用数据，必须通过其他途径，这样他才敢接受这笔信用数据，才敢与我们合作。当然，我会努力想办法的，只是时间上就不太好说了。"

张宁静说："时间不是大问题，只要能在公投行动展开之前做到就行了。君特先生，这件事就委托给您了。对了，有关高层也向我主动表示：为了调动大家的最大积极性，可以更大幅度地提高各位的信用额度，只要是我们的忠实合作者，都可以享受更高的福利待遇！我们只要千方百计把事情做好就行，信用数据不是问题。请各位把这个消息传达给你们的合作伙伴。我想，只要大伙有了高额信用数据的支持，必然可以放手一搏。同时，如果碰到合适的尖端人才，只要他愿意为我们出力，并且能够发挥关键性作用，纵然花费巨额信用数据也在所不惜！"

马托卡带头鼓起掌来。与会者的掌声也都非常热烈，并且都面露喜色，信心高涨。

张宁静也大受鼓舞，说道："至于各位分别需要多少信用数据，可以单独和我沟通，反正你们基本上都和我互设了首优，单独沟通也是安全的。到时候你们把需要支配的信用数据发给我，我汇总后再汇报给上层。好了，时间不早了，请各自散去吧。祝你们一路顺风！"

赴会者一一离去后，马托卡有些支支吾吾地问道："张部长，请问我的信用点数也可以相应增加一些吗？我是指……通过你这个渠道。"

张宁静稍微思考了一下，说："应该可以。不过，你直接向郭sir提出来可能更加合适。假如你不好意思向郭sir提，我也可以给你增加一些。除了做好相应的信息安保工作之外，我希望你能利用自己的专业知识为社团做出更大的成绩，这样，我就可以理直气壮地为你大幅提高信用点数了。"

9

一架银灰色的航天客机跨洋过海，穿云破雾，最后降落在纽约远洋机场——除了强大的气流，几乎没产生任何噪音。

跟随肤色各异的人流，君特先生走下客机。他有着九十多岁的面貌，却金发飘逸——不知他的头发是天生不褪色，还是美容导致的非原生态头发。

除了行为艺术或故意搞怪，这个时代已无人染发。美容行业却一直长盛不衰，但不再是往脸上简单地涂涂画画，也不再是单纯地异物填充，更不是借助外力进行卸解变形，而是采取整体保健、身心调理等半自然干预方式。与此相关，易容、变脸等化妆行业也是生意兴隆。作为易容者，如果不考虑以真实容貌作为验证方式进行信用数据交易的话，随时可以玩一把易容或变脸。

君特先生来到候车坪前，招来一辆无人驾驶出租飞车。飞车随即腾空而起，往纽约方向飞去。

出租飞车在一家无人售货的鲜花店旁停落下来。君特先生通过远程数据系统付完相应的信用点数后，就选了一大簇鲜花。随后，他一手捧着鲜花，一手提着包，朝那排有着几百年历史的传统建筑走去。

夕阳泼金，清冷斜照。街上人流稀少，车流更少。这里是纽约市区的西缘，几乎和郊区相差无几。

在一幢三层别墅的楼门前，一位亚裔中年人打开房门，满脸欣喜地迎接君特先生："君特先生，想不到您来得这么快……还买什么鲜花呀，请进请进！"他一手接过鲜花，一手做出请进的姿势。

"赵先生，祝你生日快乐！鲜花表示我对传统文化礼仪的尊重嘛。"

两人已走进客厅。客厅较大，陈设古色古香，和这幢有着一定历史的别墅小楼的风格很搭配。整幢房子里看不到其他人。

"君特先生，您太客气啦，直接叫我传真就行。在您面前我只是个小字辈，怎么能称先生呢？请坐，请喝茶。"

君特先生坐了下来，但那个提包一直放在他的脚边，他接过一杯茶水，说道："传真，我们是忘年之交，怎么叫你都合适。六十岁生日，在东方传统观念中可是个大日子啊，怎么这么清静呢？至少也得开个生日 Party 庆祝吧，是不是晚上再开？"

"不，为了您嘱咐的这件事，我这次连女朋友都不让过来，现在这幢房子里只有您和我。晚上也只有您、我和他。"

"你想得很周到。你确定他晚上一定会来吗？"

"他一定会来的。我早就和他沟通过了，他答应晚上一定过来。我和史密斯同学十来年，并且一直有着密切联系。他去年过六十岁生日时，我当时还在中国内陆做营销，他给我发来生日 Party 邀请信息后，我连夜赶了过来。当然，这些都不是我们友谊的最好例证，关键是，我和史密斯在好些方面都志趣相投。"赵传真是地产销售商，一直在人口密集地区销售北美地区的楼盘和地皮。

"说到志趣相投，我这次特意带来了两样东西……这里方便吗？"君特先生本来弯下腰去，准备打开提包，却突然停住。

"方便。这里是几百年前的富人别墅区，现在却是极少有人愿意关注的没落地带了。何况我给整幢小楼都设置了屏蔽系统。这也是我敢把他约过来的主要原因。"

君特先生这才缓缓拉开提包，一边从里面取出两样东西，把外包装打开，放在桌子上，一边说："咱俩因为志趣相投，已经结识了三十来年。既然你和史密斯志趣相投，他一定会喜欢这玩意的。传真，你喜欢哪一件，就留下哪一件——作为给你的生日礼物，另一件就作为见面礼，送给你那位老同学史密斯先生吧，相信他也会喜欢的。"

包装全部打开后，赵传真却根本没有去选，甚至都不敢用手去碰，眼睛却睁得老大："这，这两件都是正宗元青花啊，这釉相，太完美啦！这纹饰达八层之多……哪一件都价值连城……我、我怎么可以接受这么贵重的礼物呢？君特先生，您的心意我领了，在我生日之际，看上一眼就满足了，我是不会收的。至于史密斯，他喜欢的话就让他选吧。君特先生，我真的很感激您，但我真的不能要……您把我当成什么人了？"

君特先生一边把玩着那只元青花茶壶，一边看着那个元青花碟子，轻轻笑道："传真，瞧你说的……咱们都是凡夫俗子，我收藏这些玩意也罢，一直经营这方面的买卖也罢，都是为了好玩。你喜欢就随便收藏一件吧。何况这两件古物又不是花费我个人的信用数据。这些你都明白的。"

"我国有句老话'无功不受禄'，我还是不能接受。他肯定会喜欢，就让他选一件吧。"赵传真的语气依然坚定。

"传真啊，说到底，收藏这玩意儿嘛，喜欢的话，随便哪个收藏都一样，又不是把它吃掉或者毁坏，因此，它总会留存或流传在这地球上。中国还有一句老话'铁打的营盘流水的兵'，人类的寿命再怎么长，也长不过这两件已经穿越千年的瓷器，并且只要不出意外的话，这些瓷器还会存在千万年！这是属于整个地球的文物和财富，只是不断更换收藏者而已。传真，你只要喜欢，就留下一件吧。对这些玩意儿来说，你只是它们暂时的保管者——它们才是营盘，我们只是暂时看管它的流水之兵而已。再说了，只要让他接受其中一件，你就立下大功了。你还有什么理由不接受呢？"

赵传真的语气终于软了下来，说："君特先生，这样吧，还是让他先挑，剩下那件我就替您收藏起来，也算是暂时替全人类保管一下这件贵重文物吧。"说到后面，他轻轻地微笑起来。

接下来，两个年龄悬殊的男人开始沉浸于品茶与闲聊之中。

由于中国人遍布世界各地，汉文化早已深入世界的方方面面，中国茶文化也已普及全球的各个阶层。

夜幕完全将这片寂静的楼群笼罩之后，门铃声突然响起，一个白皮肤男子的面容随即出现在门扉的可视屏幕上。

赵传真赶紧开门迎接："史密斯先生，欢迎，欢迎！"君特先生也站到门旁。

史密斯提了一箱葡萄酒，站在门口愣了一下："传真，祝你生日快乐！咦？怎么啦，你的生日 Party 还没开始吗……我是不是来早啦？"他说的是汉语，却带有明显的美式英语腔，几乎没有声调起伏。

赵传真连忙接过那箱酒，把史密斯迎了进来："来早点好，来早点好！史密斯，说明你很重视我们同学之间的友情嘛。来，我来介绍一下，这位是我的老同学史密斯先生，在联合国工作；这位是我的好朋友君特先生，多年的忘年之交，文物收藏界的大腕，也是美国人。他特意从中国赶回来祝福我的生日。"

君特先生连忙接话："幸会，幸会！"并紧紧握住对方的手，改用美式英语说道，"史密斯先生，尽管我是回国，可是，哈哈，现在见到一个真正的美国同胞都不容易啊。"这话说出来，一下子拉近了两人之间的距离。

史密斯也立即用英语说："幸会，君特先生，见到您非常高兴！"语气中满含亲切。

旁边，赵传真再次斟上热腾腾的茶水，端上新鲜果盘和点心。

三人先后落座，喝茶、吃水果和点心，轻松地随意闲聊着有趣的琐碎往事。

他们喝了好几道香气四溢的中国茶，又闲聊了好一阵子，史密斯奇怪地问道："传真，时间不早啦，Party 可以开始了吧，怎么其他人还没来呢？"

赵传真认真地对史密斯说："老同学，感谢你专程来庆贺我的生日，真人面前不说假话——今晚我的生日 Party 就只有你、君特先生和我。"

史密斯的眼睛瞪得老大。

赵传真继续说："为了体现我们最真挚的友谊，我早已谢绝了其他亲朋好友，就是便于我们三人好好聚聚。"

史密斯眼里依然有些疑惑。

赵传真显得很轻松地说："老同学，是这么回事，我和你都喜欢古玩，君特先生更是这个行业里的精英和大玩家，他这次特意从中国带来两件瓷器为我庆贺生日。我不敢独自收藏，史密斯，你也选一件收藏一下吧。"

史密斯立即来了兴致："什么好宝贝？快拿出来看看！"

赵传真立即把这两件元青花轻轻端上了茶几。

在明亮的灯光下，史密斯瞪着两件元青花看了一小会儿，眼神有些迷乱地往四周扫了一圈——所有窗户早已拉上了厚厚的帘幕，他激动地说："这哪是普通瓷器啊，它们不是凡品，是极品中的极品！我以前只在网络上见过一些元青花的高清图片……今天看到实物，实在太惊艳啦！"他的表现跟赵传真此前一样，竟不敢直接用手去触摸，眼睛却如同被某种强磁力紧紧吸引一般，紧盯着那两件瓷器。

赵传真显得漫不经心地说："老同学，你喜欢的话，就随便挑一件吧。"

史密斯只是贪婪地瞪着珍贵的瓷器，似乎听不见对方的声音。

"不就是两件瓷器吗？史密斯先生，你喜欢的话，可以全拿去。我以后再给传真先生两件就是。"君特先生随意说道。

史密斯终于惊醒过来，如同溺水者突然把头从水中钻出来，他连续深吸几口气，说："这，这实在太贵重啦！我不能要，谢谢老同学，谢谢君特先生，今晚，已经让我一饱眼福了。"

赵传真诚挚地说："史密斯，我的东西就是你的东西，分什么彼此？既然你喜欢，不妨都拿去吧。老同学，你还记得那个叫克丽奥拉的埃及女生吗？大学期间我俩都喜欢她。可是，当你知道我对她更加着迷后，你竟然主动退出了对她的追求。尽管后来我也没有得到她，但你对我的友谊让我终生难忘。现在，既然你喜欢这两件玩意儿，就拿去吧。"

赵传真的煽情渲染依然没有使史密斯动摇，他若有所思地摇着头。

君特先生又往茶杯里添了些茶水，淡定地说道："我玩了七十来年古玩，发现了一个比较普遍的现象——中国悠久文明流传下来的文物，若是年代越久远，安全性就越高。因为这些古玩大多数是瓷质、纸质或者是木质等绝缘材料，基本上没有嵌入金属材料。因此，只要存放得当，根本无法被任何现有的先进探测仪器探测到。放心吧,这两件瓷器都很正宗,没有掺杂任何外来杂质。"

史斯密忽然站起身来,对赵传真和君特先生分别行了一礼,说:"感谢你们如此周全地替我着想,但无功不受禄,我还是不能接受你们这么贵重的物品。谢谢你们让我大开眼界,我告辞了。传真,谢谢你,你这个特别的生日Party让我终生难忘。祝你们晚安。"然后头也不回地往门外走去。

赵传真和君特先生怎么也无法将他继续挽留下来。

当史密斯完全消失在别墅外的夜幕中之后,君特先生颓然坐在躺椅上:"这件事可能被我搞砸了,初次和他见面,我不该带这么贵重的东西过来——也许我有些急于求成了……"

赵传真把茶杯递到君特先生手上,反而笑道:"先生,您并没有搞砸。我们中国有句俗话'欲揽瓷器活,必用金刚钻'!为了达到我们共同的目的,就必须花些大代价。他一定会接受的,只是有个慢慢适应的过程,就像我刚刚见到这些元青花的感觉。我总觉得,传承千年的极品文物都是有灵性的,它能产生并发出某种莫名的磁场,总会把真正喜欢它的人吸引过来。除非他根本不想得到它。"

"你能确定?"

"您放心吧,这件事我会慢慢运作的。他和我毕竟有着牢固的信任基础。"

10

在冰岛的冰雪世界里,铺天盖地的雪花笼罩着冰岛近海那艘豪华小游轮。

而在那个空阔的游轮底舱中——

"老兄，不管我如何反复模拟、计算，只能一再证明，你的研究理论是完全正确的！理论上，在光锥的任何一个三维点都可以是事件的生发点，由此生成另外的平行空间或平行宇宙，这一点没错。可是，可是在模拟系统中的无数平行空间中，我怎么就找不到平行空间的那些翘曲点呢？这是不可能的，让我再模拟一遍！"

"没有脱离宇宙空间而独立存在的绝对时间，时间只是我们这个三维宇宙空间的一个属性。因此，融入时间轴后，从某种意义上说，我们这个三维世界也是四维的。也就是说，时间可以根据宇宙空间的需要任意扭曲、加速或变缓……时间轴，时间轴！时间轴也可以因为扭曲而改变进程方向的呀。既然时间和空间在引力作用下都能够扭曲变形，像空间一样可以碎片化，那么变形的时间碎片也一定有翘曲点……可是，这些翘曲点到底在哪里呢？……罗森，过来帮帮我，给我把时间轴融入这个光锥面，再帮我模拟一个四维智能衍变系统。"

"老兄，你年纪比我长一大截，还是去沙发上打个盹吧，让我来慢慢模拟，慢慢衍变。我毕竟比你年轻三十来岁。"可这句话刚说完，罗森又说道，"来来来，老家伙，这一大堆数据让我的脑袋有点乱：这些空间和时间在不同引力作用下出现的扭曲比率是不是出现了一些误差？你再来确定或纠正一下——这些坑是你自己挖出来的，你可要填扎实啊。"

在豪华小游轮的底舱内，在四壁闪烁着浩瀚宇宙的模拟空间下，在那些触屏操作平台前，两位老人都忙得不亦乐乎，满脸兴奋。

他俩似乎各自为政地忙碌着，又时不时地争吵起来，接下来又把脑袋凑在某个点、某个面或某个模拟空间上，认真地商量着、争论着，偶尔又轻轻击一下手掌或重重拥抱一下。

他俩忽略了游轮外面铺天盖地的飞雪，也似乎忘记了现实时空的存在。

这时，安妮端着一大盘热气腾腾的食物以及鲜果、饮品走了下来，柔声说："快用餐吧。你们俩用过餐之后，还是好好去床上睡一觉吧，你们俩已经整天整夜地泡在这里一个多礼拜了。"

见这两个老头依然无动于衷地忙碌着，安妮又说："快趁热吃吧。年龄老大不小了，就算不好好休息，也得用餐呀。快点过来吃吧，免得又凉了。"

奥拉维格头也不回地说："安妮，你上去吧。我们暂时没时间吃。你一个人如果实在闲得无聊，就去岸上散散心吧。"

安妮只好说："那我上去了。你们一定照顾好自己。"

安妮离开好一阵子后，罗森终于从一张操作台前直起腰来："好啦，这个时空智能衍变模拟程序已经做好啦，我们现在可以用餐喽。"

奥拉维格在另一张操作台前说："把我的扭曲时间轴拼合起来，让它们自动计算吧，看这次能不能搜索到共同的翘曲点。"

只有在这个时候，当计算机系统自动运行某个刚建好的智能模拟程序时，在它们自动计算、衍变的空隙，他俩才会稍微悠闲地用餐，或者打个盹。

他俩盘坐在地板上，一边吃喝着，一边看着智能模拟程序快速地计算着；与此同时，环形大屏幕上不断变化着衍化进展数据和图形，有些极其复杂的立体动态线状图案有时会透出显示屏，在屏幕外面形成立体的虚拟变化图像……

这时，在立体动态图像中，扭曲的时间轴不断呈不规则形态往四周运动，三维光锥也在不断扩散、蔓延，往时间轴方向渐渐覆盖过来——从图像上看，这两种运动形态的速度似乎都比较慢，事实上，在他们的计算机模拟系统中，两种运动形态都以光速运行！

两种运动形态即将靠拢……

他俩紧张得连吞咽动作都僵住了，现实时空似乎也已凝固。

可是，当两种运动形态完全交合在一起时，尽管产生了瞬间扰动，却仍然没有出现他们苦苦追寻的那片空白，哪怕只是一个雪花大的亮点都没有跃出！

接着，两种运动形态完全纠缠在一起，无序地四处蔓延，像无数缠绕的毒蛇在拼命噬咬着他俩的心……

罗森几乎跳了起来："不，不要……"就扑向操作台，连忙将所有运行程序关掉，环形大屏幕上，奇幻而多彩的宇宙图像立即消失了，整个地下舱散射出惨淡的灯光。

罗森倚着操作台慢慢滑下来，瘫坐在地板上，无力地呻吟起来："又失败了……怎么会又失败了呢？这次，我满以为会成功呢……"

奥拉维格双手撑地，挪到罗森跟前，扶着他的肩膀说："可以再来嘛，罗森兄弟，我们反正有的是机会，可以不断调整不同的参数、不同的引力扭曲率，反复进行实验嘛。我都研究了快一个世纪了，哪里会这么容易成功呢？"

"我实在找不到更好的模拟方式了，至少现在想不出来了。"罗森无力地摇着乱蓬蓬的头。

"事实上，老弟，在你的帮助下，我觉得我们的进展已经是一日千里啦！可是，我们明明感觉到已无限靠近那扇打开平行宇宙的大门了，怎么就找不到那条门缝或那个门把手呢？不要灰心，只要让时间轴和三维空间完美契合，就能进入另外的平行宇宙——找得到时间和空间的共同翘曲点就行啦。这只是时间问题，我们一定会找到的。"奥拉维格的语气变得异常坚决。

罗森又恢复了一些信心："我相信你的理论，所以我才这么热情地和你拼命干。可是，我现在累了，脑袋差点被'思想风暴'烧坏了。我来这里应该有十来天了吧，可我还没走出过这艘游轮呢。老兄，你是不是打算把我当作免费的智力劳工，永远困在你的游轮里啊？我们去岸上放松放松吧。"

"哈哈，言之有理。你打算怎么放松呢？"

"冰岛的地热那么丰富，我想去岸上泡泡温泉，好好放松一下。"

"好，马上行动！"

两位老人稍微收拾了一下，不一会儿，一只小船从豪华游轮上滑入海面。

接天连地的雪花还在飞舞着，海面上已结了一层薄冰，却阻挡不住这只小船的破冰之旅——船头有一排小巧的机械破冰铲，因此船速不是很快。

罗森道："老兄，这速度有点慢啊，我们为什么不用飞行器呢？你游轮上有飞行器吗？"

"有是有。既然可以破冰前行，就不必用那种能耗较高的飞行器了，以免破坏冰岛大陆的千古冰原。"

20分钟后，小船驶入冰原大陆的一片浅滩。

奥拉维格老头在船头的显示屏上按了两个键，小船底下伸出四个缓冲型机械轮，然后继续往冰原深处驶去。

也不知行驶了几十公里，前面的冰峰间冒出了腾腾的白气。奥拉维格叫道："最近的温泉到啦，我们准备下车吧。"

小船车停靠在一个形状极不规则却有几百平方米的温泉旁。

奥拉维格立即脱掉外衣，直接从船车上跳入温泉中，激起一大片水花，同时腾起一股更浓的白汽。他随即在温泉中哈哈大笑起来。

罗森有些担心冰原上寒风狂暴、气温过低，正考虑要不要脱掉外衣时，却见比自己大30岁的奥拉维格都那么生猛地跳入温泉，也脱掉外衣，连忙跳了进去。

哦，这个温泉的水温有点高，罗森刚入水时，感到皮肤微烫，有些不适应，他连连吸着冷空气。

奥拉维格提醒道："老弟，你如果觉得太热的话，就把身子探出水面降降温。还有,泉边的水温稍低一些。"

尽管天寒地冻,狂风夹裹着雪花,罗森根感觉不到这方冰原世界的严寒,相反,他的皮肤泡得微微发红,鼻尖上还冒出了细细的汗珠。

终究不能在温度过高的温泉中间泡得太久,罗森只好游到温泉边来。

嗯,这里的水温正好合适,罗森舒服地趴在温泉边上,心无旁骛地任狂风卷动水波,让自己轻盈漂荡。

远远望去,四周的茫茫冰原除了冰雪,还是冰雪。

可是,罗森不经意地往眼前的泉边一瞥,泉壁的石缝间竟然布满了浅浅的、淡绿的地衣和苔藓;有些石缝间沉积了一些沙质尘土,上面竟然长出纤细而翠绿的蕨类植物。再细细打量,蕨类植物和一些苔藓上,居然爬动着许多不知名的各种小虫子……

这里竟然成了微型动植物园——罗森被这个发现惊呆了。

原来,由于地热一年四季、源源不断地提供着热能,泉眼四周不但永远不会结冰,并且温度较高,反而形成了这种微小而立体的生态圈。

罗森兴奋地叫道:"老兄,快来看,我成了发现另一块新大陆的哥伦布啦!"

奥拉维格好奇地游过来,他看了一阵,也格外惊诧:"我以前来这温泉泡过无数次,怎么一直没发现这么有趣的现象呢?可能是我熟视无睹,反而麻木了。"

正看得入迷,一阵格外强劲的寒风刮来,他俩赶紧缩进温水里避寒。

这股劲风掀起一层大浪,淹过了那个微型生态圈,等他俩再次伸过头来观看时,地衣和蕨类植物还在,那些小虫子却消失了。

两人正为那些小动物的消失而感到些许惋惜时,温泉壁上的泉水流回温泉后,又有一些微小的虫子从地衣缝隙和蕨类植物根部慢慢涌现出来……

罗森脑海里灵光乍现,一副更加奇妙的无边世界突然出现在脑海里,他冷不丁地往奥拉维格脸上泼去一大把水:"看什么看!"然后哈哈大笑起来。

奥拉维格正兴趣盎然地观察这个渐渐恢复常态的微型生态世界,被罗森的举动给弄蒙了,他揩了一把脸上的水滴,说:"你……"

"还没发现吗?这片温泉壁上的小世界就是静态的光锥!"

奥拉维格愣了一下,立即反应过来:"那片大浪花正是时间轴!"随即大笑着往罗森头上、脸上猛泼泉水。顿时,两位老人战成一团,水花四溅,热气翻腾……

两人终于玩累了,依在温泉边,气喘吁吁地宣泄着无比的兴奋之情。

"对,让一方静止,只让另一方运动。"奥拉维格说。

"就是啊,如果双方都以光速运行,相向速度则远远大于光速,两者交错的瞬间,是无法让它们找到共同的时空翘曲点的。"

"只能让时间轴静止。光锥是无法静止的——它总是以光速向辽阔的三维空间扩散、生发。"

"为了提高找到翘曲点的概率,我们可以让时间轴的运行降速,甚至完全让它相对静止下来。"罗森说。

"你觉得该怎么降?"

"加大光锥内的物质体量,以增强它的引力,从而让时间轴的运行速度尽可能地慢下来。"

"对,根据我多年来的测算数据,相关引力每增强10%,对应的时间流速则会降减0.3%。我们可以把模拟光锥的引力无限增强,理论上完全可以让时间相对静止下来。"奥拉维格依然满脸激动。

"我们回去后再仔细计算计算,重复模拟几次。"

"就算模拟成功,找到了平行宇宙的翘曲点,但离实际运用还有很长、很长的距离。"

"哈哈,没关系,我们再慢慢琢磨。反正是为了好玩,这种前所未有的玩法更加刺激!"罗森信心满满,笑道。

"是啊,我们就是要把当前看似完全封闭的宇宙时空撕开一条裂缝!"

11

在宇民微生物药业大厦地下42层的那个房间里,这次的秘密会议有些特别。与会者只有五人:已易容为银发老者的郭林涛、张宁静、马托卡、该社团印度籍成员塞纳温丽,还有一个头发像熊熊火焰一样的陌生小伙子,他的皮肤居然呈蓝色——显然是故意为之。

依然是张宁静主持会议,她直奔主题道:"塞纳温丽女士,麻烦你先介绍一下这位先生吧。"

塞纳温丽向张宁静和郭林涛稍微欠了欠身,因为她并不知道郭林涛的真实身份和来头,只觉得这位老者应该是位比较关键的人物,然后说:"他叫施瓦辛格。他可能不愿意透露自己的真实姓名,我们就叫他施瓦辛格吧。施瓦辛格是我和另一位社团负责成员一起联系上的。他的具体情况我也不太清楚,只知道他设计病毒软件的能力非同一般。施瓦辛格先生,请介绍下你自己吧。"

施瓦辛格摸了摸通红的火焰状头发,似乎对自己的发型格外得意,然后慢吞吞地说:"刚才这位塞纳温丽女士已经说了我的情况,我就不用过多地介绍自己啦。我们现在就谈工作吧。你们只要提出相应要求,需要什么类型的病毒,我都可以帮你们设计出来。但前提是,必须预付其中一半信用数据——也就是六百万。因为我有一群合作伙伴,他们需要预先支付各种费用。同时,个性化毒病设计出来后,我们必须先在不同的网络环境中进行反复测试,直至达到你们的要求,我才会交货。"

张宁静心头一怔:设计一个病毒竟然需要一千二百万信用数据?这是狮子大开口啊!我作为公司中高层职员,还是在福利很好的宇民公司,40年也拿不到这么多!但她没有立即表态,因为郭林涛在这里。

想不到郭林涛立即表态:"施瓦辛格先生,你提的要求我们可以答应,六百万信用数据也可以预先付给你。但是,我们现在并不知道你的真实水平,凭什么要相信你呢?你应该能理解我们担心有欺诈之嫌。"

施瓦辛格还是那副慢吞吞的表情:"先提出你们需要的病毒要求吧,我当场就可以提出设计思路和可行性分析,你们自然就可以大致了解我的设计能力了。"

郭林涛对张宁静使了个眼色,张宁静说:"我们希望这个病毒一旦进入对方的局域系统后,不管对方的防范措施有多严密、杀毒软件有多强大,它能瞬间破坏对方内部的程序,最好能使其局域网内的程序完全失去作用。施瓦辛格先生,你能做到吗?"

"可以提供对方更详细的信息或资料吗?"施瓦辛格反问。

张宁静道:"施瓦辛格先生,我只能告诉你这些:对方局域网系统内的防范措施非常严密,杀毒软件也非同一般。它不是一般的社会网络平台,也不是普通公司的局域网系统。其他信息不便透露。"

对方的表情稍稍惊诧了一会儿,然后说:"我首先申明一下,我只负责设计那个局域网系统内的病毒攻击软件,至于怎么进入那个系统,不是我们这次项目的合作范畴。我的理解正确吗?"

四人都点了点头。

"好吧，让我仔细想想。"施瓦辛格闭上眼睛，摇头晃脑地思索起来，他头顶上红得像火一样的头发，更如同一团熊熊火焰，在风中飘荡摇曳……

两三分钟之后，施瓦辛格睁开眼睛，说："既然这个系统的防范如此严密，我这款病毒软件的设计思路是这样的：你们应该听说过这两种鱼——肺鱼和清道夫吧，在异常恶劣的环境下，比如说干旱，它们会迅速进入休眠或假死状态。我这款病毒软件的设计思路打算模仿这些鱼类——当它进入对方的系统后，如果它被对方的反制软件，例如强力杀毒软件猛烈攻击、防御墙重重围困，它在无法躲闪、回避的情况下，会立即进入假死或休眠状态；一旦对方的智能防御系统被它麻痹，它就会自动分析并搜索到对方的破绽，然后迅速出击，一举毁坏对方局域系统内的各种程序。"

四名听众沉思着。

郭林涛扭头对马托卡说："根据你的专业知识，你分析一下，这款软件的设计理念靠不靠谱？能发挥理想的效果吗？在我的理解中，防御和反防御软件的工作原理异曲同工，你在这方面应该比较内行，至少能分析它是否可行。马托卡，你说说看。"

马托卡沉思了一下，说："只要施瓦辛格先生真的能按照这种思路编写出这种高智能病毒软件，从原理上分析，是完全可行的。"

郭林涛说："好，就这么定啦。施瓦辛格先生，那六百万预付信用数据我会立即让人付到你指定的户头上，你就按照这种思路好好设计吧。"

施瓦辛格终于站起身来，向郭林涛欠了欠身："老板痛快！多付出、多回报，这款软件绝对会让你们收获意想不到的效果。我们就将它命名为'清道夫'吧。"

12

肖成城在艾佳的陪护下从美国纽约返回了雪峰山脉，他的心情异常低落。

高山上的风霜越来越凌厉了，倘若当天天气晴朗，早上必然会打一层厚厚的霜，如同下过一场薄雪；小溪边的石头上则结上一层亮晶晶的冰壳。由于阴森而浓密的树冠很难让阳光透照下来，这些冰壳直到午间才慢慢融化。好在再怎么寒冷，这些活泼的溪水永远不会结冰，因为夹岸的石缝间总会渗出温暖的泉水，给小溪不断注入新鲜血液……

山上整天寒风呼啸，低垂的阴云四处翻滚，就算穿着调温防潮的纳米衣服，裸露出来的双手和脸总是湿冷冷的，吸入的空气也是寒丝丝的，那种因心情不佳引起的寒凉直透五脏六腑。

回到雪峰山脉后，肖成城再次从心灵深处极力回避外面世界那些激进派的种种幼稚作为——那些因为愚昧无知而产生的种种疯狂行径——想让自己重归宁静。

若是在其他季节，肖成城还可以通过不断劳作来消磨时光，可是，现在正是冬闲时节，自然万物基本上处于蛰伏期。因此，他整天无所事事，心情就更加无所依托了，却又不想影响儿子的心情，更不愿打扰小两口的幸福生活。于是他想再和罗森聊聊天，却怎么也联系不上他。

因为他根本不知道，罗森已去了遥远的冰岛，并且整天待在那艘与外界信息完全隔绝的小游轮中。

孤苦地熬过很多个或晴朗或阴寒的日子，肖成城依然无法和罗森取得联系。

"他是不是出什么意外了？我得再去看看。"肖成城愈加不安了。

眼下的国际形势如此令人失望，那些激进派什么事情都有可能干得出来，自己随时有可能从这个世界消失，如果再不去见老朋友一面，今生只怕再没机会了……

于是，在艾佳的陪同下，肖成城再次来到中国最南端的那个小岛。

不到两万平方米的北沙洲小岛上，依然是那副生机盎然、暖如初夏的模样，却见不到罗森，连那个看起来粗糙而笨重的机器人也不见了。

没有了故人，他忽然觉得，这个生机勃勃的小岛如同雪峰山脉那样清冷无依。

倒是那条名叫龙驹的仿生藏獒依然默默地守候在小楼下方的架空层，也是一副郁郁寡欢的样子。

它不再像上次那样一边发出警告，一边凶悍地逼近肖成城，反而亲切地摇着粗长的尾巴，温驯地向老人靠近。因为，在它的认知程序中，已经明白，这位老人是主人的朋友，而且是非同一般的好朋友。因此，它的眼里反而流露出忧伤的快乐。

肖成城情不自禁地一把抱住龙驹："你的主人去哪里了？你怎么独自待在这里呢？看来，你也不快乐，和我一样……"

龙驹轻轻摇摆着忧伤而巨大的头——它确实不知道主人去了哪里，并且一直不见他回归的踪影。它也曾多次向主人发过信息，却一直得不到任何回复。

龙驹只是默默地舔着他的手，接着，又用温润的仿生舌头舔着他那满是皱纹的脸——才一个多月时间，这个人，这个主人的好朋友，竟然苍老了许多，皱纹也深了许多……

它的眼里竟然慢慢浮现出晶亮的液体！

这仿生龙驹居然会有这么复杂的感情？肖成城压抑已久的情感，终于抑制不住，他竟然像个流浪已久的孩子突然见到亲人，紧紧抱住龙驹的头颅，低声哭泣起来……

一旁，艾佳也默默地流着亮晶晶的"泪珠"。在与情感人类长久相处的过程中，高智能机器人也会在不断模仿与学习中产生某些类情感的思维。

肖成城哭够了，心情稍微好了一些，他慢慢站起身来，说："龙驹，你一个人太孤单了，你愿不愿跟我走？"他情真意切地把对方说成了"人"。

龙驹默默地望着这个满脸慈爱的老人，好一阵之后，它坚定地摇了摇头。

"哦，我差点忘了，你被植入的理念就是永远忠诚于自己的主人。"

龙驹竟然点了点头。

"好吧，那我们回去了。龙驹，希望你好好的，更希望你的主人平安归来……他应该会平安回来的，他还肩负着我托付给他的使命呢，他不会这么不负责任的。但愿如此……"肖成城轻轻念叨着，和艾佳转身离去。

龙驹尽管很是不舍，却没有送出多远，因为它现在的使命就是时刻坚守主人的嘱托。

带着无限疑惑和些许伤感，肖成城再次回到寂静阴冷的雪峰山脉。

来到老木屋前，天色已近黄昏，在屋端头的一棵巨松下，肖成城望着昏鸦聒噪着纷纷归巢，他忽然感喟地吟道："云无心以出岫，鸟倦飞而知还。景翳翳以将入，抚孤松而盘桓。"

身边的艾佳说道："老先生，您吟的是陶渊明的《归去来兮辞》吧？"

老头子惊奇地反问："这个你也知道？艾佳，你能领悟其中的意境吗？"

艾佳道："我的记忆贮存库里早已输入大量古典名篇，我只明白它们的字面意思，却无法透彻地领悟您当前的心境。"

肖成城再次叹道："艾佳，你已经很好啦。唉，没生命的云朵永远不知疲倦地四处飘荡，而有生命认知的鸟儿飞得再高远，也会知倦而还呀。可是，我这生命的夕阳却依然找不到皈依的角落，四处徘徊，无所适从……我的身心真的很累很累了，艾佳，我们回家去吧。"

吃过晚餐后，天已完全黑了下来，由于心情很失落，肖成城觉得今晚的夜色格外浓厚，永远望不透夜幕的边缘，曾经那么耀眼的星光，也刺不穿比夜更深的云层——他今夜特别想和儿子聊聊天。

但他想了好一会儿，还是担心自己的坏情绪会影响儿子的心情，并干扰他的创作，更不愿影响小两口的生活。因此，他还是放弃了让艾佳发送信息的念头。

其实，血肉相连的亲情，再加上父子俩情感上的浓浓牵挂，让人类这种情感动物总有一种解释不清的第六感——远在成都那套房子里的肖理夫突然停下眼前的创作，对张宁静说："宁静，不知怎么回事，我今晚格外想念爸爸，这两天咱俩回一趟雪峰山脉吧。"

张宁静坐在沙发上，一边轻柔地念着一本古典文集，一边抚摸着微微凸出的肚子。她抬起头，温婉地说："好啊，你觉得哪天去合适呢？"

"明天的天气不好，就算驾驶飞行车过去，上山总得用飞行背包飞行一小段，我担心你的身体和腹中的宝宝，还是后天回去吧。"

张宁静说："也行。那我明天去公司安排一下事情，顺便请个假。"

"这次你一定要多请几天假。"

当夜，肖理夫入睡之后，又梦到自己的门牙松动了。

他再次从梦中惊醒过来！

根本不用再解梦了，肖理夫连忙摇醒身边的张宁静："宁静，我们还是明天早上就回雪峰山脉吧。"

张宁静睡眼惺忪地问:"这么急?出什么事了吗?"

"这是直觉,我也解释不清楚,还是明早就回去吧。"

"好的,那我明天早上就向上司请假。"

第二天天刚亮,张宁静就向埃里克部长请好了假。两人一大早就出发了。

今天的天气果然很不好,他们的飞行车腾空没一会儿,就遇上寒风裹挟的雨夹雪,噼里啪啦的雪粒子打得视窗雨雪飞溅,视野一片迷蒙……

没办法,肖理夫只好不断提升飞行高度,直到穿过乌云翻滚的云端,才避开了恶劣天气带来的干扰。

还好,飞行车慢慢降落在雪峰山脉东麓的山脚下时,雨夹雪总算停歇了,他俩改乘单人飞行背包飞往苏宝顶上的老木屋时还算顺利,只是裸露的手和脸被寒风刮得通红。肖理夫在半空中不断问道:"宁静,你没事吧?还吃得消吗?"

张宁静有些调皮地答道:"我在你心目中难道就那么弱不禁风吗?放心,就算我是一朵鲜花,但我并不娇嫩。"

肖理夫夫妇突然出现在老木屋门口,让老头子惊喜得连鞋跟都来不及提上就从二楼跑下来迎接——最近,他太想念儿子和儿媳了。只是因为他那倔强得有些古怪的个性,使他不会轻易对晚辈们流露自己越来越脆弱的情绪。

但这一次,他确实有些无法掩饰了。

这次,连正在厨房里做早餐的机器人艾佳也闻声跑了出来,一脸的惊喜。

肖成城跑过来,直接和儿子来了一个大拥抱。

当他还想和儿媳妇来个拥抱时,动作突然顿住,惊喜地叫道:"啊哈哈,看来我就快做爷爷啦!"

一家子其乐融融地吃早餐的时候,肖理夫忽然心疼地说:"爸爸,您气色很不好,是哪里不舒服吗?"

张宁静也跟着诚挚而心疼地说:"爸爸,您愿不愿意跟我们去成都呢?让我们一起来照顾您吧。山上的气候有些恶劣呢。"她的语气显得很小心,带有很浓的试探成分,因为她知道老头子倔强的个性。

肖成城却显得大大咧咧地说:"唉,生老病死,人之常情,谢谢你们关心。有你们这份心意,我就满足啦。"

在老木桌旁,正在给肖成城盛汤的艾佳插嘴道:"你们是不是觉得我对老爷子照顾得不好?"

"不,你照顾得很好,谢谢你,艾佳。"父子俩几乎同时说道。

肖理夫又补充道:"只是在情感关注方面,可能……艾佳,这不是你的原因,你已经做得够出色了。"这时他已经吃好了,放下了碗筷。

一家人都吃过早餐后,张宁静走进厨房和艾佳一起清洗那些碗筷。她的手法显得有些笨拙,却做得很用心。肖理夫既感动又有些过意不去,也走进厨房帮着一起洗碗。

肖成城也跟进厨房,开心地看着小两口忙碌。

艾佳看着这小两口,忽然说:"真羡慕你们,你们的情感……真好。"

肖理夫突发奇想,问道:"艾佳,你有没有萌生过恋爱之类的念头呢?"

艾佳迟疑了一小会儿,说:"恋爱?我能够明白人类男女之间那方面的含义,但是,我一直体会不了那种情感。"

张宁静也来了兴致,天真地问道:"艾佳,那么……你对你的同类或人类萌发过情感和爱意吗?"

艾佳仍然回答得有些迟疑:"我的全部情感就是照顾好肖成城先生——你们的爸爸,这,这算不算是一种爱呢?""她"脸上露出了尴尬的表情。

肖成城在他们身后感叹道:"唉,智能机器人再怎么高度智能,还是无法体会人类的那种情感啊,更不用说产生那种情愫了……人类,真是一种神奇的生命形态……我怎么就陷入死胡同了呢?陷入那种似乎永远也解不开的生命死结了呢?唉,不能再想了,想也白想,这只能一再表明,人类生命是一种复杂得根本无法破解的生命形态。"

这一次,肖理夫和张宁静一直在雪峰山脉待了五天,整天陪着父亲聊天、散步。在一阵阵欢声笑语中,肖成城脸上那些深深的皱纹似乎渐渐平复了许多。他们似乎忘记了山外世界的鹤唳云涌、诡波异涛。

下 篇

1

　　高空的寒风粗暴而强劲，但漫天雪花飞舞得并不稠密。有些雪花看似飘落在一眼望不到边际的波涛形大楼顶上，往往还没沾上去就被寒风拂得一干二净，然后继续往深渊般的楼下飘旋而去……

　　在成都这片"浪涛"无边的楼群中，宇民微生物药业总部大厦是为数不多的高楼中的佼佼者。

　　这时，宇民大厦浪尖形顶楼的侧面，慢慢敞开了一个椭圆形的窗口，郭林涛坐在一架中型豪华商务飞机里，他在手腕上弹出的虚拟界面上轻轻一点，飞机被后下方一个巨大弹片突然弹了一下，立即从椭圆形窗口弹了出来！

　　这架有着枫叶形外观的中型飞机无声而快速地飞离大厦顶部，很快消失于云层之间——这是当前民用飞行器中的极速版。

　　在这飞行时代，在尽可能追求高速的普遍心理和攀比心态下，新型民用飞行工具哪怕只比原版的飞行工具提速1%，凡是经济能力较强的人，或是极速偏爱者，都会争先恐后地购买最新版飞行工具——如同 21 世纪初的人们频繁更换新型手机一样。因此，高速交通工具生产商的生意特别火爆——当然，竞争也比较激烈，从而导致核聚变发动机的研发和生产异常活跃。

郭林涛所驾驶的高速飞机正是以核聚变发动机驱动的。

高速飞行将近两个小时，已飞临德国上空。

视窗下方，这里的天空倒是一片晴朗。

郭林涛驾驶着豪华飞机不断降低飞行高度。这时，他的下方出现一大片奇形怪状、雄伟辽阔的建筑群。

从高空俯瞰，这片风格奇特的建筑群至少占地 100 平方公里。

飞行高度持续下降，这些建筑群看得更加清楚了。所有高楼顶部没有一处是平面，有的是尖尖的三面体，或是圆球体，或是直插云霄的尖锥，看起来没有任何一个楼顶供他的飞机降落。

这类建筑群各顶端的侧面都标示着巨大的"BMW"字母。

正在这时，郭林涛的通信仪上跳出一串动态密码，这应当是对方的安保系统通过某位重要人物的授权发送过来的。他立即把这串动态密码输入飞机的显示屏，然后按下发送键。

下前方一幢一千余米高的建筑的巨大圆球形顶部迅速张开，变成一朵巨大的荷花形状，"荷花"中间伸出来一块正好可容纳这架中型飞机降落的绿色橡胶平台。

郭林涛将飞机慢慢停落在这块可伸缩的平台上后，大型"荷花"的"花瓣"慢慢合拢，楼顶再次恢复成巨大圆球状。与此同时，平台快速往下降落。

平台停止下降时，郭林涛从飞机上走了出来，然后根据通信仪上的及时提示不断输入不同的密码，开门，进入升降机，又开门，乘上电动马……

最后，他来到一个开阔明亮的大厅内。

一位看起来很年轻的欧洲男士从大厅后面走了出来，他的身形精瘦稳健，走过来紧紧握住郭林涛的手，亲热地说："林涛兄弟，你来得好快啊，请坐，请坐。"把郭林涛往一张大沙发上请。

郭林涛客气地说："格拉斯老兄，让您久等了。"语气显得很尊敬。

这位格拉斯先生正是当前 BMW 公司的执行总裁。他看起来比郭林涛还年轻，郭林涛却称其为兄长，不知是他真的比郭林涛年长，还是因为他在全球商界至高无上的地位使得郭林涛对他格外尊敬的缘故。

德国 BMW 公司正是核聚变发动机领域里的全球龙头企业：集研发与生产于一体。其前身即人们熟悉的宝马公司，已经延续了将近 400 年。在飞行时代到来之际，它迎来了更加蓬勃的发展期。

两人坐下之后，格拉斯问道："林涛兄弟，你公司最近的发展还顺利吧？"

郭林涛说："多谢老兄关心，还马马虎虎吧。但我的公司再怎么发展，和老兄您相比，我只能算是勉强度日啊。"

BMW 公司是全球核聚变发动机领域里最大的生产商与供应商，不仅为世界各地的民用飞行器生产厂家提供各种型号的核聚变发动机，近几十年来，就连联合国外太空发展总署也不断向 BMW 公司采购极速核聚变发动机。因此，其科研人员就有将近四万人，几乎相当于华宇公司全球员工的总数。

考虑到各种极速核聚变飞行器对地球大气、环境、安全等诸多方面的负面影响，联合国早已制定相关律法：只允许联合国外太空发展总署的星际飞行器使用极速核聚变发动机，且速度追求不受限制；普通民众只能使用飞行于地球大气层内的民用飞行器，且飞行速度不得超过 1 000 米 / 秒。

能够生产当前极速——每秒接近三万公里的核聚变发动机的公司在全球范围内只有寥寥几家，BMW 公司正是其中的佼佼者。因此，联合国科学院极速研究所一直与 BMW 公司研发室有着密切的科研合作。同时，联合国每年还向 BMW 公司提供一笔科研信用数据，希望人类的飞行速度能获得不断突破。

格拉斯从侍者手中接过一杯茶，亲手递到郭林涛手上，然后苦闷地笑了笑，说："兄弟，你是身在福中不知福啊！从事我这个行业，不管我做大做小，盯着我的人总会比盯着你的人多。并且你从事的是健康产业，属于安全行业。你难道还不明白我的苦衷吗？你们中国有句话'枪打出头鸟'，正因为我的企业做得有点大，盯我的人除了全球同行，就连联合国也是明里支持我，暗里监督我，甚至还有一锅端的企图。

"说白了，他们不可能一直心甘情愿地花费巨额代价购买我的尖端发动机！因此，我越来越觉得，这个行业已经成为高危行业。可是，一旦站到了最高处，明明知道有更大的危险却不愿轻易退下来——这正是我内心深处最大的矛盾啊。"

"理解，理解……"郭林涛习惯地四处看看，突然问道，"我们这样……安全吗？"

"这一点你尽管放心，在我这个小小的工业王国里，关于信息方面的安保措施可以放一万个心！除非联合国有关强权部门直接把我抓走，强行扫取我的脑库信息。否则，不管他们采用如何先进的设备或技术，是根本侵入不了的。"

郭林涛放心了，直接说："您的实力如此雄厚，想往哪个方向发展，都会取得重大发展。格拉斯老兄，恕我直言，您干脆把远距离传送这个项目做大做强。只要真正成功了，各种远距离运载工具必将消失，那将为人类的发展带来多大的进步啊。同时，联合国也不会那么处心积虑地盯着您了。"

BMW 公司当前最新的研究项目就是以等离子态远距离传送实体物品，只是目前还没有取得重大突破。因此，格拉斯先生如实说道："这项技术的理论基础早已成熟了，我们在实验室里完全可以做到隔空传物，庞大的精密仪器以及成群的人畜也能隔着各种障碍物传送到指定地点。可是，要想将这项技术完全应用到现实生活中，还有很长的路要走。因为自然界的干扰和意外实在太多，各种电子信号以及磁场的起伏、扰动，还有难以预测的太阳耀斑、各种宇宙射线等，由于这些无法预测且不可控的因素实在太多，一旦出现意外，就有可能伤及人命！唉，正因为我的事情太多，只好把那件事全盘委托你去执行了。老弟，近来的研究进展如何？"

郭林涛说："一言难尽，喜忧参半。您邀请的人都该到了吧？我还是当着大家的面汇报吧。"

格拉斯点点头说："也行。"

实际上，"反脑库索取中心"的成立，最初是由格拉斯先生倡议的。因为他一家独大的局面最容易被联合国关注并紧紧盯上，在这种忧患意识下，格拉斯先生作为全球民间行业协会的会长，与全球各行各业的巨头们秘密沟通后得到了他们的一致认同与支持。

最后，大家又将郭林涛推举为具体执行者。其原因主要来自两个方面：其一，郭林涛与格拉斯有着多年交情，双方互信度很高；其二，郭林涛的微生物药业公司在全球行业中属于排名前十的大企业，因此，他本人在这方面的忧患意识也很强，也乐意为此效力。

反脑库索取中心的主要成员则由各行业巨头们推荐并最后确定下来。选定标准也比较严格：首先，这些骨干成员必须是独立的社会人士——也就是"个体户"，这样，纵然这种与联合国对着干的事情暴露，也可以将行业巨头们的风险降到最低；另外，这些骨干成员都是鲜明的人权主义者，格外反对脑库索取行为，并且意志、立场非常坚定，就算事情败露，也很难从他们口中获得有用的信息。当然，他们的个人综合能力也非泛泛。

这时，格拉斯先生又看了看时间，说："还有一点时间，我再问一下秘书处吧。"他在通信仪上点了几下，然后对郭林涛说："多数人士已经到了，还有一些人正在途中。放心，他们都会准时抵达的。"

郭林涛问："在这里，还是……"

"还是在那个大点的会议室吧，这次来的人毕竟比较多。还有一点时间，我们再单独聊几句吧。"格拉斯又给郭林涛倒了半杯热茶，说，"兄弟啊，看来，我的忧患意识还是比较精准的，如果他们仅仅是偷鸡摸狗地扫描别人的脑库，在我的地盘上，我完全不担心，我只怕他们谋求脑库索取合法化，才主张成立这个对抗社团。果然，他们现在就开始行动了。"

郭林涛由衷地说："正因为您一直那么有远见，您才能成为全球各行业巨头们的领袖啊。"

格拉斯说："光有一点浅见也不是万能的。这不，尽管我这次没去参加联合国的全民代表大会，但一收到他们的邀请信息，我就知道这次年会上联合国肯定会宣布公投脑库索取这件事，所以我干脆不去参加了。可是又有什么用呢？在联合国眼里，我这等小卒来与不来，他们都会按照既定的想法去做，不会顾及我们这些人的想法。下面就看我们怎么应对了。"

正说着，格拉斯的通信仪轻轻响了，他看了一下，站起身来说："时间到了，他们也都来了。咱俩过去吧。"

这是一间更大的扇形会议室，呈立体结构，上上下下共有五层，因此，四百多人分层坐在里面既不感到拥挤，也不觉得分散，每个人似乎都与扇形顶端的主席台非常接近。而每增加一个人，相应的隔层上就会适时地伸出一张舒适的椅子，椅子两侧较宽的扶手上则摆放着冷热饮品。

格拉斯先生领着郭林涛走向圆弧形主席台时，各层与会者同时站了起来，纷纷打招呼："会长先生下午好！""郭主席辛苦啦！"

"郭主席"是指郭林涛现在兼任"反脑库索取中心"执行主席一职，是这些人内部认定的职位。

格拉斯先生首先向与会者鞠躬致谢。郭林涛也深深鞠躬致敬。

郭林涛和台下与会者都比较熟悉，有些人从未谋面，但彼此早已听闻，也算是熟人了。

格拉斯先生说道："感谢各位朋友不远万里、拨冗抽空前来参加这个特别的沟通会。由于与会者都是各行各业的精英和佼佼者，相信每个人都是事务缠身，我们就尽量长话短说吧。两年多以来，郭主席已做过大量的具体工作，尽管从目前来看效果不是太显著，但反脑库索取中心的整体框架都已搭好，人才储备也很完备。在此，我们向郭主席表示深深的感谢！"

台下传来一阵热烈的掌声，郭林涛只好再次站起身来鞠躬回礼。

格拉斯先生继续说："我们先请郭主席谈谈近期的工作部署和有关进展，过后我们再来谈另外一件事，这也是我把各位匆匆邀请前来的主要原因。现在请郭主席发言吧。"

郭林涛点了点头，说："为了不耽误大家过多时间，前面的事我就不多说了，相信各位也一直在关注。自从联合国正式宣布全民公投计划后，我们的团队得到一个惊人的消息：对方为了确保脑库索取合法化获得成功，在联合国个别重要领导的支持下，有可能采取极端做法，那就是暗箱操控全球公民投票数据，以达到其目的！"

此言一出，众人哗然：惊诧的目光齐刷刷投来，怀疑声此起彼伏。就连郭林涛身边的格拉斯先生也轻轻问道："兄弟，你，你确定这信息可靠吗？"

郭林涛向大家摆摆手，说："由于对方的防范过于严密，尽管我暂时没有得到确凿的证据，但是，我完全不怀疑这则信息的可靠性。因此，我们的团队也采取了相应的措施。因为事情紧急，恕我没有事先和各位沟通。现在汇报如下：

"首先，我支出三十多亿信用数据，在团队成员的操作下购来两件古董，试图渗入联合国某个重要信息部门的防护系统，以备不时之需。

"另外，我们的团队已另外聘请顶尖黑客软件设计高手——至少我个人认为，那人的设计能力是毋庸置疑的——打算设计一款黑客软件。此软件一旦进入对方的局域网，就会使对方某些作弊软件瘫痪，以阻止对方暗箱操控全民公投数据。"

见与会者一齐投来赞许的目光，郭林涛又说："同时，我个人认为，如果对方能够通过正常手段获得脑库索取合法化，他们肯定不会采取这种极端的阴暗手段。我之所以做好相应准备，只不过是未雨绸缪。"

"对，我也认同郭主席的分析，同时，也非常赞成郭主席做好两手准备的做法。"格拉斯先生说，"郭主席，你辛苦了。另外，你近期为这个社团付出了不少开支，到时候请你把所有花费统计给我，由我全部承担。"

郭林涛说："眼下这点开销，我还有能力承担，不必计较那么多。我之所以把这些信息汇报给各位，只是想告诉大家，我郭林涛尽管能力有限，但并不想辜负大家寄予我的信任与厚望，我一直在尽力而为。同时，也希望各位集思广益，在法律允许的范围内阻止脑库索取合法化。"

这时，台下一个大嗓门吼道："会长先生，郭主席为这个社团产生的所有花费，还是那句话，不管产生多少开销，既不用会长您一个人承担，更不可能让郭主席私掏腰包，我们必须一起分摊！郭主席为大家付出了那么多精力和心血，怎么还能让他再承担巨额信用数据呢？各位说，是不是这么回事？"

这人名叫江清·马吉德，是东亚人与中东人的混血后裔，做全球绿化项目，他的研究团队在最近20来年研发出来的诸多花草品种，几乎可以直接栽种于极旱沙漠。这些植物即使在毫无雨水的情况下也能以休眠的形式存活180天左右；一旦雨水降临，立即焕发生机，蓬勃地生长起来。因此，江清·马吉德的"江清沙绿公司"靠着这些不死花草，仅十多年间就发展成全球绿化行业内的龙头企业。

江清·马吉德的话立即得到与会者的一致赞同。郭林涛也就不再坚持了。

一位年轻的美丽女孩甚至激动地说："格拉斯会长、郭主席，你们不但付出了大量精力和时间，更承担了相当的风险，如果还要你们承担相应的开销，那么我们这些人将更加无地自容了，我们还有参与的必要吗？郭主席为了此事产生的所有费用，我玛格丽特愿意承担其中十分之一，尽管我的小作坊在各位大佬面前只能算是一颗微尘，但我只能以这种方式表达敬意和感谢！"

玛格丽特非常年轻，却是一家大型化妆品公司的掌门人。近些年，该公司研发出一系列埃米级生物美容膜，这种膜能迅速融入皮肤，或增白美容，或除皱消斑，有些特殊面膜还能让人在极短时间内彻底易容，有些较昂贵的营养膜甚至能让秃顶者重新长出头发来。因此，仅凭这一系列美容膜，该公司一跃成为全球美容行业里的佼佼者！

玛格丽特的话立即得到与会者的一致赞同，江清·马吉德又趁机说："为了使郭主席能更加放开手脚为我们办实事，为了表达我们的敬意与诚意，我们采取完全自愿的原则，每人现在给郭主席汇五千万到一亿点信用数据吧。怎么样？"

这个提议再次得到所有与会者的认同，有些人立即向郭林涛打听信用户头的账号。

郭林涛赶紧站起身来："没必要，没必要！感谢各位对郭某的信任与支持。郭某不是贪图各位的好处才来做这件事的，如果你们这样做,将置郭某于不仁不义之境地。这样吧,实际产生多少开销,以后再说吧。"

"好啦,我觉得,这件事就不要在这个会议上进行了。"格拉斯先生连忙出面调停,"我也同意郭主席的意见,反脑库索取中心实际发生多少开销,到时候我们再合理分摊吧。下面进行第二项议程,这也是我把各位全部请过来的主要原因。"

格拉斯先生停顿了一下,然后慎重地说:"我一直认为,联合国那边之所以采取公投的形式,企图使脑库索取合法化,他们自然以为,支持脑库索取的普通民众占大多数。他们也做过一些局部范围内的民意调查——对于这一点,我们已掌握了确凿的信息。所以,不到万不得已,他们是不会采取极端手段的。当然,我们并不排除对方会采取极端手段,因此,我觉得郭主席的防范举措很有必要。

"现在,我们再回头分析一下,如果对方完全采取正常手段进行公投,我们的胜算有多少?很显然,我们的胜算会比较低。因此,我个人认为,对方不会轻易采取那种极端的做法。

"如果对方通过正当渠道进行全民公投的话,我们也必须采取相应的措施。因此,我这次把各位精英邀请过来,就是希望你们利用各自的影响力,在各行各业各领域里尽可能地影响普通民众反对脑库索取行为。拜托各位了,这不是我一个人的力量能做到的!"

台下立即响起一片应和声:"会长先生,不用您叮嘱,这是我们分内之事,我们一定会竭尽全力!"

"反对脑库索取和我们的利益息息相关,我们会尽力而为的。"

"通过我在本行业和本领域内的些许影响力,可以影响相当一部分人。请会长先生放心吧。"

"我计划投入一大笔信用数据,通过各种渠道,设法左右一些普通民众的投票意向!"——这个计划一提出来,立即得到更多与会精英的响应,他们纷纷表示:不惜花费巨额信用数据,尽可能地争取更多反对脑库索取合法化的票数……

格拉斯先生一直微笑着，倾听着，见自己的目的已基本达到，他终于说道："好！各位朋友的表态，让我感到非常欣慰，我也向大家表个态：在我的小小企业王国里，我至少掌握着两百多万张反对票。另外，我还可以通过其他途径或采取其他方式进行运作。因此，保守一点估算，我至少可以影响六百万人的投票意向。

"所以，只要我们同心协力、群策群力，我想，通过各种途径，脑库索取能不能合法化结果还很难说。至少我们还有奋力一搏的机会。郭主席，你还有补充的吗？"

郭林涛也露出开心的表情，说："如果能通过正常途径阻止脑库索取合法化，我们就竭尽所能地努力运作吧。希望能有个好结局。但是，既然让我具体负责这件事，我必须保证万无一失，才对得住各位朋友对郭某的信任与厚望。因此，我必须时刻做好两手准备。我们尽量往好的方面想，在正当的途径上努力！万一对方采取极端手段，我也只能以极端手段应对了。"说到后面，他的神情又变得凝重起来——因为他比任何与会者都更加清楚其中的不可预测性与复杂性。

2

隆冬之际，连续下了两场小雪，又飘了两天头皮屑般的碎凌——这是细雨在飘落过程中因温度太低凝结而成的。

成都所有建筑群的外面都已挂满了亮晶晶的冰凌、冰盖或冰碴儿。

近两个世纪以来，大量飞行器具的过度使用，并且最初的飞行工具基本上采用化学燃料，导致大气层中弥漫着巨量烟尘微粒，加上大量高速飞行器将地面上的尘埃连续带上高空，使大气层如同加盖了一张巨大的遮阳网，很大程度上阻挡了阳光的照射，因此，如今的地球表面气温反而越来越低。尤其是在飞车如织的大都市，冬天的温度变得格外低。成都就是一个明显的例证。

肖理夫这部将近50万字的长篇爱情小说终于完稿了。他望着窗外的冰雪世界时不但感觉不到一丝轻松，心情反而如同被窗外悬挂的那些粗长而锋利的冰柱——凉得发怵。

原来，当这部名为《情歌城堡》的长篇爱情小说写到一大半时，他就急不可耐地把内容简介和部分精彩章节发布到一个全球性纯文学公共交流平台上。这部作品不但没找到任何合作方——这本属情理之中——反而招来一大堆嘲讽与批评。

今天上午，这部作品总算全部完稿了，肖理夫连忙打开这个交流平台，仔细查看是否有合作意向的信息或留言。想不到他不但没发现一家有合作意向的文化公司，反而看到如下文字铺天盖地而来：

@可怜的孩子啊，你的脑袋是不是在远距离传送过程中，被不稳定的等离子态给弄残了？这么脑残的作品也敢挂出来？你是想让别人和你一样弱智吗？

@这个时代还有你描述的那种爱情吗？拿去骗小朋友都不行了，你就把自己关在臆想的城堡中意淫去吧，别来伤害我们正常人的精神世界。

@什么乱七八糟的玩意，污染了我的眼睛，我看眼医去，医药费用你负责，快给我转9999999……信用数据过来！否则我向国际法庭提起诉讼，要你赔偿我巨额精神损失费。

@这种玩意还想骗大家的信用数据？倒贴给我，我都不答应……

以上种种，基本上是陌生人的留言。

　　@理夫先生，据说你最近被所谓的爱情迷惑了，你暂时麻痹一番自己也就算了，你把这种玩意创作成公共作品，说明你的心智出了严重问题，你不能老是待在你的"情歌城堡"式的象牙塔里继续沉迷下去了。

　　@停下来吧，理夫，你的才华用错了方向——你还是回归你原来的创作风格吧，我们不会因为这事而把你看扁；

　　@雄起，理夫，你正值壮年，这次只是一次错误的体验，相信你不会从此江郎才尽……

上面这些留言，基本上是肖理夫以前的粉丝，或者是比较熟悉肖理夫的人。因此，还算言下留情，有些留言还带有些许善意。

肖理夫默默看着这些留言，眼泪不知不觉流淌下来，他相信自己和张宁静的感情是那么真切，甚至可以直达永恒，是值得用心讴歌与传颂的——他认为，既然自己拥有幸福的真爱，也希望所有人对爱情拥有一份执念，情感世界就不再那么永远飘浮了。因此，在构思这部小说的主人公时，他以自己和张宁静的真实情感为原型，以火热而真挚的情感把它写出来，想不到近半年的心血付出不但得不到认可、不能获得应有的回报，反而受到如此奚落，使自己心如寒冰、身心刺痛……

"既然这样，那就把公共平台的有关内容删除吧，免得招来更多非议。"肖理夫心灰意懒，赶紧把公共平台上已发布的内容全部删除。

但这么做还是无法让肖理夫消除心中的寒意。

接着,肖理夫的眼泪再次滚滚淌下,自言自语道:"既然这部作品已成为大家的笑料,我何必留下它给自己添堵呢?删了吧,全部删掉吧……"他咬咬牙,正准备把个人创作界面上的《情歌城堡》稿件全部删除时,身后突然传来一声惊呼:"不可以,理夫!不要删!"

肖理夫惊异地回头一看,不知何时,张宁静已站在他的身后,她的脸上也是梨花带雨。

"你——你是什么时候回来的,宁静?"

"理夫,绝对不能删!这部《情歌城堡》是你迄今为止用情最深的一部作品,肯定是一部最成功的作品。你千万不要在乎那些凡夫俗子的屁话!"张宁静竟然当着肖理夫的面第一次说出了粗话。

这句粗话却让肖理夫感到特别温暖,心头再次涌上一股强烈得无法自制的感动,他一下子抱住张宁静,无声地哭了起来,像个在外受够委屈的孩子投入母亲温暖的怀抱。

张宁静轻轻地拍着、抚着肖理夫,默默地把他扶到身边的沙发上。

等肖理夫哭够了,心情渐渐平复下来,张宁静满脸歉意地说:"理夫,对不起,我这段时间太忙了,一直没怎么关注你这部作品的具体内容。现在,能让我好好欣赏一下《情歌城堡》吗?"

和肖理夫真正生活在一起后,张宁静才渐渐发觉,每个创作者都是很孤单的,总希望有知音可以交流,能引起精神上的共鸣——尤其针对当前肖理夫的脆弱心态更是如此——张宁静现在特别想充当肖理夫创作上的知音。

肖理夫感激地看了看张宁静,然后打开自己的创作界面。不过,他的脸色还是显得有些羞涩,如同古时候初见公婆的新媳妇,他默默地坐在张宁静身后。

张宁静却全神贯注地欣赏起来,她很快沉浸于作品的情景之中。

看到动情处,张宁静情不自禁地吟诵着作品中的一首小诗:

　　城堡之巅——晚霞与昏鸦的归栖之门,
　　袅袅炊烟渴望牵动晚归的窈窕身影和细碎脚印;
　　我不敢大声呼唤一个人的姓名,
　　否则,就会惊搅我的沉醉不醒。

　　你的远去让思念之弦越绷越紧,
　　泪滴之箭穿透黑夜直抵黎明;
　　草尖上那片泪花凝成的露珠啊,
　　我不敢大声喘息,更不敢靠近,
　　否则,一碰,
　　将会惊醒一个甜蜜而疼痛的梦……

　　张宁静念到这里,哽咽了,她缓缓回头:"理夫,你写得太美、太动情了……理夫,我们的爱情不会像黎明的露珠吧?咱俩今后真的永远不会分开吗?"
　　"只要你愿意,宁静,我会永远守护着我俩的爱情城堡,并且永远为你轻轻歌唱,用心呵护……"肖理夫的眼眶再次湿润,这次是感激的泪水——为她对自己作品的认可,为她对自己的款款深情。
　　张宁静幸福地笑了笑,再次回过头去,用心看了起来。
　　这是一部忽略了具体年代的爱情小说。
　　故事中,男女主人公本来幸福地生活在一座小城堡里。由于男主人公的一再怀疑与误解,女主人公心灰意冷地离开城堡,去了远方。男主人公省悟到自己的过错之后,从此踏上寻找女主人公的漫漫长路。他每到一处,就会触景生情地写下对女主人公深切思念的诗歌,并抄录下来,四处张贴,希望女主人公看到之后能回心转意。一路上，尽管有许多美女被男主人公的才华与深情打动，不断追求他、撩拨他，但男主人公不为所动，一直寻找着心上人。可惜男主人公耗尽心血也无法找到女主人公，最后，他万念俱灰地回到城堡，念诵着自己为女主人公写下的爱情诗歌，直到死去。

后来，女主人公也发现了男主人公为她留下的情诗，她万分感动之际，甩开众多追求者，一路上收集着男主人公为她写下的情诗，终于返回城堡。当她看到男主人公为她殉情之后，她心痛欲裂，吟诵着男主人公为她写下的那些爱情诗歌，最后她的灵魂也进入天国，去奔赴与男主人公的永恒之约……

不知不觉间，窗外的天空已完全黑了。

肖理夫叫来好几份美味佳肴，在他的一再催促下，张宁静这才和他一起共进晚餐——她还没有看完，还沉浸在这个凄美的爱情故事中欲罢不能。

晚餐快吃完时，张宁静的眼圈还有些发红："理夫，你这部作品写得太感人了，我觉得，这是你所有作品中写得最好的。如果我在学生时代就看到这部作品，我肯定会像那个男主人公一样死心塌地苦苦追寻你……说不定我们已经有一大群孩子了。"她一边羞涩地说着，一边抚摸着又凸显了几分的肚子。

肖理夫感激地说："宁静，谢谢你给予这部作品这么高的评价。不过，没有你的真情融入之前，我也感悟不到爱情的魅力，就创作不出这部作品来。可惜它却得不到……"

"这部作品正是我俩爱情的最好见证，不需要得到别人的认可！"张宁静连忙接过话头，开心而认真地说，"理夫，尽管我还没看完，但你这部作品已经在我心目中隆重发布了，我给你发放最高的版权收益吧！"

肖理夫更加感动了："宁静，有你这句话，我这近半年的心血没有白费,我把这部作品送给你吧。"

"当真?"

"真的。"

"那你把这部作品全部发给我吧。我要亲自精心设计、制作好,并且把它打印成原始的纸质书,这样,既可以让我继续阅读、欣赏,还可以作为我们爱情的永恒见证,一代代地传承给我们的子孙后代。它的价值将会无穷无尽地延伸下去。"张宁静说得格外慎重。

肖理夫深情地拥抱着张宁静:"宁静,麻烦你了,谢谢你。"

3

中国大西北,冰雪早已铺天盖地,茫茫无际。

天地间似乎没有任何活物,就连那一排排坚忍顽强的胡杨以及挺拔粗壮的白桦树都缩在冰雪里,进入近半年的休眠期。高空中偶尔掠过一两只苍鹰,才感觉这个世界还有一丝生机。

而在酒泉地脑运行中心那栋五层小楼里,在一楼中间的那间小会议室内,再次进行着一场人数很少却事关重大的会议。

不过,参加这次会议的人变成了七个:连同马腾佶在内的三男二女,那个从外貌上看不出性别的万洪波,还有胡希明。这次会议不但事关脑库索取司,更关系到地脑运行中心的声誉,甚至直接关系到联合国重大决策的成败。

依然由马腾佶主持会议,胡希明满脸冰霜地坐在一旁。

马腾佶严肃地说:"随着全民公投的日期一天天临近,对于最后公投的结果,相信各位和我一样忐忑不安。李白春,你现在具体负责民意测评这一块,请谈谈最近民意调查的详细数据。"

李白春身材偏瘦，肚子却鼓凸出来，颌下留着一撮山羊胡须。他艰难地站起身，向两位上司行了礼，重新坐下去，然后翻开一个传统的记事本，有些焦头烂额地念道："最近，我们部门又随机调查了将近两万人，支持脑库索取者占58.59%，弃权者占3.22%，直接反对脑库索取者占38.19%。胡总长、马司长，我怎么也搞不懂，为什么最近支持脑库索取合法化的比例下降得这么快，居然在这么短的时间内下降了13.71%。凭我的感觉，反对者的比例还在上升……"

"这怎么可能？李白春，你的调查数据准确吗？"一向比较冷静的马腾佶突然往桌上拍了一掌，"看你这脸瘦肚胖的样子，就知道你养尊处优惯了！作为一个民意调查工作者，没有经过科学严谨的数据，怎么可以凭你的感觉说话呢？"

马腾佶忽然意识到自己的顶头上司就坐在身边，觉得有些失态，口气又软了下来："李先生啊，你的民意调查数据必须做到精确无误，并且要随时关注民意数据的动态变化，因为我们必须确保在这次公投中获胜，否则我们脑库索取司就是一个摆放在阳光下的非法机构，极有可能会被撤销。这不仅关系到我司的存亡，更关系到整个地脑运行中心的荣辱，尤其和整个人类科技的长足发展息息相关。你现在的干系重大啊！因此，你要时刻对民意测评数据进行跟踪调查。"

马腾佶不可能让手下的工作人员知道打算操控公投数据一事，那是他和联合国执行主席路易斯暗暗沟通的结果，目前只限于他和联合国总部机要部门的几位关键人物知晓。至于胡总长是否知情，马腾佶也不清楚。

同时，他深深知道，不到万不得已，自己不会采取那种极端手段——倘若此事泄露出去，后果将不堪设想；因为他更加明白，那些反对势力、那些右派分子的能量和社会影响力有多么可怕！因此，如果能够通过正当途径使脑库索取合法化，就绝对不会采取那种极端手段——那是最后的救命稻草，却是一步有着万千变化的险棋！

李白春只是一味地点头，不敢再说话，大家也都不敢轻易发言，室内的空气似乎凝固了。

胡希明扭动了一下身子，打破僵局道："马司长，你也不用太焦虑，这次的全民公投事件本身就存在许多不确定性，如果是明摆着的全民意志，也就用不着全民公投了嘛。再说了，那些持反对意见的右派分子大多数是各界精英和社会名流，他们一定不会无动于衷，肯定会采取行动的。所以，这些民意数据发生变化也属情理之中。现在，我们就是要想方设法阻止这种不利局面的持续恶化，大家都想想办法吧。"

从胡总长的语气分析，他可能并不知道打算操控公投数据一事。并且他本人似乎对脑库索取能否合法化并不是很热衷，只是联合国总部执意如此，他也只能尽力配合上层的工作。

马腾偌摁住右侧的太阳穴，眉头紧锁。他向联合国总部大胆提出议案，希望通过公投的形式使脑库索取合法化——这不仅事关他的荣辱，更关系到他个人的前程：如果脑库索取真能合法化，脑库索取司不但不再是地脑系统运行中心下面的一个见不得阳光的秘密分支机构，它的地位将一跃而上，成为联合国的直属部门，而且它产生的巨大价值会使它的地位远远超过地脑系统运行中心——地脑系统运行中心只是智能数据的整合运行机构，对整个社会的贡献有限；而脑库索取一旦合法化，也许会使人类的科技获得难以想象的飞跃式发展。因此，自己的个人地位也有可能超过胡总长。

站在胡希明的角度，脑库索取能否合法化，和他个人的得失升降没有多大关系，而部下马腾偌的地位很有可能和他平起平坐，甚至跃升到他之上，这是他不愿意看到的。另外，在脑库索取还未合法化的当下，联合国执行主席路易斯就对马腾佶格外看重了，这已经让他感到有些不太舒服了。

而马腾佶目前所仰仗的正是路易斯对他寄予的种种厚望，他忽然想起那次路易斯与他私下里谈到的那些心里话，于是他突然抬起头来，向对面那位女士问道："西格温，你一直负责肖成城的脑库密码破译工作，最近进展如何了？"

西格温面露愧色："马司长，实在对不起，那个怪老头的脑库密码怎么也破解不了，我和我的部下已经想尽了办法，却毫无进展。这是本人无能，请您另请高手来负责我这个部门吧。"

"临阵换将是大忌！西格温，你不要一遇到难题就提出辞职好不好？"马腾佶的火气再次涌了上来，但他立即压制下去，"办法总比困难多，只是我们还没有想到那一层。所以，我们一定要把这个怪老头的脑库密码破译出来，这样，就能迅速遏制我们的不利局面。"

西格温一下子回不过神来，反问道："马司长，请恕我愚昧，我能不能斗胆问一句：就算我们立即破译了那个怪老头的脑库密码，这和遏制我们的不利局面有什么关系呢？"

"你问得好，西格温！"马腾佶轻笑起来，"因为这是一个有力的举证！只要迅速破解了肖成城的脑库密码，我们立即会赢得更多人的支持！"

在座者面面相觑，还是不解其意，胡希明也禁不住好奇地问道："马司长，你说说看。"

马腾佶点点头说："好的。"然后不紧不慢地说："我最近一直在思考一个问题：不管是我们，还是我们的反对派，以及所有普通民众，大家最关心的是什么？"

大家还在思索着，与会者中年龄最长的艾略特立即回答："司长，应该是健康和长寿吧。"

"艾略特先生,你回答得完全正确!"马腾佶兴奋地说,"在这高福利、高生活质量的年代,大家最关心的就是健康和长寿!

"通过半个世纪的潜心研究,肖成城在生命研究领域里肯定取得了重大发现,他却不愿意分享出来。因此,我们只要把他的脑库密码尽快破译,就能顺利扫描他的脑库记忆,这样,他脑海中的所有重大发现也就无条件地呈现出来。我们迅速把他发现的重大成果分享给生命科学研究部门,这样一来,就能为全球人类的健康长寿造福。与此同时,我们会迅速把这个消息公布于众。大家想想,我们的支持率将提升得多快?所以说,肖成城的脑库索取就是一个最有力的举证!"

胡希明立即带头鼓起掌来,并且露出无法压抑的喜悦——每个人都想健康长寿,他同样不例外。

热烈的掌声平息之后,胡希明眉开眼笑地说:"马司长,你的想法已越来越接近天才啦,难怪主席先生那么欣赏你。那就赶紧行动吧,离正式公投还有将近一个月时间,只要进展顺利,一切皆有可能——如今的信息传播技术几乎可以做到无时差传播。"

马腾佶更加兴奋:"多谢总长的高度赞扬、肯定和鞭策,那就这么定了:对肖成城脑库索取的一切破译工作暂时由我挂帅,集我们脑库索取司之力全面展开对那个怪老头的密码破译!万洪波,你务必做好本司的安保工作,不能让我们自己的城门失火!同时,你还要接替李白春的工作,把民意测评数据这一块也一并负责起来。总长,我们这一边的人手比较欠缺,如果需要更加专业的人才,我可能要向您那边请求支援啊!"

胡希明爽快地说:"完全没问题!只要你有需要,随时向我要人!我们地脑系统运行中心毕竟是智能计算机方面的精英人才库。"

马腾佶紧紧握住胡希明的双手——在他的心目中,本次会议的所有目的和诉求已全部达到。

4

张宁静捧着三本厚厚的新书,神色庄重地递给肖理夫说:"亲爱的,你的大作以最传统的方式隆重出版了!你看看,还行吗?"

肖理夫接过来一看,正是自己创作的那部《情歌城堡》,版面设计得很精美,页眉和许多空白处还插了精美的小图,书本散发出淡淡的油墨香。

肖理夫感动而惊喜地说:"做得真好,谢谢你。我的作品还从来没有这样出版过呢……你的速度好快啊。"

"我是利用工作空隙设计制作的,也是利用办公室里的设备打印装订的。"

"怎么要做三本呢?"

"你一本,我一本,还给我们的后代留一本嘛。"

用过晚餐后,两人各捧着一本新书,坐在客厅的沙发上看了起来。

张宁静觉得,纸质书本阅读的感觉完全不一样。

肖理夫的心情也差不多。尽管他创作了上百部作品,但都是以现在的新媒介方式传播、发布,真正将自己的作品变成这种传统书籍捧在手里,那种沉甸甸的感受别有一番滋味——不过,对这部作品,他还是含有捡回弃婴般的些许苦涩。

夜深之后,两人才走进卧室休息。

肖理夫刚刚进入睡眠状态,就隐隐约约听到卧室里的屏蔽系统发出"嘀嘀"的报警声。他一下子惊醒过来,扭头看看躺在身边的张宁静,她依然睡得那么深沉,那么香甜。难道是自己产生了错觉?他赶紧坐了起来,报警声立即消失了。

可能是幻听了吧。他再次躺了下去。

可是，他刚刚进入沉睡的边缘，又听到屏蔽系统发出急促的报警声！

这次，他听得更真切了，一下子睡意全消，疑惑地四下打量着整个幽暗的房间，报警声再次消失。

他突然冒出一个可怕的想法，这个想法差点让自己惊出一身冷汗：莫非真有人想入侵自己的屏蔽系统？可是，自己只是一个普通作家，有什么值得他们关注的？并且，在外人看来，自己现在正处于创作低谷期，完全不值得心怀叵测的人如此费尽心计地关注我啊……

对了，一定是因为爸爸的事情——某些家伙企图破译自己的脑库，从而达到扫描爸爸脑库的目的！

可是，那些家伙怎么会忽然想到我呢？

对了，那次和爸爸通过艾佳的那段对话，一不小心说出将爸爸的记忆直接留存在自己的脑库中之类的话，肯定让那些人找到以自己作为突破口的破绽……

这该怎么办？该怎么办？！肖理夫心慌意乱，连忙摇醒身边的张宁静。

"怎么了，理夫？这个时候还不睡觉？"张宁静迷迷糊糊地说。

"我，我觉得爸爸那边肯定要出、要出什么大事情了。"

"我们上次回去的时候，爸爸很好的呀。并且，后来他的心情也越来越好了。他应该不会有事吧。"

"我，我和爸爸……"话到嘴边，肖理夫又把它咽了回去。此时，他不知道该怎么向张宁静解释。并且，这个秘密一旦被窃听——城市里无所不在的信息网毕竟不同于雪峰山脉——爸爸的防护密码就完全失效了。

"嗯，你说得有道理，可能是我太敏感了。宁静，你好好休息吧。"

等张宁静再次发出均匀的呼吸声时,他轻轻点开手腕上的通信仪,用文字向艾佳发了一句话:"艾佳,我爸爸现在还好吗?请用字幕回复我。"

"还好呀,他还在楼上看书呢。"

艾佳很快回复过来。

"这个时候他还没睡觉吗?那我直接和他进行视界通话吧。"他再次用文字回复过去。

"好的,请稍等。"这次"她"用轻柔的语音回复。看来,"她"已打开了语音通信系统。

听到艾佳一步步地踏在木板楼梯上的脚步声,肖理夫赶紧下床,轻手轻脚地走进客厅,随手把房门带上。

他刚刚点开手腕上的视界,爸爸坐在书桌前的情景立即出现了:他坐在老木桌前,面前摆着一本厚厚的线装古籍。

肖理夫放心了一些。

"爸爸,您还好吗?这个时候怎么还没睡觉呢?最近有没有什么意外?"

"我很好的,什么意外也没有。理夫,你还没睡呀?怎么这个时候还想和我说话呢?"老人笑了笑。

"那我就放心多了。我只是忽然有些想您了……爸爸,您早点睡吧。您一定要注意身体。那我就不打扰您了。"

"都半夜了,你也快睡吧。不要牵挂我了,我很好。"

肖理夫暗想:看来是我多虑了,人家想突破我的屏蔽系统,也许只是针对我个人,完全和爸爸无关。

他正准备关掉视界,老人忽然问道:"理夫,你和宁静还好吗?我是说你们俩的感情。"

"我俩挺好的。她正在房间里睡觉呢。"

"那就好。你要多陪陪她。宁静是个难得的好姑娘,她怀了孩子，你一定要多多关心她。我一切都好，你不用担心。关了吧。"老人又对他笑了笑，视界一下子变黑了。

肖理夫没有多想父亲这个时候为什么还没睡觉，也没过多考虑父亲后面那些话怎么有点婆婆妈妈，只是认为父亲年龄大了，对儿子、儿媳以及未来的孙儿难免有些牵挂而已。于是他走回房间，在依然熟睡的张宁静身边轻轻躺了下去。

但他不敢沉睡，担心警报声再次响起。因为他知道，只要自己不处于深睡眠状态，对方就无法扫描他的记忆和潜意识里的所有信息——就算房间的屏蔽系统完全被破译。

同时，他又在不断思考，那些不知来源的入侵者如果真的只是针对自己，也没有太大问题，自己的生活比较单纯，尤其是近期的生活，在别人眼里简直枯燥得有些不可理喻：除了创作，整夜就是守着同一个女人。至于自己的创作成果嘛，以前的早已全部公开发表，不存在盗版的争议与担心，最近创作的这部《情歌城堡》尽管还没公开发表，但在大众眼里，几乎成为毫无价值的"臭蛋"，也不必担心作品被盗。

可是，既然如此，那些人为什么还会企图入侵呢？看来，还是有可能牵涉爸爸。然而，爸爸那边好像并没有什么意外情况啊！难道爸爸表现出来的开心表情是故意装出来的？他为什么要隐瞒我？如果爸爸执意要向我隐瞒什么，我对这个怪老头也毫无办法……

看来，为了让爸爸真正安全，只有将他的防御密码设置得更加严谨，更加无法琢磨！那么，可不可以把爸爸的防护密码再转移两层给张宁静设置呢？可是，如果那些家伙真的因为爸爸的脑库信息盯上了我，我再把密码转移给整天生活在一起的张宁静，能起到很好的防御效果吗？……

但愿这只是虚惊一场——也可能是我房间的屏蔽系统暂时出了

小故障吧。

不管是什么情况,肖理夫不敢再沉睡了。

另一边,肖老爷子却整夜无眠,一直呆呆地坐在书桌旁。理夫半夜里突然和他视界聊天,他立即猜到儿子在担心什么——他那边肯定发生了和这里一样的变故。因此,他故作轻松地和儿子聊天,就是为了打消理夫心中的疑虑。因为他深深知道:既然那些家伙连理夫都不放过,理夫此前为自己设置的那三层防护密码总会被对方破译的!

这只是时间问题。

而此前的几个夜晚,自己亲自设置的那四层防护密码已完全被对方破解了!

这次,对手太强大了,并且他们的行动格外迅速!自己完全不是他们的对手,只能另想办法了。

总之,无论如何,自己不能让他们轻易得逞。因为他们一旦扫描到自己的脑库,那将贻害无穷!至少他是这么认为的——得尽快不知不觉地采取行动,否则,自己就无法做到了。同时,尽量不能让孩子们为自己的离去而过分伤心……

由于整夜没有熟睡,肖理夫没有做梦,但他一直心神不宁。

因此,当张宁静准备去上班的时候,他迟疑地说:"宁静,我又想去看望爸爸了。你今天能早点回来吗?今晚我就想和你一起回一趟雪峰山脉,行吗?现在,没有你在我身边,我做什么事情都有些六神无主,甚至感到有些孤独。"

张宁静很感动,迟疑了一下说:"好的。那我去公司处理一下眼前的事情吧。元旦一天天临近,最近公司里的事情有些繁杂。等我今天把工作安排清楚后就尽快回来。看你的黑眼圈,你昨夜没有睡好。你在家里好好休息吧,我会尽早回来的。"

张宁静本来想下楼去开飞车上班——天寒地冻的,开车毕竟舒服得多，也安全一些，尤其在身怀有孕的情况下。

现在的小型飞行车尽管可以收缩折叠，但毕竟体积不小、重量不轻，只能存放在楼下的地下车库中。

但她为了赶时间，临时改变了主意，就飞快地背上飞行背包，打开通往阳台的房门。在肖理夫发愣之际，只见她纵身一跃，已进入寒风呼啸的半空中。

肖理夫有些担心，更心疼她的身体，回过神来连忙朝张宁静喊道："别这样，你还是开车去吧！"

张宁静扭过头，招了招手，笑道："别担心，我说过，我是鲜花，但我并不娇嫩！"然后迅速消失在旷远的天地之间。

张宁静在寒风呼号的半空中发出一则信息，然后径直往宇民大厦的顶楼飞去。

宇民大厦的浪尖侧面，张宁静的身影刚一出现，那个椭圆形的乳白色门洞就打开了，她顺利地降落进去。

郭林涛就站在门洞旁，见状说道："你看你，都快做妈妈了，还乘飞行背包。你一定要注意自己的身体啊。"

"谢谢 boss 关心。我忙完这一阵子后就打算休产假了，boss 您同意吗？"

根据相关法律规定，孕妇可以在临产前五个月请产假，因此，张宁静只要愿意请假，在不影响工作的前提下，她的顶头上司是不会阻拦的。

"你本来现在就可以请产假啦。只是这事如果我托付别人去做，怎么找得到合适人选呢？我怎么放心得下呀？现在正是关键期啊。"

"没关系，如果您没有找到合适的人，我在产假期间还可以进行远程操作的，同样会负责到底。因为这件大事不是关系到某个人、某个群体的利益，有可能关系到整个人类。"

"这事如果你能一直负责下去，那就最好不过了，谢谢。"

两人已走进那间球形办公室。郭林涛道:"请坐。什么事这么急?"

"昨夜,他们的触角已经伸到我们家里去了——我和理夫的家。他们打算入侵理夫的屏蔽系统,针对的目标肯定是理夫的父亲——那个生命科学界的奇人。"

郭林涛惊诧了一下:"有这种事?何以见得?"

"对方肯定不是针对我,因为他们至少现在不会怀疑到我的真实身份,就算我真正被他们怀疑上了,我这种小人物也不值得他们如此大动干戈——毕竟目前脑库索取是非法行为;也不会单纯是为了对付理夫,他的名望和作用还不会让对方如此重视。因此,肯定是指向他的爸爸。"

"我还是有些不明白。"

"是这么回事,为了保护他爸爸的脑库信息不被非法窃取,理夫肯定和他爸爸采取过某种联合防御措施,但他一直没向我透露过,我也不好主动打听,就算他昨夜欲言又止,我也不便过多打听——担心他反感。因为我越来越发觉,理夫在我面前越发像个孩子。他能够透露的,绝对毫无保留;他不愿透露的,肯定有他不愿透露的原因。我必须尊重他,更尊重他的父亲。"

"你做得很对!我一直很欣赏你处理各种事情的方式和能力。你需要我做什么呢?"

"最近,我发现理夫变得有些脆弱,更有些紧张。他昨夜悄悄去客厅里和他爸爸说了一会儿话,而他重新上床后一直没睡安稳。由此可以推断,他爸爸现在的处境很危险,我特别想实实在在地帮助他们,却没有办法和能力。"

郭林涛在球形房间里踱了一会儿,说:"如果要保护肖老爷子的脑库不被强行扫描,方法倒是有——我这个房间就有这种功能。如果觉得在这里还不够保险,或者他觉得生活不够方便的话,我可以把他送到我一个朋友那里，那就更加万无一失了——除非联合国执法部门强行把他带走。当然，在脑库索取合法化之前，谁也不敢采取这种强制手段。"

张宁静面露喜色："boss，太感谢您了！只是老爷子一向喜欢比较自由的生活，如果是这里……空间有些狭小，他老人家可能不太习惯。如果可以的话，请您把他送到您那个朋友那里去吧。"

"我考虑的不是这些。肖老爷子的古怪个性举世闻名，他可能看不起我们这种满身铜臭味的商人。他愿意接受我们的帮助吗？"

张宁静脸上的喜色消失了，她冷静地想了一下，说："我通过理夫做做老爷子的思想工作吧。"

"你得抓紧点，时间不等人。"

张宁静又想起另外一件时间不等人的事，连忙说道："我得赶紧和马托卡碰个头，了解一下最近的民意测试数据变化。"

"对，这件事同样重要！我干脆把马托卡叫到这里来，你们不用去地下层了，就在这里把我们社团成员以及从其他渠道获得的有关数据收集、汇总起来，这里更加方便。"郭林涛说完，立即向马托卡发出一条信息。

在等待马托卡上来的间隙，郭林涛又说："你们不但要把各种民意调查数据汇总、归纳起来，还要仔细地对比、分析，时刻注意数据的变化，为我们下一步行动提供可靠的参考。对了，一定要设法通知各负责人士，告诉他们：对于我们各行业系统内的民众，如果是对方的民意调查人员进行调查，让这些真正反对脑库索取的人假装支持他们，以麻痹对方，到时候才能出奇制胜，这就是《孙子兵法》中的'兵无常势，水无常形'。"

张宁静点点头："此前，我已经向有关负责人这么安排过了。"

郭林涛赞道："小张，不管做什么事，你都常常超出上司的期望值。你是个优秀的员工，今后必然是个优秀的 boss。"

这时，马托卡跑了进来，两人并未有太多交流，就点开各自的通信界面，立即进入了紧张的工作状态。

郭林涛亲自代张宁静向她的顶头上司埃里克先生请了个假，他自己则走进旁边一个普通房间，把这间安全系数最高的房间留给了他俩。

这间面积不大、造价昂贵的球形房间，是采用中微子强双向信息传递技术和外界进行联系的。也就是说，房间里的人可以和任何人进行安全沟通，而任何干扰信息则全部被球形房间阻截。地下42层那个房间尽管通过密码防护设置后可以阻截一切外来干扰，但整个房间也会成为信息孤岛。里面的人需要和外部沟通时，只能通过首优进行单线联系。

正忙于纷繁的数据比对时，郭林涛来到房间门口，问道："午餐时间到了，你们俩的午餐是让人送上来呢，还是去食堂？"

张宁静说："还是去楼下的食堂吃吧。顺便走动一下，透透气。"在这个全封闭的房间里待得太久的话确实不太好。

张宁静刚刚走出球形房间，准备去楼下吃午餐时，通信仪突然急促地响了起来。是肖理夫的来电，她连忙点开视界，就看到他焦急的表情，说话的声音也特别急切："宁静，爸爸不见了……我一直给你拨发消息，却怎么也连接不上你……"

张宁静也焦急起来："爸爸什么时候不见的？对不起，我刚才在开重要会议，通信仪关闭了……"

"半个多小时前，艾佳忽然发来信息，说爸爸消失了。我就一直向你拨发信息……艾佳也不知道爸爸是什么时候消失的。她说她四处都找遍了，就是找不到爸爸……我要立即赶回去……"

"我和你一起回去……你稍等。"张宁静说着，转身跑向郭林涛："boss，我和理夫得赶紧回一趟雪峰山脉，老爷子突然不见了。"

郭林涛也很惊诧："怎么会出现这种事？用过午餐再走吧……要

不要我们陪你俩一起过去？我怎么能帮到你？"

"谢谢 boss。不用了……我得赶紧回去，要不，理夫会急死的……"她又转身走去，可是还没走出几步，重新跑回来，"boss，我可以借用一下您的核聚变动力车吗？雪峰山脉没有电源发送装置，我们的飞行车不能直接飞到理夫家，想尽快的话……"

"没问题。车子的启动密码是我名字的全拼字母再加上今天的年月日。车子就在楼顶的门洞旁边，快去吧。方便的话，随时和我们保持联系。"

张宁静谢了一声，就跑向那辆龟甲状的小型核聚变动力车。

不一会儿，这辆龟甲状的小车被弹出椭圆形的门洞，飞入呼啸的寒风中。

张宁静在半空对着通信仪说了一句："理夫，我很快就会赶到家，请你站到阳台上，我直接从公司开车过去接你一起回老家。对了，带点吃的东西吧，我还没吃午餐。"

龟甲车落在雪峰山脉苏宝顶西岭第六根金属柱下那块硬化过的小空坪上，算上加速时段和减速过程，总共才花了一个多小时。

艾佳早已等候在这里，"她"不断怅惘四顾的焦急表情，再加上风云起伏的茫茫大山，使"她"显得更加形单影只。这让肖理夫顿生怜悯，心中对艾佳的怨怼也烟消云散："她"只是一个机器人，"她"已尽力做好了自己的本分，而爸爸一向古怪的行径让自己都琢磨不透，何况"她"只是一个机器人呢？

两人同时走下龟甲车时，艾佳赶紧向他俩跑了过来，像个犯下大错的孩子，忙不迭地向大人解释："理夫先生、宁静小姐，实在对不起……今天早上天还没大亮，老人家就让我下山去买些日用品回来，还递给我一张详细的物品清单……家里的日常生活用品确实不多了……十一点钟左右，我带着一大堆东西回到家里准备做午餐时，才发现老人家不见了，于是赶紧四处寻找……你们知道的，我不会飞……但我还是在半个小时内尽快找遍了方圆十来公里，仍然没有找到他……后来，我在楼上找到他留下的一张信笺，才确定他是故意消失了……想来，他是故意用这样方式把我引开的……对不起，是我太大意了。"

两人几乎同时问道："那张信笺呢？"

"我不敢乱动他的东西，字条还在二楼的书桌上。"艾佳一直低着头。

两人立即往老木屋跑去。好在今冬雪峰山脉一直没有下雪，最近也没有结冰，使他俩不至于在匆忙奔跑中摔倒，但肖理夫还是担心张宁静的身体，因此，两人跑得并不快。还是艾佳跑上来背着张宁静奔跑起来，速度才快了许多。

他们一口气跑上老木屋的二楼，赶紧抓起房间内书桌上那张信笺——果然是老爷子的亲笔信，字体大小不一，字迹比较潦草。很显然，他是匆忙之间写下的：

理夫，我的好儿子，宁静，我的好儿媳，恕我就这样不辞而别。我的脑库密码前些天就被那些人完全破译了。既然他们现在已经盯上了理夫，理夫的密码迟早也会被他们破译……理夫、宁静，因此，我要赶紧去一趟远方，去一个完全没有干扰的地方躲很长一段时间——我会有办法的，相信老爸的能力。

请你们千万不要寻找我，免得给我添麻烦。至于我如此仓促离开你们的深层原因，以后也许有机会向你们解释。儿子、儿媳，你们要好好生活，要幸福地生活！你们一定要答应我这个不称职的老爸！我这一生没有留下什么财产，所有积蓄全部买了这些古籍，就全部送给宁静吧——如果她愿意接受的话。

  理夫、宁静，祝你们永远幸福、快乐，并向我那还没来得及看上一眼的孙儿问好。

  重申一遍：请你们不要试图找我，免得给我添麻烦。

不称职的父亲：肖成城
2266 年 12 月 14 日　匆笔

  两人看得泪流满面，艾佳的眼里也淌出了晶亮的液体。

  张宁静小声哭泣："爸爸留给我的古籍太贵重了，我，我怎么敢心安理得地接受啊……爸爸，他怎么会这样……"

  肖理夫却一巴掌打在自己泪眼婆娑的脸上，打得泪花飞溅："爸爸，你这个怪老头，你太不近人情啦！你怎么可以这样离去呢？……你这个古怪老头，以前对科研是那么不可理喻地执着，现在对我们又是这么古怪！——我怎么劝你也没用，你最终还是这样不声不响地走了……爸爸，你心里到底想的是什么啊？！"

  张宁静一把抓住肖理夫的手掌："理夫，别这样！我们只能试着去理解爸爸……如果没有他近乎固执的执着，怎么会有他在生命科学领域里至高无上的研究成果呢？他的固执肯定有他的道理。我们要试着去理解他。理夫，别这样，要不，我会承受双重的伤心和难过……"

  她飞快地将爸爸那张信笺收了起来——为了不让肖理夫继续面对信笺而沉浸在强烈的悲伤中。

  肖理夫轻轻拥住张宁静："宁静，我现在只有你了……"

  张宁静轻轻拍着肖理夫剧烈颤抖的肩头："理夫，我永远也不会离开你……理夫，爸爸可能还会回来的，因为他说，以后会向我们解释这次仓促离开的原因。"

  肖理夫不再那么悲痛了：说不定哪一天爸爸就会回来，哪怕等到天荒地老,他也许还会回来的……

肖理夫的心情平静了一些,但是他还是有些不甘心,说:"宁静,我们回车上去吧。我们开着飞车,打开车上的搜索功能——这车子这么先进,应该有更强大的智能搜索功能。我们在这附近再仔细搜索一遍吧,要不,我不放心,也不甘心。"

张宁静点点头。

他俩再次回到龟甲车里,肖理夫点开车上的搜索功能,输入肖成城的信息资料。接着他亲自驾驶飞车,让车子在低空中慢慢盘旋,然后以老木屋为中心,一圈一圈地往周边渐渐扩大搜索范围……

在不知不觉中,他们将搜索半径渐渐扩大到近100公里,龟甲车仍然没有发出任何令人喜悦的提示声,两人的视野里也没有出现老人的任何踪迹。

天快黑了,张宁静说:"理夫,我们回去吧。如果爸爸执意离开,我们可能没有办法找到他。"

肖理夫没有作声。

张宁静又说:"爸爸曾经说过,让我们千万不要找他,以免给他添麻烦。"

肖理夫这才长长地叹了一口气:"好吧,我们回吧。"

沉沉暮色中,俩人再次回到了老木屋。艾佳早已做好晚餐,默默地等着他俩。肖理夫尽管没有任何胃口,但考虑到身怀六甲的张宁静,还是陪着她一起吃了一些晚餐。

两人重新回到二楼那间大房间里,打开灯,望着空空荡荡的房间,肖理夫的眼眶再次湿润了。他突然大吼了一声:"可恶的脑库索取!"

张宁静往四周看了看,房间里只有他俩——艾佳正在楼下的厨房里清洗碗筷。

她温柔地拉住肖理夫的手,把他拉到一张木椅上坐下——直到这时,她才一五一十地将自己的另一份工作如实地告诉了肖理夫。

末了,她说:"理夫,脑库索取是件幼稚得有些可怕的事情。可是,这个世界的某些权威领导层患上了幼稚的冒进病!爸爸肯定是不想让这种病蔓延更广、祸害更深,才在迫不得已的情况下以某种方式选择消失。理夫,说句真心话,我比你理性一些,我早就从爸爸以前的谈话中感觉出爸爸对脑库索取的忧虑与无奈。因此,纵然我的 boss 郭林涛不勉强我来管理这件事,我想,只要有这种机会,我也会主动加入这种社团,做些力所能及的事情。"

肖理夫静静地听着,居然没有现出惊异的表情,半响之后,他说:"宁静,你做得很对。你为什么不早点告诉我呢?我也想加入你们的组织。"

"理夫,对不起。我以前觉得时机不够成熟,怕你对我的秘密工作产生误解或反感。另外,我也不想让你为我担心——这毕竟是有一定风险的,更不想让你在创作时为我分心……现在告诉你也不算太迟吧。"

肖理夫突然改变了话题:"宁静,你太优秀了。我有些想不通,你怎么会这么心甘情愿地跟我过日子呢?"

"因为你既是我的丈夫、未来孩子的慈父,更是我情感上的依靠啊!如同你对爸爸的感情一样。"

肖理夫真诚地问:"宁静,那么,我现在可以和你互设首优了吗?"

张宁静点点头,立即操作着通信界面。

他俩共设的首优密码,正是张宁静十几年前第一次和他相会的日期——这是个让张宁静永远牢记的日子。

至此,这两人才真正将身心与命运紧紧融合在一起——在这种时代,也可以正式称他俩为夫妇了。

爸爸不在了，肖理夫只想尽快离开这个伤心之地，对张宁静说了两句，见对方同意之后，他连忙他跑到楼下，对艾佳说："艾佳，你跟我们一起回城里吧。"

艾佳迟疑了一阵，说："我还是不离开吧，说不定老爷子哪天就回来了，我要时刻等着他。"

艾佳的话让肖理夫特别感动，他更想带艾佳走了，就说："艾佳，你一个人在这里会很孤独的，还是跟我们走吧。如果爸爸真的哪天回来了，我会有办法及时知道的。来，跟我上楼去。"

他再次跑上楼，拉开房间里书桌内的抽屉，在那个古老的键盘上按了好一阵，将房间里的屏蔽系统重新设置了一番，然后说道："如果哪天爸爸真的回来了，这个系统会立即向我们三人同时发送信息。并且，任何人走进这幢房屋，我们都能及时发现。可爸爸什么时候才能回来呢？他真的还能回来吗？但愿吧……"

"理夫，别这样，如果今晚打算走，我们就早点动身吧。"张宁静已经把房间里所有古典书籍整理出来，全部装进一个大包裹。艾佳背着这个沉重的包裹，肖理夫搀扶着张宁静，慢慢走进沉沉夜幕之中。

5

夜晚，风雪狂舞中，赵传真回到纽约西端那套老旧的房子。

此前一直在外奔波，当他推开房门时，扑面而来的是一股湿冷而陈旧的味道，他连忙打开房间里的微波暖热系统，整套房间在十几秒内很快升温回暖。

利用微波发热原理给房间采暖，已是一个多世纪前的技术了，但由于采取了长波与微波相融技术，不仅对人类机体无害，还能除湿杀菌。不过时间过长的话，会让身体产生微微的燥热感，因此，现代建筑的居民楼都返璞归真，以地热采暖。

由于城市里的每幢楼房都很高，相应的地下层也很深，只要将粗长的取暖管再往地层深处探入十几千米，就能获得源源不断的地热。这种原生态的地热能在调温系统的控制下格外适宜人体所需。但是，对于这种古老而传统的低矮别墅，想改用地热采暖的话，代价就显得有些大了。

赵传真没有落座，他脱掉外衣，立即以人脸识别系统打开储藏室的小门——那两件宝贝还在。他暗暗吁了一口气，小心而陶醉地把玩着这两件元青花。

自从君特先生离开后，他就成了这两件宝贝的暂时保管者。接着，他也飞往世界各地，既为推销自己的房地产，更为了君特先生的嘱咐：随时向普通民众暗暗宣传脑库索取合法化的危害与荒谬。

当然，作为反脑库索取中心的第三级工作人员，像他这样的人士在全世界范围内还有很多。

但赵传真和老同学史密斯一直保持着沟通。

这次，他匆忙赶回纽约西缘这套房子，担心这两件宝贝被盗只是一个方面，更关键的是，与这两件元青花分开了这么久，他强烈地想念它们了——尽管他深深知道，在悠久的历史文化长河里，他也只是一个暂时的保管者。

这时，他的通信仪上出现一则信息提醒，低头一看，是史密斯发来的，上面跳出一行文字：

传真，你现在在哪里呢？

他连忙用文字回复："我刚刚回到纽约的家里。"
对方立即回复：

哈哈，我们毕竟是老同学，心有灵犀啊，难怪我现在这么想念你呢！

赵传真立即回复："既然想念我，那就过来喝茶吧，现在方便吗？"

对方问道：

你家里现在还有其他人吗？

赵传真回道："就我一个人。你现在方便过来吗？"
对方用文字立即回答：

方便，方便，我立即过来！在家等着我，我真的想念你了。

赵传真心头一阵狂跳：他想念我可能是真的，但更想念元青花吧——像我一样。

他赶紧回道："好，我在家里恭候大驾。"

赵传真立即打开首优，直接联通对方："君特先生，史密斯今晚主动要求和我见面，马上会来我纽约的家里。据我猜测，他十有八九是被那两件宝贝吸引过来的。那件事可能有些眉目啦。您还有什么吩咐吗？"

也不知君特先生身在何方，但他立即激动地答道："好啊，这是件大好事！这次没有我在旁边，可能更方便一些。你这次一定要把它送出去，但不能让他产生心理压力。对了，如果他确实痴迷它们，你可以把这两件都送给他。你的元青花以后再补给你。当然，只要他接受了,你可以适当暗示一下,时间对我们来说已经越来越紧迫了。"

"请您放心,我一定按您的要求尽力办好。就不用考虑我了,这是我的工作本分。我拥有它们这么久已经知足啦。再见。"赵传真关闭首优,走出储藏室,来到客厅,立即着手烧水,泡茶。

两杯热茶刚刚沏好,门铃响了起来,门扉上老旧的单向可视屏上果然出现了史密斯满身雪花的身影。赵传真赶紧开门迎接。

史密斯裹挟着一阵寒风走了进来。

两位老同学相互嘘寒问暖地喝了大半杯香茶后,史密斯从怀中拿出一个年代久远的鼻烟壶,说:"老同学,我最近从市场上淘到这个玩意,觉得有点儿意思,特意拿来送给你。"

赵传真有些惊异地接过鼻烟壶看了看,果然是个有着好几百年历史的小玻璃壶,做工很精致。再凑近闻闻,里面还散发出几百年前的烟叶与薄荷的淡香。但它毕竟是大路货,其文物价值与那对元青花相比,类似于山鸡与凤凰——如果这世上真有凤凰这种传说中的神鸟的话。

赵传真却客气地说:"老同学,你说过无功不受禄,我怎么好意思接受你的心爱之物呢?"

史密斯显得有些艰难地说:"是这么回事,老同学,我把这个鼻烟壶送你,别无所求,只是想再好好欣赏一下你的元青花。那两件元青花还在你这里吗?"

赵传真爽快地说:"在。请移步储藏室吧,任你欣赏个够!"

在狭小的储藏室里,史密斯对着那两件元青花出神了好一阵,终于说:"传真,这个房间里的灯光还可以再亮一些吗?"

"可以。"赵传真说着,把密不透风的储藏室里的灯全打开,顿时,整个储藏室亮如阳光直射下的沙滩。

这套老旧的房间里没有装亮度可自由控制的智能瞳孔感应灯。

史密斯再次陶醉地瞪着两件元青花看了一阵，又轻轻抚摸了一小会儿，接着说："传真，这次我可以好好拍几张高清照片吗？"

"你尽管拍吧。"

史密斯小声谢过之后，掏出一只小巧精致的照相机来。赵传真稍微一看，就知道这是一只核磁共振无色差成像相机，不但可以无色差、无视觉偏差地拍摄物体的外观，还可以根据需要不断调整核磁共振频率，纤毫无遗地拍摄物体内部结构，从而形成毫无色差的三维立体图像。

史密斯不断调整着两件元青花的位置，也不断变换自己的拍摄角度，同时精准地调节着相机的核磁共振频率，一口气忙乎了几十分钟。然后，他满头大汗地叹道："极品，真正的极品……君特先生说得一点没错，这里面果然没有一丝外来杂质！"

赵传真一直默默地陪坐在旁边，终于不失时机地说："老同学，你可以放心地拿回去，一边慢慢欣赏，一边慢慢拍摄，你愿意怎么拍摄、欣赏都可以，并且你愿意收藏多久都可以，只要不随便把有关信息传到公共平台上就行。"

这句话瞬间砸落在史密斯心坎上，他终于狠下心，抬起头来，认真地说道："好吧，我接受你和君特先生的心意，这次就把这件元青花茶壶带回去，好好品味。我知道，纵然有雄厚的信用数据，如果不是顶尖文玩高手，也很难得到这样的稀世珍品。你和君特先生肯定有事求助于我，我表个态，只要不让我违背职业底线和道德底线，咱们之间完全可以相互帮助。"

想不到史密斯把话如此挑明，倒让赵传真有些不知所措了："老同学，我们是几十年情趣相投的至交……唉，可能今后真的有事求助于你，但不一定会做那一步，只是做个预备而已……就算到了那一步，我也不会为难老同学你的。你放心拿去吧……如果你喜欢，这两件你都可以拿回去。"

史密斯却坚持道:"不,无论我多么喜欢它们,我只能拿走这件小茶壶,因为我这次只带来了一个鼻烟壶——请记住,传真,这是老同学之间的友情,是文物的相互交换。"

6

这些天,只要张宁静回到家里,肖理夫就会主动和她谈论、探讨如何制止脑库索取一事,同时也会仔细询问"反脑库索取中心"那边的工作进展情况,以及种种内部信息。

心心相印之下,张宁静自然耐心地向肖理夫讲述她所知道的一切。

殊不知,这种完全不设防的信息透露,为肖理夫随后的遭遇埋下了隐患。

因为张宁静万万没有料到,七十几岁的肖理夫还是如此不够冷静——因为他对父亲思念之深,自然对脑库索取憎恨之切。

这些天,张宁静上班之后,肖理夫再也没有任何心情进行创作,他每天都会打开通信仪上的视界,并且把视界拉得老大,然后痴痴地盯着远在千里之外的雪峰,以及山上那栋孤零零的老木屋和它的四周:寂寞的大山下雪了,或天晴了,或刮大风了,落叶狂舞在天地之间。可是,爸爸的身影一直没有出现,就连一个上山的人影也没有,只有那些黑压压的老鸦依然盘旋在棵棵古松之梢,聒噪在晨昏之间……

肖理夫愈加强烈地失望、深深地失落,对爸爸的思念与担忧与日俱增。

与此同时,他对脑库索取的反感与憎恨也与日俱增。他总想要做点什么,却不知从何入手。

艾佳肯定也时常探视着老木屋的一切情况——通过"她"自带的通信系统与老木屋信息系统进行关联——因为除了做饭，她会经常发呆，一坐就是好几个小时。偶尔，在"她"不再生动，甚至显得有点痴呆的面孔上，会不知不觉地流下晶亮的眼泪……

艾佳也在深深思念着老爷子，同时，"她"肯定怀着深深的内疚和懊悔——"她"一定认为，正是因为自己的疏忽大意才导致老爷子神秘失踪。

自始至终，肖理夫夫妇一直没有责备过艾佳。后来，他俩甚至不敢在艾佳面前谈论老爷子失踪的事情，就连有关老爷子的日常生活琐事都不敢轻易在艾佳面前说起。因为肖理夫越来越发觉，艾佳对父亲的失踪自责太深！

自从艾佳随夫妇俩来到成都后，在艾佳的要求下，肖理夫从网络交易平台上购来一整套炊具和餐饮物品：锅碗瓢盆、油盐酱醋以及一些菜蔬米面等，任由"她"在厨房里默默忙碌。

艾佳把每一顿饭菜都做得极其精致，哪怕午餐只是为肖理夫一个人做，"她"也会在各种食材上雕花，然后将饭菜摆出各种精美的造型。

在做面食的时候，"她"会做出一个个动植物造型；如果做成人物，一不小心就会出现一个可爱老头的形象——或是看书的形态，或是劳作的姿势。

肖理夫根本想不通，艾佳只是一个机器人，"她"最近怎么会产生如此精妙的艺术灵感呢？

但肖理夫明白，艾佳肯定是以这种方式打发自己无聊的时间，排解内疚和悔恨的心情，甚至寄托"她"对老人家的深深思念。也许，在艾佳心目中，"她"已经把肖成城当成了自己的父亲——这种没有任何血缘因素的情愫让肖理夫愈加感动。

如果让"她"独自留在雪峰山脉中那栋老木屋里，不知艾佳将以何种方式打发这种孤独守候或漫漫等待的时光。至少,"她"无法以做饭菜的方式寄托或抒发自己的情感了……

今天中午,艾佳又从厨房里为肖理夫端来一碗香喷喷的面食,见肖理夫正瞪着视界里雪峰山脉中那座老木屋发呆,艾佳轻轻说道:"理夫先生,对不起……你瘦多了,趁热把这碗面吃了吧。"然后轻轻退出了房间。

肖理夫回过神来,低头一看,只见面条堆成的假山上,一个小面团捏成的老头坐在上面,手里拿着一根细葱做成的"钓竿","钓竿"下方悬着一根头发丝一样细的面条,垂入面汤的"溪水"里……

肖理夫眼前立即浮现出爸爸垂钓的情景,眼泪立即无声无息地流淌下来。

他知道,这是艾佳情感的无意识流露,绝不是有意引起肖理夫的伤感。因为"她"的记忆库总会闪现印象最深的生活场景,于是就以这种方式无意识地表现出来。

肖理夫哪里还有心思吃午餐呢?连一个机器人都无时无刻地不思念着爸爸,竟然以这种不自觉的方式流露出深厚的感情,何况自己呢?

不能再沉默了,也不能再犹豫了,为了直接抵制脑库索取,总得做些实事!

无比激动与义愤填膺之下,肖理夫立即打开通信仪上的创作界面,一口气输入了一大段文字,大致内容为:揭露脑库索取司非法强行扫描他人脑库密码,采取种种卑劣手段,从而导致自己的父亲肖成城老先生被迫失踪。

紧接着,他又把对方可能在全民公投时操控投票数据一事揭露出来——这是张宁静透露给他的。

肖理夫立即把这段文字发布在各个公共信息平台上。

他的想法简单而直接:只有这样,才能遏制脑库索取合法化;

也只有这样,才能避免更多的个人或家庭继续遭受与自己一样的悲惨命运!

做完这一切,肖理夫长吁了一口气,这才端着面碗一边慢慢吃着,一边走出房间,来到厨房门口,连声夸赞面条好吃,又夸赞艾佳的手艺越来越好。

接着,他小心翼翼地拿出那个面团老人,轻轻放在厨房的窗台上,说:"艾佳,你做的艺术品真漂亮!我要把你的艺术品好好晾干,永远保存下来。艾佳,你绝对是这地球上最有艺术细胞的智能者。"他仍然没有说对方是"智能机器人"。

艾佳很开心:"真的吗?我怎么没感觉到呢?我只是无意识地做出来的。"

肖理夫还想夸赞"她"几句,突然,他手腕上的通信仪发出尖锐的叫声,并闪烁着血红的光线!这是从未有过的现象。

他连忙打开视界,发现自己发上去没多久的那篇文章不见了,取而代之的是八个红色大字:

造谣惑众!
严重违规!

这八个红色大字不断闪烁,同时发出尖锐的叫声!

肖理夫一下子意识到事情的严重性,他赶紧给张宁静拨打首优,张宁静立即接通了,可他还来不及向张宁静解释,厨房窗外突然出现一个大大的黑影——是一个飞行机器人警察!

肖理夫连忙奔向客厅,客厅外面的窗前也悬浮着一个机器人警察!

"理夫,你说话呀!"张宁静说道。

肖理夫一边支吾着:"宁静,家里好像出事了……"一边走向卧室的阳台,却发现一个机器人警察早已站在了阳台上。

与此同时,房间的正门外响起了猛烈的敲门声!——看来,事情远比想象的严重!

为了不让张宁静以及她腹中的孩子受到惊吓,他反而淡淡地说了一句:"没事,没什么。"然后赶紧关掉了首优——既然事情如此严重,她知道了也于事无补,何必让她惊惶呢?

肖理夫深吸了一口气,强装镇静地打开大门,立即进来一个高大的警察——这是一个真人,因为他头上戴着透明的防护面罩。如今,机器人警察和真人警察从外貌上已很难分辨,唯一的不同是,真人警察的头上永远戴着防护面罩。

真人警察先用一张小小的金属卡片在肖理夫面前探了一下,确定了他的身份之后,严厉说道:"肖理夫先生,你已经严重违犯联合国的有关法规!我现在奉命逮捕你!"

艾佳已从厨房惊慌地跑进客厅,不知所措地看着房间内外发生的一切。

肖理夫冷静地回道:"请问警察先生,我具体违背了哪一条?请明示。"

警察一字一顿地说:"肖理夫先生,联合国最新出台的有关法律你应该很清楚,在公众场合议论脑库索取是否合法都属违法行为。你居然在全球公共信息平台上发布文章,直接造谣污蔑联合国会在今后的公投行动中操控全民公投数据,此举已严重危害全球的安定与和谐。因此,必须将你立即逮捕!"

肖理夫说:"既然要正式逮捕我,你们有法庭的逮捕证吗?"

"你触犯了特殊时期的特殊法律,在这特殊时期,我们不需要任何证明就可以直接逮捕你!"

"对不起,既然没有逮捕证,我不能跟你们走!"肖理夫后退几步。

真人警察向窗外大叫道:"快点进来,把他抓走!"

随着几声破窗声,三个分别守在窗外防止疑犯从窗口逃走的机器人警察同时冲了进来,奔向肖理夫!

肖理夫大声抗争:"你们没有任何合法手续,私闯民宅,我抗议!我强烈抗议!"但三个机器人警察已跑到肖理夫身旁,强行扭住肖理夫,准备把他带走。

肖理夫拼命挣扎,却被他们按倒在地,但他还在奋力反抗……

这时,一直惊恐得不知所措的艾佳,突然冲向其中一个紧紧压住肖理夫的机器人警察——根据机器人三定律,就算主人受到威胁,如果主人没有生命危险,"她"也不能攻击真正的人类——因此,"她"不会对真人警察动手,双手紧紧抱住那个机器人警察的头,使劲一扭,只见一阵火花迸射,接着发出一阵噼里啪啦的声响,那个机器人警察的脑袋竟然被艾佳扭了下来!

另外两个机器人同时愣住了,真人警察一声大吼:"快!给我把这个该死的机器人废掉!"这两个机器人警察同时扑向艾佳,电光闪烁处,艾佳的身上顿时千疮百孔!

尽管艾佳也迸射出高压电流进行拼命反击,但是一个家用机器人又如何是两个专业格斗机器人的对手?艾佳很快就倒在客厅的角落里,动弹不得……

这还不够,真人警察已掏出光子枪来,肖理夫见状翻身而起,但他还没有扑到艾佳身上,真人警察的光子枪已精准地击中艾佳的胸口。随着一阵强光闪耀,艾佳胸腔内那块微型核电池爆炸了!

"艾佳!艾佳……"肖理夫泪流满面地扑向艾佳,但两个机器人警察再次把他紧紧按住,他眼睁睁地看着艾佳凝胶般的皮肤很快被烧得一片焦糊,发出难闻的气味……

其中一个机器人警察迅速用一块强力胶布封住肖理夫的嘴巴,他撕心裂肺的喊叫再也发不出来了。接着,他不断挣扎的手脚也被强力胶带绑住。真人警察又拿出一个黑色大袋子，把他整个装了进去。

就在肖理夫即将被带出房间的瞬间，艾佳那只没有完全烧毁的眼睛一直紧紧地望着肖理夫，接着，艾佳的双眼终于失去了光泽。随着艾佳渐渐失神的眼睛滑落最后一滴眼泪，肖理夫已被带出了大门……

当然，在艾佳最后的视线里，"她"看到一名机器人警察将那个身首分离的同伙也扛出了房间。

肖理夫被抓走不到半个小时，张宁静带着好几个同事匆匆赶了回来。

原来，肖理夫切断张宁静的首优后，张宁静的通信视界里却出现了家里的一系列真实图像：从真人警察敲门进来，到肖理夫的据理力争，以及随后的激烈打斗场面，还有肖理夫最后被带走的一幕……

张宁静根本不用看完，就知道是艾佳通过自身的通信系统发送给她的。

家里出大事了！张宁静赶紧向郭林涛报告，郭林涛立即带着几位骨干成员和张宁静一起赶了过来。

家里出事的这段视频共有六分多钟，张宁静是在回家路上泪流满面地看完的。她知道艾佳已经损毁了……

进了家门，张宁静才发现艾佳的损毁程度有多严重！连"她"的头部结构也完全烧毁了——张宁静根本无法想象，艾佳是凭着怎样的意志力才坚持把所有图像全部发送给她的！

看着完全熔成一团、肢体难辨的艾佳，张宁静顿时瘫软在地。

马托卡说道："已经没办法修复了，它的记忆芯片已全部烧毁了。"

在一同赶过来的飞行车上，张宁静曾向同事们说，在设法营救肖理夫的同时，一定要想办法把艾佳修复好。大家都表示鼎力支持。郭林涛当即表示，不管付出多少代价，修复艾佳的所有开销全部由宇民公司承担。

可是，面对眼前的艾佳，张宁静的眼泪无声无息地流淌着，如同两条清澈的小溪。她的顶头上司埃里克在旁边爱莫能助地搓着手，另外两位女同事在旁边陪着她落泪。助手小敏流着泪为张宁静拭擦着似乎永远也擦不干的泪水……

郭林涛走到张宁静身边，拍了拍她的肩膀，冷静地说："还有我们呢。宁静，你一直是个坚强的女孩，你现在必须更加坚强！当务之急是设法把肖理夫营救出来——好在有艾佳发送给你的那段视频。我想，这段视频可以发挥更大的作用。你现在就传一份给我吧。"

7

在豪华小游轮的舱底，一阵闪电般的强光突然掠过宽大的环形屏幕，整个大屏幕如遭雷击，忽然断电般关闭！

舱底立即黑了下来。接着，智能感应灯又柔和地亮了起来。

两位老人顿时惊坐在地板上，他俩面面相觑地对视了一会儿，忽然，奥拉维格老人朝罗森的肩上打了一拳："你不是人！"

罗森也回敬了对方一拳："你也一样。"

奥拉维格老人又打了罗森一拳："你是神！"

罗森又回敬了对方一拳："你更是！"

于是，两个蓬头垢面的老人闹成一团，扭成一堆，笑声、叫声震耳欲聋……

安妮惊慌失措地从楼上跑了下来："两个疯老头，你俩难道真的疯了吗？"

"我俩真的疯啦！疯得想死、疯得想上天堂……"两个老人这才气喘吁吁地从地上站了起来。

奥拉维格老人近乎癫狂地吼道:"安妮,麻烦你快去做晚餐,把那几瓶比我的年龄还长的亨利四世白兰地拿出来,就让我们今晚醉个半死吧!"

"你们不是已经吃过晚餐了吗?"安妮疑惑地问道。

奥拉维格老人想了想,说:"是吗?那你随便弄两样下酒菜,我们喝酒就是!"

安妮不再多说什么,转身上楼去了。

罗森抓挠着满头乱发和满脸胡须,叫道:"我已成为野蛮的野兽啦……我得好好洗个澡,理理头发、刮刮胡须,换套衣服了。"说着也离开了舱底。

那间宽敞而设施齐全的洗浴室就在厨房间壁,通过单向可视玻璃窗,可以看清厨房里的一切。罗森抱着衣服,从玻璃窗对面的小门轻轻走进了洗浴室。

罗森正往大浴盆里放热水时,看到身材高挑的安妮拿着一盘驯鹿肉走进厨房,她把驯鹿肉倒进一口锅中,只见她左手端着锅子,右手直接伸到锅下面,锅下方立即燃起了熊熊大火,烧得锅内热气腾腾……

罗森一下子看呆了:她用的是哪门子魔法?是我产生了幻觉?还是这单向玻璃窗出了什么问题?

以至于罗森泡进浴盆后,任由浴盆四周的机械手轻柔地为他抹洗浴液,甚至为他理发和刮胡须时,他都目不转睛地看着安妮奇怪的烹饪方式。

锅里的肉煮得差不多了,更让罗森吃惊的是:安妮又将右手伸到锅上方,她的右手明明没有拿任何器皿,但右手轻轻抖动之际,只见或红或白的佐料均匀入锅。接着,安妮的左手抖动了几下锅,肉和佐料已拌均匀,她又利索地把烹饪好的肉食倒进一个盘子里。

炒第二份菜肴时，安妮依然如此……

如果是这单向玻璃窗有什么问题，为什么厨房里的其他物品依然显示得如此真切？为什么安妮的形象和其他动作也是那么正常……这让罗森对自己产生了深深怀疑：是不是这些天过于投入、过于劳累，使自己患上了妄想症？

罗森痴痴地躺在水温始终适宜的浴盆里。他有时候突然睁大眼睛看着厨房里安妮的一举一动，有时候又把眼睛轻轻闭上，但还是改变不了自己所看到的一切：好吧，肯定是我的身体出了状况，那就让自己趁机好好休息一下吧……

奥拉维格在外面叫了起来："罗森，兄弟，你睡着了吗？快出来喝酒啦！"

罗森只好翻身而起："没有、没有……好，我马上出来。"他让机械手为他擦干身子，连忙穿上衣服，把换下来的衣服扔进浴盆，按下一个键，任由浴盆为他清洗并快速烘干衣服。

奥拉维格站在浴室外面笑眯眯地等着罗森。

当他看到罗森仍然满脸疑惑的表情时，轻轻笑道："兄弟，你可能发现了什么，没关系，我们先喝酒吧，我会给你一个合理的解释。"然后拉着罗森往客厅走去。

安妮已站立在客厅一侧的餐桌旁，并为他俩倒了两杯满满的亨利四世白兰地，不一般的酒香早已飘荡开来。

餐桌上摆放了七瓶亨利四世白兰地，标签上的生产日期竟然是21世纪初。

安妮温柔地对奥拉维格老人说："老头子，你要少喝点，你今晚总可以早点睡个好觉了吧？"

奥拉维格老人依然激动地说："今晚肯定是个难眠之夜！安妮，你辛苦啦，先去卧室里休息吧。"

安妮对罗森客气地说："那你们好好庆贺，好好喝吧。我就少陪了。"随后轻盈地离去。

等安妮走进楼上的房间后，奥拉维格老人迫不及待地端起酒杯："老弟，来，为我们伟大的胜利干杯！"

罗森却没有端杯："老兄，是不是我的眼睛出了毛病？或者是我得了妄想症？"

"这可是收藏了将近三个世纪的亨利四世啊，每一瓶酒都比我那破冰船的价钱高出几倍呀！因为你的巨大贡献，我才愿意拿出来的，要不，我打算把它们作为我死后的陪葬品呢。"

奥拉维格已把另一杯酒递到罗森的鼻子下面，果然香气诱人。

罗森却只是轻轻吸了两下鼻子，仍然没有端酒杯："如果你不给我一个解释，这么好的酒，我只怕品不出该有的味道来，会白白浪费的。"

"好吧，好吧。我说实话。"奥拉维格老人停顿了一下，说，"老弟，你没有出任何毛病……其实，安妮，她，她算不上真正的人类。"

"那，她是……"

"安妮，她只是一个高智能仿生机器人。"

"可是，可是安妮是你女朋友啊。"

"没错，安妮确实是我女朋友——她是有着女性正常功能的仿生机器人。"奥拉维格老人说出这话时，脸上竟然露出一丝尴尬与羞涩。

接着，他有些难为情地补充道："安妮是我根据自己的意愿，由我亲自改造成功的……我对她有情感，她对我也一样……没办法，几十年来，我一个人常年生活在这小游轮上独自搞研究，确实太孤独了，作为一个正常男人，你应该能够理解……"

"理解，理解！老兄，没有什么不好意思的。几千年前的孔子都说'食，色，性也'。"罗森连忙说。

罗森也曾将龙驹那只机器犬改造成仿生犬。只是他万万没想到，奥拉维格竟然可以把一个高智能机器人改进得难辨真伪，这确实让罗森暗暗大跌眼镜，如果有眼镜可跌的话。现在已经没有用于调节视力的眼镜了——不管是近视或是远视，只要利用光控感应技术，将眼球后面的晶状体调至正常阈值，即可以使视力一直保持正常。

奥拉维格老人说："我本来想把这个秘密一直保持下去……可是，实在不好意思，是我一时过于兴奋，疏忽了，才让你发现了真相……"

"嘿，老兄，你说，我俩获得了这么大的成功，我们干脆拿去评个诺贝尔奖什么的吧！"罗森为了不让奥拉维格继续沉浸于这个小小的尴尬中，连忙岔开话题，并立即端起了酒杯，"老兄，来，我们好好干一杯！"

奥拉维格老人果然不再尴尬了，两人同时端起酒杯，满满地干了一杯。

罗森连声叫道："好酒，果真是好酒！感谢老兄如此慷慨！"奥拉维格也连连呷着满是胡须的嘴巴，一副意犹未尽的陶醉模样。

但奥拉维格想了想，却说："我们获得这么大的成功，只是拿去评个什么诺贝尔奖的话，你说值得吗？合算吗？我们享受成功的快乐，就是最高的奖赏！再说啦，我们这么一大把年纪了，如果还和一群小年轻站在同一个平台上一起领那么个奖，你说丢不丢人呀？"

"老兄说的也是。可是，我们该怎么好好利用这个巨大的成果呢？"

奥拉维格老人认真地想了想，说："现在，光锥和时间轴的翘曲点都能相互吻合了，平行宇宙的大门似乎被我们打开啦，可是，真要运用到现实世界，还需要一些更加具体的参数，因此，我们必须根据实际情况再建一个数学模型。当然啦，这个模型对你来说，就比较简单啦。只要这个世界暂时不出意外，我们很快就可以享受这个巨大成果带来的美妙享受了！"

"是啊，如同机器部件都已完成，现在只需要根据实际情况进行组装！来，再来干一杯，有好酒不醉都不行啊！"罗森再次主动端起了酒杯。

"对，一醉方休！我们好好休息两天，就可以完成最后的组装啦！"

两人你敬我一杯，我敬你一杯，不知不觉间，那些开瓶的亨利四世白兰地还没全部喝完，他俩已相继滑倒在餐桌底下，歪歪扭扭地呼呼大睡起来……

清晨，他俩被安妮一一叫醒，并扶了起来。

罗森再次面对安妮时，心里还是有些小小的别扭，但他强行忍住了，尽量露出往常对待"她"的表情。

罗森忽然从安妮身上联想到中国最南端那个小岛上的仿生犬龙驹——它还好吗？因此，他忽然说道："老兄，我想回去一趟，我不知道我那个家现在怎么样了。"

"回什么回嘛！关键时刻马上来临啦，你实在想了解一下你家里的情况，你这么聪明的人，通过一个信息窗，就可以及时了解了嘛。"

"也行。那我现在就不回去了。但你要把这艘游轮上的屏蔽解除啊！我一直被你囚禁在这信息孤岛上，让我怎么和外界沟通吗？现在又不开启舱底的运行系统，担心什么呢？"罗森模仿着对方的口气，说道。

奥拉维格不好意思地笑了笑，连忙跑到船舱下面，解除了屏蔽系统。

罗森刚刚打开手腕上的通信界面，一刹那间，滞留了一个多月的信息纷纷滚动出现，有女儿发过来的无数信息，还有来自火星的儿子的问候，但他暂时都来不及细看，连忙调取龙驹的信息系统，细细翻阅起来。

通过龙驹的视界信息，北沙洲岛上的家里一切正常。忽然，他看到肖成城出现在龙驹的视野里；接下来，他发现肖老头子竟然抱着龙驹哭泣……

尽管这些图像不是太清晰，但罗森立即警觉起来：肖成城肯定出什么事了！

后面的信息也无心再看了，罗森立即对身边的奥拉维格老人和安妮说道："老兄，安妮，我得赶紧回去一趟，我一个至关重要的朋友可能出大事了！"

奥拉维格非常不舍："都过去这么久了，要出事也早就出啦，你现在回去也补救不了什么，兄弟，你过些天再回去吧。在这关键时刻，我需要你的帮助——尤其是构建那种大型智能数学模型，你比我内行得多。"

"不行，我得赶紧回去一趟！等我处理完毕之后再回来吧。我必须赶紧走！"罗森焦急地坚持道。

因为，罗森想起了肖成城先生对他无比慎重的嘱托。

"好吧，你实在要走，我也只能尊重你。安妮，赶快给我兄弟准备一些食物路上吃。"

安妮转身离开后，罗森连忙收拾好自己的东西，走到游轮外的甲板上，并在闲置许久的虎驹身上不断点动着。

奥拉维格老人一直跟在罗森身后，喃喃说道："也不知道你那边出了什么大事，还不知道你什么时候才能回来……我只能独自慢慢琢磨了。我反正闲着也是闲着……"

"老兄，请别这样，我很快就会回来的！"罗森跳上虎驹小快艇，对船舷边的奥拉维格和安妮挥了挥手，然后风驰电掣地往中国南海方向驶去。

8

在夕阳羞红的山梁上,在清澈见底的溪流旁,在山花浪漫的春天里,在稻穗金黄的田埂间,在雪花飘舞的老木屋前,总会出现一对父子的身影,他俩或其乐融融地迎着夕阳说话、唱歌,或在溪边垂钓,或在山花丛中捉迷藏、捕蝴蝶,或在稻浪起伏的田埂上奔跑、劳作,或在飞舞的大雪中打雪仗、堆雪人……却一直看不清这对父子的面容。

在这些画面不断切换的背景下,视频下方不断跳跃着字幕,同时响起一个浑厚深情的画外音:"这是一对情感笃深的父子。这位父亲就是后来享誉世界的生命科学领域里的肖成城先生,那个儿子就是后来著作等身的作家肖理夫。"

接下来,画面一转,声音消失了,整个视界上只有一张手写信笺——正是肖成城老先生最后亲笔写成的那段文字:

理夫,我的好儿子,宁静,我的好儿媳,恕我就这样不辞而别。我的脑库密码前些天就被那些人完全破译了。既然他们现在已经盯上了理夫,理夫的密码迟早也会被他们破译……理夫、宁静,因此,我要赶紧去一趟远方,去一个完全没有干扰的地方躲很长一段时间——我会有办法的,相信老爸的能力。

不称职的父亲:肖成城
2266 年 12 月 14 日　匆笔

这段文字被放大得格外醒目。

紧接着,画面快速下移,久久地定格在"不称职的父亲:肖成城　2266年12月14日　匆笔"这段文字上。

紧接着,一段触目惊心的视频突然出现在屏幕上:这段六分多钟的视频,里面只有问答声、争论声和挣扎、反抗的场面,以及后来的激烈打斗、机器人保姆被残酷毁灭、有人被绑架带走等场面……

视界上没有一句话外音,也没有跳出一个文字。

五秒左右,画外终于响起一个沉痛悲切的声音,是一个年轻女人的声音——是张宁静的声音——还带着强烈压抑的哭泣声:"自从肖成城老先生因为那种原因离奇失踪之后——老人家可能早就不在人世了……他的儿子肖理夫——这个对父亲有着深厚情感的作家,忍不住在公共信息平台上发布了一段感慨。结果,这位作家就在他父亲失踪后的第五天被强行抓走了,再也没有他的任何消息。"

十几分钟的短片播放完毕,马托卡把大屏幕的电源关闭之后,整个房间里的灯光随即全部亮了。

在宇民大厦地下42层这间再次恢复光亮的房间里,在座者都满脸沉重,只是偶尔发出轻轻的叹息声。

郭林涛神情肃穆地对所有与会人员说:"这就是我亲自编辑制作的短片,一切以事实为准,没有加入任何主观评论,这样,联合国那些人就抓不住任何把柄。纵然追查到我们头上,也构不成违法和犯罪。"

这次,郭林涛没有化妆,完全以真实面目面对与会者。

与会者正是反脑库索取中心的骨干成员。只是人数达到了十一人,张宁静却没有参会。这次秘密会议的召集者是马托卡,他完全按照郭林涛的意思,将反脑库索取中心的骨干成员全部召集过来。

郭林涛继续说:"各位,你们通过这个短片已经看到了,由于张宁静女士这次受到了沉重的精神打击,加之身怀六甲,因此,在近段时间里,我们这个社团的工作暂时由我具体负责。我是张宁静的上司,也是宇民公司的CEO,请诸位继续鼎力支持。这次把大家召集过来，就是拜托各位把这个短片通过各种渠道广泛传播出去。因为这是一个对我们极其有利的举证，只要让全球更多的人看到这个短片，反对脑库索取的人士就会大幅增多！"

眼睛红红的四夕女士抢先表态："郭sir，您在万忙之中能亲自负责我们社团的具体工作，让我们倍感荣幸，也大受鼓舞！我对宁静的遭遇深表同情，我不知道该如何表达我此刻的心情。纵然赴汤蹈火，我也会完成您交付的任务！这本来就是我们的职责所在！"

与会者连声赞同，纷纷表示会尽其所能。

君特先生甚至站起身来说："这个短片让我感触太深，我一大把年纪了，哪怕让我受到肖氏父子同样的遭遇，我也会想方设法、奋不顾身地完成！郭sir，请您放心吧！"

坐在君特先生旁边的俄罗斯青年迪亚特洛夫也激动地站了起来："哪怕我明天就被联合国强权部门处以极刑，今天晚上我也会把这个短片发遍我的公共渠道！马托卡，请给我一根传输线，我现在就把它传到我的通信仪上。"

由于这个房间已被屏蔽成信息孤岛，因此，在这个房间内进行信息传输，只能使用实体传输线。

郭林涛站了起来，感动之余透露着沉着、冷静："感谢各位的鼎力支持。其实，后果远没有那么严重，首先，这个短片只是客观展现，并没有加入我们的主观评论，构不成造谣惑众；其次，就算这个短片让联合国某些领导或权力部门感到不太舒服，也奈何不了我们——不是还有国际最高法庭和国际人权总署吗？在事实确凿的原则问题上，这两个部门不会坐视不管。因此，我打算将这个短片直接发送给国际人权总署，让他们向联合国有关部门施压。

"同时，我也会把它发送给国际最高法庭，希望在他们的直接过问下，将肖理夫尽快释放。在这没有真正主流媒体的时代，我希望各位尽快把这个短片广泛传播出去，力求让更多人将其转发、扩散，希望更多普通民众能尽快看到它、了解它，从而让更多民众抵制脑库索取合法化。"

这话让与会者更加放心了，大家陆续接过马托卡递过来的实体数据线，将这个短片传输到各自的通信仪上的贮存空间。

大伙陆续离开之际，郭林涛将塞纳温丽单独留了下来。

当房间里只剩下郭林涛、塞纳温丽和马托卡的时候，郭林涛直接对塞纳温丽说："根据我们掌握的动态测评数据进行分析，反对脑库索取者几乎可以和支持者持平了。由于这个世界已经没有真正的主流媒体，如果我们把这个短片广泛传播出去，反对脑库索取的人士肯定还会有所增加，这是一个好现象——如果以正常方式进行全民公投的话。可是，任何事物都有两面性，正因为我们的支持者在不断增加，对方很有可能会狗急跳墙，暗箱操控全球公投数据。因此，我们相应的后备措施必须紧紧跟上。塞纳温丽，'清道夫'具体由你负责，你千万不能放松啊。"

塞纳温丽连忙说："郭 sir，您尽管放心，他们的工作进度我一直紧紧盯着的，我已经和施瓦辛格约好了，过两天'清道夫'就正式设计出来了。我会和相关技术人员一起检测它的可靠性。马托卡，到时候你是一定要参加的。郭 sir，到时候希望您也能参加。您有时间吗？"

马托卡连连点头——这是他的职责范畴，更因为他属于这方面的专业技术人员。

郭林涛没有直接回答对方，却反问道："检测过程需要多长时间？"

塞纳温丽说："由于检测过程比较复杂，肯定需要不少时间。不过，整个过程全部采用虚拟系统，您不用亲自前往。因此，我还是希望您能参与检测。因为您拥有最后的决定权。"

郭林涛说："我尽量参加吧。不过，还是要看我那时候能否抽得出那么多时间。"又回头对马托卡说,"马托卡,你要用心做好准备,到时候你最好亲自投入几个测试程序进去。这样,就会得出更好的检测效果。"

"好的,boss,这些天晚上我就是不睡觉,也要设计几个有意思的玩意儿投放进去!"马托卡认真地答道。

9

你的神情,怎么那么悲愤消沉?
我的朋友啊,你怎么忽然没了踪影?
我怎么去寻找你呢,我的挚友,
难道你让我从此梦魂缠身?

我知道你不是为了个人荣辱得失而选择永遁,
你心中一定隐藏着不愿示人的奥秘。
我却始终无法为你排解任何孤苦,
难道你真的忍心让我为你内疚一生?
…………

罗森披头散发地躺卧在沙滩上,涕泪横流,心头的悲伤化作一句句悲歌,在心中默默吟诵。

当天下午,罗森就赶回南海西沙群岛的北沙洲小岛上,尽管已是隆冬,但这里依然是鸟语花香,一派生机。他连忙跳上岸,一边在椰林下的花圃间奔跑,一边大声呼喊着龙驹。

龙驹很快从房屋那边跑了过来，亲热地在他身上蹿来跳去，并发出喜悦的低鸣声。罗森却来不及与它亲热，连忙打开自己的通信仪，在龙驹的耳窝处按下一个键，于是，近两个月的高清图像全部滚动在他的信息界面上——这是通过龙驹的监视系统收集下来的。

视频图像中，前面那十几天，每天的情况都是那么平淡无奇，连一个人影也没出现。当肖成城和艾佳的图像忽然出现时，他连忙将播放速度调慢，仔细观看。

啊，肖成城一下子苍老了许多，皱纹在额际堆积，眼里隐含着那么多深沉的忧郁……

再看看时间，是11月7日，当时自己才离开小岛十几天——此时又过去了一个多月，不知这个古怪而忧郁的老头现在怎么样了？

罗森蹲在原地匆匆通过艾佳的沟通系统联系肖成城——以前和对方进行联系时都是通过艾佳。

可是，无论他怎么频繁地发送连接信号，对方不但无法接通，连任何提示信息都没有，似乎艾佳这个智能机器人根本就不存在——事实上，艾佳确实已不存在了。

那么，肖成城是否也不存在了？

他想联系肖成城的儿子肖理夫，可是，他没有对方的联系方式。

罗森根本没有料到，这个怪老头子会消失得如此迅速而彻底！

他发疯般地跳了起来，直奔自己的楼房。他在楼上的房间里找了一圈，没有发现任何异常，又在小岛上无头苍蝇般四处奔跑起来……

龙驹莫名其妙地跟在主人身后奔跑着；虎驹自动恢复成机器人形态后，也笨拙地跟在后面，不知所措地奔跑着。

罗森希望能在自己的房间里或者在小岛上找到肖成城留下的各种信息。

龙驹的监视系统也许发现不了那么多信息，因为只有通过龙驹的视觉和听觉系统,那些信息才有可能留存在它的智能贮存空间里。

罗森不停地奔跑着。可是,他找遍了整个小岛,没有发现肖成城留下的任何物件和任何信息,似乎这个怪老头子根本就没来过这个小岛,甚至根本就不曾在这个世界上存在过……

罗森终于累倒在一片空旷的沙滩上,夕阳如血,洒遍整个沙滩,他只能泪流满面地呼喊着,呻吟着,最后满怀伤感地反复吟唱:

你的神情,怎么那么悲愤消沉?
我的朋友啊,你怎么忽然没了踪影?
我怎么去寻找你呢,我的挚友,
难道你让我从此梦魂缠身?

我知道你不是为了个人荣辱得失而选择永遁,
你心中一定隐藏着不愿示人的奥秘。
我却始终无法为你排解任何孤苦,
难道你真的忍心让我为你内疚一生?
…………

龙驹一直陪伴在罗森老人身边。虎驹不知何时已离开了。

夜幕已完全吞没整个小岛,罗森依然躺在渐渐寒凉的沙滩上,尽管龙驹不断用粗大的脑袋拱着他瘫软的身体,或用温软的舌头舔着他的手和脸,示意他起身回去,但他的头脑一片混沌,完全没有回去的意思,嘴里依然发出喃喃低语——他已经呼喊不出来了,连吟唱的力气也越来越弱……

这时,虎驹已来到身后,面无表情地说:"饭菜已经弄好了,回去吃晚餐吧。"

罗森这才发觉自己有些饿了，他艰难地爬起来，跟跟跄跄地往家里走去。

虎驹二话没说，上前抱起罗森，直接把他抱到楼下的小餐厅。快两个月没回来，餐厅里已布满了灰尘，角落里还织了一些蛛丝，好在桌椅已被虎驹拭擦了一遍。

饭菜热腾腾的，罗森老人却没有什么胃口，他胡乱往肚子里塞下一些东西后，这才认真地思考起来：肖成城算不算真正"完全消失"了呢？他托付给我的那封信是否可以按照他的叮嘱去完成了呢？

好吧，还是先看看他给我的信吧！他沉思了一会儿，对虎驹说："虎驹，麻烦你去楼上，把我的房间收拾打扫一下。"

虎驹离开后，罗森把龙驹叫到跟前，他又在龙驹的耳窝处按了按，龙驹高大的身躯立了起来。接着，他在自己的通信仪上输入一串密码，龙驹腹部的仿生长毛自动分开，并慢慢裂开一道缝隙。

罗森把手伸进去掏了一下，从里面取出一个发黄的古老信封。信封取出来后，龙驹腹部的缝隙自动闭合。

罗森将所有重要东西都放在龙驹的腹腔内，除非自己以密码方式将其开启，假若外人企图以暴力手段将其打开，在迫不得已的情况下，龙驹会立即启动自带的核电池能量块瞬间自毁，玉石俱焚！这就是罗森赋予龙驹对主人绝对忠诚的终极程序，也是罗森一再叮嘱龙驹要保护好自己的主要原因。

这是一个很大的信封，信封外面没有任何文字，罗森不知道肖成城打算把这个信封交给谁。于是，他把信封轻轻撕开，从里面又抽出一个信封来。

这个信封上倒有一行文字，一看就知道是肖成城亲笔写下的：

> 罗森，我的好兄弟，当我真正消失那天，请你把这封

信亲自送到我儿子手上，地址：成都市武侯区新兴城256幢66楼。拜托！

望着肖成城亲手书写的字迹，罗森老人的眼睛再次湿润了，和这个熟悉的笔迹相关的记忆顿时一一浮现出来。

在这电子信息时代，亲笔书写唯一的作用就是签署各种相关文件资料。正是这个笔迹将一笔笔薪酬和各种福利等信用数据发放到生命终极研究中心每个工作人员的户头上。而作为签发者，他却没有给自己留一点福利——全部分摊给属下的工作人员。

由于罗森爱好广泛，各种开销总是层出不穷：购买各种高价甚至是黑市上的尖端部件，进入各种收费极高的课件系统学习，等等，加之他对信用数据的使用完全没有概念，经常使自己入不敷出。每当他产生向某些机构借高利贷的想法时，肖成城总会适时地给他发来一份亲自签名的电子福利领取单，说是科学院又发放福利了。后来，他才了解到，那是肖成城将自己的部分薪酬以这种方式补贴给了自己。他只好将这份感激压在心底，一直希望有朝一日做出成绩，以此回报这位顶头上司的恩遇。

最大的一次麻烦发生在44年前。那时，罗森调进生命终极研究中心还不到五年，还是一个不到50岁的青年，正是敢想敢干、梦想与理想往往混淆不清的年龄。这次，他从黑市上高价买到一台小型核聚变发动机，想偷偷制造一架能带着自己飞往月球的极速飞船。

罗森的极速飞船刚刚捣鼓出一点名目，联合国警察却很快找上门，不但将他隐蔽于纽约郊外的那间小工作室用高频光子武器全部摧毁——那台核聚变发动机自然也成为一堆熔化的金属，还直接将他从工作岗位上抓走了。

罗森被捕的原因主要来自两个方面：其一，他严重违反了个人不得拥有极速核聚变发动机、不得私自制造极速飞船等相关国际法规；其二，为重要战略物件销赃——原来，这台小型核聚变发动机是有人从联合国外太空发展总署偷出来的。而这种极速核聚变发动机，正是人类往外太空发展的最高战略性物资。

　　身负这两宗罪名，弄不好，罗森有可能在监狱里度过一生。

　　肖成城知道情况后，第二天就带着一个法律顾问和一个助手跑到国际最高法庭，慎重地向负责法官递上一份由他亲自签署的申明。大意如下：

　　属下罗森目前的行为，完全是在我肖成城的授意下进行的——作为联合国属下的机构，要想破译生命的真正奥秘，不能只局限于研究地球生命的起源与发展，必须放眼整个宇宙——探索地球外面可能存在的所有生命形式或生命迹象，因此，必须拥有一架极具个性化的星际飞船。可是，由于我们中心经费有限，只能靠自己设法制作这种星际飞船。由于罗森既有一定的相关技术，又有满腔热情，就让他负责飞船的设计与制作事宜。

　　这位法官看过这份申明后，疑窦重重地问道："你们中心怎么想鼓捣这个玩意？技术层面我们暂时不去探讨，你们有相关法律审批手续吗？"

　　"有！已经全部打印出来了。"肖成城肯定地回答，"相关手续正在审批过程中。法官先生，你知道的，这种审批手续有些复杂，我们有些心急，就先让罗森试着去做。这是我领导失策。"

　　肖成城对身边法律顾问示意了一下，法律顾问掏出一大堆纸质资料来，然后一并递给法官——也不知道他们如何在这么短的时间内弄出这么多资料来。

　　法官稍微浏览了一下这些让他眼花缭乱的文件和资料，又问道："这些资料过后我会一一核实，先不谈这些了。就算你们有合法手续，但专业的事情该交给专业的公司去做，你们为什么不向联合国申请专项信用数据去有关公司直接购买呢？你们有必要这样做吗？"

"法官先生，上面的申明已经写得很清楚了，一来，我们中心没有大量的信用数据去外面购买；二来，就算申请到专项信用数据，买回来的星际飞船也不一定符合我们的要求，因为我们需要个性化极强的星际飞船，专门用于外太空生命信息的采集与探索。在这个方面，我们都是门外汉。我现在的要求是，请立即释放我们中心的技术人才罗森先生。我们中心的各种研究工作离不开他的大力配合。否则，出了问题，大家谁也负不起这个责！"肖成城严肃地强调。

面对这位享誉全球的生命科学界泰斗，尤其面对眼前充分的证据，这位法官不得不引起格外重视，他和另外几位负责人员沟通了一会儿之后，随即让肖成城亲自签署了几份法律责任书与个人担保之类的文字资料。当天，罗森果然被无罪释放了。

至于肖成城提供的有关自制飞船的审批材料，也不知道国际最高法庭事后有没有向联合国科学院进行核实，就算真去核实了，联合国科学院为了顾全大局，也只能按照肖成城的要求进行斡旋或保护。因为联合国科学院只能尽量为肖成城主持的生命终极研究中心遮风挡雨，希望该中心能心无旁骛地为人类生命的延长再创奇迹。

肖成城如此偏袒罗森，并不是单纯地出于中国同胞情结，而是他觉得罗森确实是个人才。因此，在罗森无罪释放一个星期左右，肖成城把他叫到自己的办公室，推心置腹地说："罗森，我早已看出来了，你是个非常优秀的人才，只是没有找到合适的发挥点而已。我不想让你在我这里被耽搁，因此，如果你觉得在这里工作得不开心，你可以随时调离，我不但不会阻拦你，还会把你推荐到我认为更加适合你发展的机构去。但是，我一再申明，我完全不是嫌弃你,而是觉得把你的才华浪费在这里有些可惜。我真心希望你的优势可以得到更大的发挥。你的想法呢?"

罗森有些惊愕:"主任,您真的不是嫌弃我?真的不是因为我老是给您添麻烦的缘故吗?"

肖成城认真地说:"真的不是。我以自己的声誉和良知起誓,我是真的担心你被屈才了。"

罗森的眼泪流淌下来:"主任,生命研究尽管让我暂时感到有些难以入门,但是,对我来说也是一种挑战——我一向喜欢挑战。就让我跟着您慢慢学习吧,如果您真的不嫌弃我的话。再说了,在生命研究领域里,不是每个人都能达到您那样的高度,也不可能都能获得您这么高的成就。因此,能给您打下手,也是我一生的荣幸。

"另外,说实话,我这人一向胸无大志,并且散漫随性惯了,容易让同行产生不满,甚至让上司看不惯。而您不但没有这样的想法,还处处庇护我、关心我,我已经很知足了。谢谢您的好意,我愿意一直待在您身边工作。我向您保证,今后再也不会给您制造麻烦了,我会一心一意地协助您的工作。请您放心吧。"

此后,罗森果然没有产生过离开生命终极研究中心的想法,纵然后来联合国属下的其他机构邀请他过去,他也丝毫不曾动摇,一心一意协助肖成城的工作——他甘愿做一片衬托红花的绿叶。

肖成城依然对他关心备至。

可是,让罗森料想不到的是,四年前,肖成城作为联合国生命终极研究中心的主任——这个领头雄狮——却突然向联合国科学院提出辞职,还没等上级部门批复下来就匆匆"逃跑"了……

罗森捧着这个轻飘飘的信封,却感到万分沉重:这封信的内容肯定至关重要,否则,这个古怪的老头,这个曾经对自己恩重如山的上司绝对不会专程跑到北沙洲这个小岛上,让自己保管它。

最后，他打定主意，一定要去成都一趟，去见见肖理夫——至少可以通过肖理夫打听到肖成城的确切下落。

如果肖老头子没有真正消失，那就谢天谢地，自己还可以和肖成城重新建立联系，也就不用把这个信封交给他的儿子肖理夫了；如果肖成城真的消失了，就把这封信交给他的儿子。

唉，也只能这样为他完成最后的愿望了。

明天一早就动身！罗森决心已定，为了不让其他事情使自己分心，他干脆把通信仪完全关闭，草草洗漱了一下就倒头睡去。这一天，他实在太累了，身心已疲惫到了极致。

第二天一早，罗森对虎驹简单吩咐了一声，然后带上龙驹——那封信依然藏在它的腹腔中，随后召来一辆长途无人驾驶飞行出租车往成都方向跨海越山而去。

这种长途出租飞车尽管费用有点高，但方便而快速。

在将近三个小时的低空飞行过程中，罗森脚下的风景从碧绿色渐渐过渡到黄绿相间的金秋景色，后来又慢慢替换成白茫茫的肃杀景致——如今，就算是属于亚热带季风气候的广大区域，冬天也变得格外寒凉多雪了。

这种寒凉天气与外部景致的不断变化，让罗森老人的心情更加起伏不定、疑虑重重。

还没到中午，罗森就找到信封所指的那个地址：武侯区新兴城256幢。

他没有任何心思打量这里的外部环境，通过通信仪付完出租车的信用点数后就领着龙驹下车，立即往大楼里走去。

可是，当罗森和龙驹乘着电梯来到66楼时，他完全蒙了：久按可视门铃，毫无反应；他又奇怪地往四下里看了看，只见到几扇披挂着冰雪的破损窗户。

这里肯定也出大事了！

他惊疑而悲伤地瘫坐在冰冷的地面上。

龙驹挤到罗森身后,让主人可以舒服地靠着它,同时用不断自动接收电能而产生的体温为主人取暖。

罗森擦去眼角慢慢涌上来的泪水,随着视线的清晰,思维也变得清晰起来:与其这样四处乱窜,还不如直接问问女儿。她不但是律师,还暗暗参加了一个反脑库索取之类的组织——肖成城老先生的失踪以及他儿子的变故,可能都和脑库索取有关……

罗森刚一拨通女儿的信息界面,对方就立即接听了,并且问句接二连三,还带着激动的哭腔:"老爸,你最近到底怎么啦?你现在在哪里呀?你知道我有多么担心你吗……自从你给我发过那个文件之后,就完全断绝了消息,你不是说只是外出散几天心吗?怎么再也联系不上你了?那些天我天天给你发消息,一直没有得到你的回答,我还以为你像肖伯伯那样失踪了呢……我已经向警察局报了案,还四处发布寻人信息,你难道就没看到吗?老爸,你现在在哪里?我可不可以现在就去接你?"

罗森再次被女儿的牵挂感动得泪水直流,语无伦次地说:"好女儿,对不起。我没想到你这么担心我,我也不知道在冰岛一待就待了这么长时间……是老爸太贪玩了。我现在正在成都,不用你来接。我身体一直很好,你不用担心……你刚才提到你肖伯伯,到底是怎么回事?他的儿子肖理夫你知道吗?到底发生了什么状况?"

"老爸,我现在正好在武汉,不用一个小时就能赶到你身边……有些事一言难尽,等我赶到你身边再仔细说。现在麻烦你发个具体位置给我,我准备往成都出发,我驾车过去。老爸,直接把位置发给我,请不要关掉通信仪。"

罗森说:"好女儿,这次,我不会失踪了,你不用担心。"他一边返回电梯,一边给女儿发送具体位置。

罗森老人来到一楼的大厅,又慢慢走到这幢居民楼的外面,在寒风冷冽的空坪上徘徊着，仰望着。除了裸露的皮肤稍感寒凉，调温衣服一直让他的体温基本保持正常。

但他必须时刻留意来自头顶上方的意外：这些高大的波涛形建筑的外墙上，只要有平台或缓坡的地方都堆积了一层冰雪；外墙上生长的落叶乔木凝结着亮晶晶的冰壳，常绿树上更是被冰雪裹得有些臃肿；高楼间呼啸的寒风刮过，不时有冰雪甚至冰柱掉落下来。因此，户外没什么人走动，路面上也很少有车辆驶过，就连低空中的飞行车和单人飞行器也寥寥无几……

为了躲避随时可能砸向自己的冰雪，他不得不跑进一楼的大厅里躲避一阵，但他又不得不时常走到外面的空坪上向天空张望——自己等候的那辆飞行车何时出现呢？不能再让女儿花费时间寻找自己了……

还好，总共才等了半个多小时，当罗森老人再次走向空坪上时，一辆飞行车快速降落在他前面五米左右的地方。

这是一辆高档的电核混合动力车，这种飞行车的最高飞行时速可达 2000 公里。车门开处，四夕女士跑了过来，紧紧抱着罗森的臂膀："老爸，你这次可把女儿急死了……来，快去车上坐吧，安全一些。"

罗森在女儿半扶半拉下，往那辆飞行车走去，他激动地说："叶儿，我的宝贝女儿，老爸就这么值得你牵挂吗？平常也没见你有多想念老爸呀。"原来，四夕女士真名叫罗叶，但知道她真名的人并不多——她故意将"罗"姓拆解为"四夕"，作为自己的化名。

罗叶说："因为你以前从来没这么失联过啊！我们以前总有信息沟通，就不那么牵挂了。这次连弟弟都担心坏了，要不是我劝着，他差点回地球来找你……"

"女儿，快说你肖伯伯和他儿子到底发生了什么事吧！"罗森老人连忙打断了女儿的话。这时，父女俩已坐进了车内前排。龙驹也敏捷地跳进了车后排。

罗叶赶忙将车上的信息屏蔽系统打开,然后将肖成城父子的遭遇一五一十地告诉了父亲——不管通过何种途径得到的消息,她都一股脑地倾吐了出来。

接着,她还打开自己通信仪的视界,将郭林涛制作的那个短片播放给父亲看。

不时有嘭嘭作响的冰雪砸落在车顶上,好在这些冰雪碎块对这种高档车坚硬的外壳构不成任何损伤和威胁。

末了,罗叶说:"老爸,我们当前的主要任务就是把这个短片尽量扩散出去,让更多人认识到脑库索取的反人类性,这样或许可以直接遏制脑库索取合法化。同时,我们社团的各级人员正在利用各种方式,运作各种关系,希望能尽快将肖理夫先生营救出来。"

罗森老人只是机械性地"哦"了几声,然后陷入了深深的迷茫与无助。他的泪水再次流淌下来——女儿带来的消息太让他震撼啦!

许久之后,老人重重地长叹一声:"唉,你肖伯伯是何等德高望重,想当年他是那么叱咤风云,我背负着那么可怕的罪名,他都能游刃有余地将我解救出来,现在却落得生死不明,连他儿子也因此受到如此牵累……唉,我现在却束手无策,日后怎么有脸和他相见于九泉啊……"

罗叶连连摇着父亲的肩膀:"老爸,别这样,说不定肖伯伯并没有真正离世呢……理夫先生的境况也只是暂时的,他肯定会在较短时间内被解救出来的。我们都在努力。"

"努力,好啊……但努力不一定会有效果。女儿,你可能并不清楚,现在的联合国高层完全被幼稚冒进的左派控制了,不再是那个时候的联合国了。我是从联合国的二级机构出来的,多少了解一些事情。我想,几年前,你肖伯伯可能正是看出了联合国执政高层的偏激，才急于脱身的。可惜，他最终还是无法逃脱那些冒进派的伤害……你肖伯伯肯定不在人世了，我了解他清高执拗的个性……女儿，你不用安慰我，我会坚强地活下去，因为我还有任务没完成呢。"

罗叶激动地说："老爸，只要你能坚强地活着，比什么都好。不要太悲观，我们的努力不会白费的。老爸，我们一起回海南的家吧。哦，我得马上给弟弟发个信息——元旦临近了，弟弟知道你平安无事后一定会回来陪你过元旦的。对了，老爸，你肯定又忘记了吧？元月二号就是你九十二岁生日，我们正好一起回来给你过生日，陪你过元旦。到时候，我争取把我的儿女们也一起叫过来。有可能的话，我还会把妈妈也请过来，陪你一起过元旦和生日。"

罗森老人若有所思地再次"哦"了一声。

10

在一片不知名的开阔水域里，忽然游来一条身体黝黑的小鱼，它格外灵巧地向前游动，急不可耐地寻找着自己的猎物。

此时此刻，不知道有多少人在关注或干扰着这条小鱼。但是，这绝对是一片完全封闭并且可以任意变化的"水域"——只有得到"水域"制造者的层层密码认证，才能进入这片"水域"系统，否则这片"水域"根本就不存在。

与此同时，下方跳出一行中英文双语字幕：

> 为了使检测更加直观，发生事件直接以清道夫鱼和各种实物进行呈现，所有人都可以投入任意事件。

这时，一堵高墙快速迎面出现，清道夫小鱼迅速一扭，灵敏地躲过了高墙的撞击，继续以不规则的曲线运动状态向前游动。

另一堵巨墙突然从水域下方冒了出来，并且与前一堵墙迅速形成锐利的夹角，快速夹向清道夫，这尾小鱼见逃避不过，身子一侧——它完全被夹成一张二维化的纸片！

突然，它从几乎看不见的缝隙间钻了出来，并且快速向前游动……

紧接着，一个四周无缝的方形高墙突然罩住清道夫，并且迅速收缩，当方形墙体完全收缩成点状时，清道夫小鱼也迅速从三维变成二维，最后彻底"死"成一个小黑点。然而，当方形墙体稍微松开时，这个微小的黑点却再次出现在水域前方，并且迅速恢复成鱼的形状，继续往前游去！

水域中央再次跳出一行字幕：

这是防火墙拦截测验，观测者可以投入任何形式的防火墙设施，欢迎参与。

水域四周立即浮现出各种形状的防火墙图案、图标，如各种立体三角锥、各种矩形、各种网状形、各种圆柱或锥形等，观测者只要用手指点击或拖拉这些图标，就可以直接参与对这尾清道夫的围堵、追捕测试。

顿时，宽阔的水域中上演了一场声势浩大的"捕鱼行动"，各种浮现在水域上的图案、图标几乎同时扑向这尾清道夫小鱼——据初步估计，至少有14双手在这个水域间忙碌。

可是，任凭这些工具多么密集、角度多么刁钻、手法多么迅速，这尾清道夫总能变化莫测，化险为夷，以不可思议的角度出现在前方水域！

激烈的捕鱼场景上演了40来分钟，这些工具的出现频率越来越慢——看来这些测试者都玩累了，那尾清道夫却依然怡然自得地往前游去……

水域间跳出一行字：

> 还有域外检测事件投入吗？若无，是否可以认定防火墙检测过关？

"有！"

随着这个简短回复字幕的弹出，一张巨网突然出现在水域中，它几乎将整片水域罩住，而巨网上的网格细到密不透风，却在迅速收缩、过滤着水体——可见这个域外测试者的精心设计。

然而，随着巨网的快速收缩，外泄的水流中竟然溢出了密密麻麻的小鱼，随即，小鱼不断变大，瞬间将整个水域黑压压地遮住！

字幕再次跳出：

> 清道夫面对各种防火墙时，遇强更强，若投入当前所有常规防火墙之外的任意事件，则变化无限……

面对这群几乎让整个水域处于黑屏状态的清道夫鱼群，马托卡惊得目瞪口呆。他缓了一口气，第一个发出信息："防火墙测试——过关！"

"过关！""过关！"……

一连跳出16次"过关"信息——这应该是当前参与测试的总人数。

这时，所有清道夫小鱼已重新合并成一尾，水域再次变得清亮起来。

突然，水域间冲出一只巨大的鳄鱼，它张开满嘴利齿，猛地冲向清道夫！小清道夫灵巧一闪，躲过了。忽然，水中同时出现数不清的鳄鱼，大大小小，将整片水域挤得满满当当，同时搅得水花飞溅！

这尾清道夫终于被水花搅出了水面，它刚落下来，就被一只大鳄鱼张口咬住，然后被它迅速吞入腹中。在这只鳄鱼闪烁的肚腹内，这尾清道夫一动不动，等待着被慢慢消化。其他鳄鱼见状，纷纷转身离去。

这只吞下清道夫的鳄鱼放松警惕的同时，立即分泌胃液，清道夫未等黏稠的胃液包围过来，突然一个翻身，奋力钻破鳄鱼的肚皮，迅速逃了出来！这只大鳄鱼剧烈翻腾一阵，死了。清道夫反过来开始吸食死鳄鱼身上的体液，它变得越来越强壮……

这时一大群鳄鱼再次出现，同时还出现了一大群食人鱼，同时攻向清道夫！

变得粗壮的清道夫拼命逃窜，但它再也无法躲避如此众多的攻击，它再次假死，却无法阻挡这些既食活物又能食腐的天敌的围攻，它一下子被众多鳄鱼和食人鱼撕成碎片，然后被它们分别吞食下去。其他众多围攻者再次散去。

可是，当这些吞下清道夫身体碎块的鳄鱼和食人鱼准备将其消化时，这些碎块却突然变成了一尾尾小清道夫，它们纷纷钻破吞食者的肚皮，使其死亡，然后再回头吸食这些死尸，一尾尾小清道夫迅速长大……

接下来，更多的鳄鱼和食人鱼再次出现，它们纷纷撕碎、吞食更多的清道夫，此时，每一尾被吞的清道夫，哪怕是它们被撕裂的碎块，甚至是一个鳞片，都处于假死状态。

于是，随着这些清道夫被不断撕碎、被不断吞下，它们变得越来越多，越来越强壮……

无论出现多少天敌，清道夫的数量反而呈几何倍数增加！

到后来，再也没有清道夫的天敌出现了，整片水域只剩下更多的清道夫，黑压压一片，它们的个头变得越来越大，活力变得越来越强……

在被黑压压的清道夫占满的水域间，再次跳出一行字幕：

凭借杀毒软件的主动围攻性状，它们的攻击能力越强、数量越多，只会导致清道夫分裂的数量更多、活力更强！由于所有软件都需要一个合适的共存载体，也就不必测试严酷环境下清道夫的生存能力了。当然，如果有兴趣，也欢迎检测。

立即跳出一句回复："是不是可以这样理解，所有鱼都离不开合适的水体？那么，杀毒软件也同样离不开合适的存在载体，因此就不必检测清道夫的环境适应能力了？"

是的。不过，仍然欢迎测试。

水域四周再次出现一些功能图标：冰块、高温、无水、缺氧等。同时，水域间跳出一行文字：

为了不让大家在测试过程中过于忙乱，本次水域中只留下五尾清道夫，欢迎检测。因为过多的清道夫会让你们更加难以应付。

黑压压的水域渐渐清明之后，只有几双手在同时设置各种严酷环境。

投入一块巨大的冰块，其中一尾清道夫被冻住了，它立即进入冰硬的死亡状态。然而，只要不继续追加冰块，冰块在水域中消融之后，它迅速复活并逃离。

注入一股高温水体，另一尾清道夫很快假死，可一旦不能继续提供高温水体，这尾清道夫立即苏醒，并迅速逃离……

不管如何设置各种严酷环境，那些清道夫总是周而复始地出现假死，复活，再假死，再复活……

总之，没有一尾清道夫真正死亡。

随后，软件设计者将清道夫的数量减少到一尾，可无论怎么投入或设置严酷环境，这尾清道夫还是无法死亡，只是假死的频率升高了。

这些单调的场景可能让有些旁观者不耐烦了，水域间出现一段文字：

  不要为这种毫无意义的测试耽误时间了，因为杀毒软件和病毒软件都需要同样的存在载体或环境。在这么严酷的环境下，杀毒软件可能早就不存在了。还有更具说服力的检测事件投入吗？

"我投入一个！"马托卡这次投入的是自己精心设置的模拟毒药——专门毒杀水体中的各种鱼类！

马托卡按下发送键，只见局部水域很快变得暗红，并且这些暗红色的"毒药"随着水体的流动不断扩散……

"药水"扩散到清道夫跟前，它不断躲闪着。

可是，后来，暗红色的"药水"完全扩散于整个水域，这尾清道夫再也无法躲避了，它突然张大嘴巴，猛吸一口"药水"，肚子立即鼓得老大，紧接着，它的身子一阵剧烈地颤抖，"嘭"的一声，它的身体完全粉碎性炸裂!

整个水域沸腾一般,激起满屏水雾!紧接着,所有水体完全消失,整个检测界面如同世界坍塌般迅速暗了下来……

面对眼前这场突然变故,马托卡惊得跳了起来:"哦,不!这是什么情况?!"

这时,黑屏上出现两行大字:

  此软件毕竟不同于自然界天然存在的清道夫鱼类,它一旦检测到所在环境过于严酷,即会与周围系统一起毁灭。谢谢你们的参与。

马托卡忽然哈哈大笑起来,并立即回复:"好!杀毒检测——过关。"

屏幕再次出现 16 个"过关"表态。

  可以交货了吗?

马托卡自然不敢擅自决定,他立即拨通了张宁静的视界,问道:"Miss 张,您都看到了吗?您认为呢?"

在马托卡的视界里,张宁静就坐在宇民大厦顶层的那间球形屋里。

郭林涛没有时间参与检测与观摩,依然全权委托张宁静决断此事。

张宁静答道:"全部看完了。完全可以交货。具体交货事宜由我和对方直接沟通。马托卡,你这次的测试程序设计得很好,我会主动向 boss 给你提出加薪申请的。"

肖理夫被抓走后,在郭林涛等人的建议下,张宁静一直住在宇民公司分配给她的那个豪华单间里。当她为反脑库索取中心处理各项事务时，就直接来这间球形办公室。

现在，整个宇民大厦的知情人士对张宁静都很关心，也深深同情她的遭遇，络绎不绝地前来看望她——既关心她的身体状况，也担心她的精神状态。

张宁静目前最牵挂的是肖理夫：他已被抓走了十来天，现在的情况怎么样了？什么时候才能将他营救出来呢？……

她现在大部分时间都坐在这间球形办公室里，向世界各地、社会各界收发各种信息，想方设法地营救肖理夫。

可是，肖理夫一直没有被释放出来。只知道他现在仍然关押在美国的联合国国际最高法庭的疑犯羁押处。

就在肖理夫被抓走的第二天，也就是七天前，当郭林涛通过各种渠道打听到肖理夫的下落后，他立即驾驶高速飞机，主动陪同张宁静赶往美国纽约。

可是，不管他们通过什么途径、如何想方设法，就是无法和肖理夫见上一面——据最高法庭的内部知情人士透露，由于肖理夫这次"造谣"所触及的情节格外严重，最高法庭担心他们串供，坚决不让他们见面……

张宁静心急如焚，却万般无奈，她时常想起自己曾对埃里克说过的那句话："哪怕我只是一个细菌，也愿意坚守这份美丽的爱情。"她一边抚摸着渐渐隆起的肚子，一边痴痴地想着、念着这句话……

11

元旦长假的第一天，即2267年1月1日，中国辽阔南海海域那个名叫北沙洲的小岛屿突然变得热闹起来，两辆飞行车同时降落在这个小岛上。

从第一辆比较高档的飞行车上走下来的是罗叶和她的妈妈高曼丽。高曼丽仍然显得那么白净而漂亮,尽管八十多岁了,依然透着高雅迷人的风采;第二辆车上下来的是一群年轻人,共有四位,都提着大大小小、五颜六色的礼盒。

罗森对这些年轻面孔感到有些陌生,只知道第二辆车上的年轻人是女儿罗叶的儿孙们。

高曼丽这次果然被女儿邀请过来了,罗叶还把自己的四个儿孙带来了,这让罗森老人有些惊喜,他连忙把一群人迎往楼上。

寂静的小楼顿时变得热闹起来。好在楼上楼下闲置的空房还有好几间,罗叶上一次送爸爸回来时,协助虎驹将所有房间都整理了一遍,住宿不是问题。

相较而言,在亲情与家庭观念方面,罗森还属于"返祖"者,他和高曼丽共同生活了二十多年,直到大女儿罗叶成年之后,他俩才正式分开。

高曼丽和罗森一样,年轻时放飞了一番自由与激情之后,到了这个年纪,她也选择了独居——但并不等于独身。她一心扑在中国画分支——静电绘画艺术上,也是一个小有名气的探索派画家。

如今,艺术种类纷繁众多,仅以中国画的绘画方式来划分,就衍生出三十多个小分支,什么烟火派、碑拓派、光影派、显微派等。

静电派现在已不算潮流分支了。

罗叶呢,一共前后和三个男友生下三个孩子。她是个比较任性的女强人,这些孩子的孕育她几乎都没有经过男友的同意。因此,孩子出生后,对孩子的抚养与培育,不管是在经济上还是在精力上,基本上都是由她承担主要责任——孩子的父亲愿意管就管,不愿意管的话她一点儿也不在乎。所以,这三个孩子都对她格外亲近。

如今，罗叶的三个孩子也早已成年，并且各自有了自己的孩子——这次，罗叶的大儿子罗脉还带来了自己的儿子罗承。罗承长得高瘦白净，正在上大学。

罗叶的儿孙们都沿用了母亲的姓氏。

祖孙四代吃过晚餐后，其乐融融地坐在一起喝茶、吃点心，天南地北地聊家常。

这时，一辆梭形飞车降落在小岛上。一看它的外观，就知道其飞行速度绝非一般，地球上普通民众是严禁驾驶这种高速飞车的。

梭形飞车上走下来三位年轻男士，其中一位格外显眼，长得很帅，他的身材高大魁梧，双手捧着一个巨大的礼盒。他就是罗森的儿子罗林，今年50来岁。

罗森和高曼丽分手时，还未成年的罗林选择和妈妈生活在一起，所以他和妈妈的感情更深一些。当然，他与罗森的关系也不错。

这一次，为了陪老爸过元旦和生日，罗林还特意带来两位男同事。这两位男士是同他一起从火星太空基地上刚刚返回的：其中一位是黄皮肤的中国人，另一位是欧洲面孔。

罗林这次如此隆重地回来，原因有二：父亲这次莫明其妙失踪了两个来月，让他忽然发觉，父亲在自己的心中，还是有一份无法割舍的情感的；另外，妈妈这次亲自来给老爸过生日，在这里就能见上妈妈一面。

一阵小小的忙乱之后，一大家子再次相互拥抱、互致问候与祝福，热闹欢庆的氛围显得更加浓郁了。

罗林还没有孩子，女朋友倒是不少，却总是换个不停。当然，像他这种大大咧咧、一心只想飞往太空深处的热血青年，就算他和哪个女友有了孩子他也不一定知道，或者根本不在意。

罗叶与弟弟很不一样，父母分手的时候，她已经成年并且谈恋爱了。因此，她和父母的感情都比较深，平常和父母的联系也比较紧密。在现在这种亲情观念淡漠的时代中,她对父母的深厚情感算是比较另类了。

不过,相较而言,罗叶对父亲的情感似乎更加深厚一些。

大家又说说笑笑地嬉闹了一番,罗叶忽然对妈妈笑道:"老妈,你和老爸已经有好多年没见面了。我们一家子难得这么欢聚一团,你该不该露一手,顺便给老爸祝寿呢?"

高曼丽笑笑,说:"那我就献献丑吧。老罗,你可不要笑话我。"说着,拿出一张厚厚的静电胶状纸,铺在身后那张结实的桌子上,然后她搓搓双手,在静电纸上搓来擦去,或轻或重,或快或缓,有时用手掌,有时用指甲,更多的时候是十个尖细的指甲在静电纸上快速地划动……

在这海风荡漾的夜晚,她的脸上却沁出了细密的汗水,纸上还什么图案也没出现——这似乎是一种细致且复杂的行为艺术。

高曼丽长吁了一口气后,从提包里拿出一支小喷枪,对着宽大的静电纸猛喷,一股灰雾立即吸附在静电纸上。只有内行人才知道,这种灰雾其实是皮米级炭粉。(注:1 米 =10^{12} 皮米,1 纳米 =1000 皮米)

她拿起静电纸,重重地抖了抖,将纸上多余的炭粉抖去,然后又拿出一支刷笔般的小莲蓬头,按下刷笔柄上的一个红色按钮,小莲蓬头喷出一股高热蒸汽,喷洒在静电纸上,这时,黑白相间的图案渐渐透显出来……

接着,她又按下刷笔柄上的另一个绿色按钮,小莲蓬头立即喷出一股冷气,她再次在静电纸上均匀地吹着。

当静电纸完全被吹凉后,高曼丽拿起静电纸向大家展示,在座者顿时爆发出一阵热烈而由衷的掌声!

静电纸上出现一幅古典的《松鹤延年图》!

连松树上的每一根松针都清晰可见,且立体感格外强烈!

如果更加仔细地观看那只立于松冠之上的白鹤,每一片羽毛上,每一个羽须之间的纹路都明晰可见,并且有明显的立体感!

更加奇特的是,画作上的墨迹似乎不是从上往下涂抹上去,而是从画纸里面生长出来的!原来,这些微粒早已在静电吸引与高热喷射等外力下渗入画纸的分子空隙,在热胀冷缩的作用下,融化的炭墨再次被画纸挤压出来,从而形成这种叹为观止的立体视觉效果。

高曼丽把这幅画送到罗森手上:"老罗,祝你生日快乐,更祝你身体健康,永葆青春。"

罗森惊奇且激动地接过这幅精致而奇特的中国画:"谢谢,谢谢!曼丽,多年不见,想不到你的静电绘画造诣竟然这么深厚了。这完全是凭感觉啊,当时画纸上什么也没出现的时候,你是怎么刻画得如此细致入微的呢?"

高曼丽的脸色有些微红:"你过奖了,无非是熟能生巧而已。我哪里比得上你这个多面手啊。"

罗林的兴致也上来了,他端出自己带来的那个大礼盒,说:"老爸、老妈,难得大家这么高兴,人也来得这么齐,今晚干脆提前给老爸你过生日吧。要不,我明天说不定还有其他事情。"说着,他把大礼盒摆放在大茶几上。

罗林准备揭开礼盒包装时,又说:"妈妈的是高雅艺术,我的是低俗行为艺术,只是想让老爸、老妈和大家乐一乐。"

礼盒打开,里面是一个大蛋糕。但惹人注目的是,蛋糕上层的碟子上有两个惟妙惟肖、半尺来高的棕色玩偶,一男一女,全是用巧克力做的,男的头上还戴着一顶白草帽,也是用白色巧克力做的。

罗叶说:"罗林,这蛋糕除了两个巧克力玩偶做得精致一些,很普通啊,这算什么行为艺术?"

罗林故作神秘地说："姐，你别急嘛，继续看！"他又从礼盒中拿出一个微型探照灯，放在茶几上，把探照灯点亮，一团红光就照在了两个巧克力玩偶上。接着，他又在探照灯上按了一下，立即传来一阵节奏感较强的音乐。

这时，有趣的事情出现了：在红色光束的照射下，也可能是在音乐节奏感的影响下，只见男玩偶的两撇巧克力胡须很有节奏地动了起来，黑溜溜的眼珠也跟着转动起来；女玩偶手中的小手帕也飘动起来，"她"的双臂更是随着节奏摆动起来……

大家顿时被逗得哈哈大笑。

这还不够，随着音乐节奏的不断加快，两个巧克力玩偶立即在碟子上跳起舞来，有时手拉手，有时背靠背，"他们"的表情是那么丰富，还不断向四周飞吻；有时候"女人"骑到"男人"肩上，有时候"男人"抱着"女人"团团旋转……

旁观者不断发出欢喜的尖叫。

两个玩偶舞蹈了十多分钟，忽然，"他俩"再次手拉手，两"人"手心里突然出现一个大大的巧克力寿桃，接着"他俩"同时向罗森老人深深鞠躬——"男人"的另一只手摘下头上的白草帽，"女人"将手中的巧克力手帕抛向罗森。随着"他俩"口型的生动变化，同时喊出："祝罗森老爹身体健康，万寿无疆！"——当然，这祝寿词是旁边的探照灯发出来的，玩偶并没有发声，也发不出来。

高曼丽和其他人已笑得差点岔了气，罗森却不觉得奇怪，只是有些感动说："罗林，谢谢你这么用心。这两个玩偶不是巧克力，是两个微型机器人吗？"

"不，老爸，它们是真正的巧克力，完全可以吃的。你尝尝。"罗林说着，顺手取来一个玩偶，轻轻掰开，递给罗森品尝。

罗森一尝，果然是纯粹的巧克力，他这才吃惊起来："那，这些惟妙惟肖的动作，这两团巧克力是怎么做到的？"

其他人也惊得眼睛瞪得老大!

只有最年轻的曾孙辈罗承没有露出惊异的表情——现在的大学生对这种技术早已耳闻,甚至很熟悉。

罗林格外得意地说:"这就是前沿新科技!你们落伍了吧。告诉你们吧,这个探照灯一样的仪器,其实是分子干预仪。由于巧克力分子之间的引力和分子颗粒间的摩擦力都比较小,在分子干预仪恰到好处的外力作用下,使每个巧克力分子都能按照智能程序的调配快速移动,从而使它们的各个部位都能协调运动起来,因此组合成一个个预先设定好的动作和表情。"

这时,罗承插话道:"以当前的科学技术,对于那些分子间结构力比较强的物质,分子干预仪还是无法让它们协调、组合。否则,制造任何高难度和高精度的物件、仪器等,就变得像捏饺子一样简单了,并且还不用人力直接参与。"

罗林却喜滋滋且无限向往地补充道:"当然,这是未来科技与制造业的发展趋势——如果分子干预仪的力量足够强大的话,任何高精度和高密度的机器设备都可以通过分子干预仪来制造。"

大家又顺着分子干预仪的未来发展方向聊了起来,憧憬着美好未来,抒发着无限向往。

接下来,大家热热闹闹地吃着蛋糕和各种零食,若不是后来的话题一转,这个美好的夜晚一定会让人感到无比温馨。

这个话题首先是罗叶引发的。

出于自己的工作性质以及责任和担当,罗叶只想在各种场合尽可能地影响更多的人——尤其是自己身边的人,希望大家一起来反对脑库索取。

这个其乐融融的场合正好可以让她借机发挥,以达到影响更多人的目的。

因此,罗叶首先说:"唉,罗林,你还记得肖伯伯吗?他们父子俩最近的遭遇你知道吗?"

罗林轻描淡写地说:"你是说肖成城伯伯吧,他们父子俩的事情我在火星上都知道了。"

罗叶接着激动地说:"唉,肖伯伯是个多好的人啊,又为人类的生命科学做出了那么大的贡献,却因为拒绝被强行扫描脑库而宁肯选择失踪——也可以说是轻生吧。而他的儿子理夫大哥呢,仅仅是发布了一通感慨,也被警察抓走了,至今没有释放。唉,这个脑库索取实在有些背离人性啊。"

一石激起千层浪。顿时,激动的评论声响成一片,反对脑库索取者连连为肖成城父子俩的遭遇感到惋惜和抱不平;然而,支持脑库索取者,观点也比较鲜明——主要是罗林和他那两个同事,还有罗承。

双方一时争论不休,都想说服对方。

这时,罗林突然提高声调,说:"以肖伯伯父子俩的遭遇为例,他们表面上看起来确实有些可怜,也不知道该怎么评价他们。但是,为了整个地球科技的突飞猛进,为了人类文明的长久发展,有些人怎么会那么吝啬、狭隘、偏执和自私呢?怎么会那么强烈反对脑库索取呢?归根结底,主要是因为他们太不顾及全人类的科技发展了,真是不可理喻!"说到后来,他也显得越来越激动。

这些天来,罗森一直处于对肖成城父子悲惨遭遇的巨大悲痛与惋惜之中,为了不辜负儿女们的一番好意,才强装欢喜地和他们聚聚。这个话题刚刚开始时,罗森暗暗压制着心中的愤懑与难过,没有主动流露出自己鲜明的观点,然而,儿子的这番话深深地刺痛了他,他再也按捺不住,突然站起身来,指着儿子大声咆哮:"罗林,你、你、你说话怎么毫无人性呢?你的灵魂难道被畜生控制了吗?!如果这种不幸降临到我们身上,罗林,你该怎么想……面对如此反人性的行为,你竟然说出这种话来,我、我怎么会有你这样的儿子！"

罗林惊愕了，看看两位同事，两位同事也满脸尴尬地看着他，他突然也咆哮起来："好，你嫌弃我，还骂我是畜生……我走，我今晚就回火星去！"说着，转身冲出二楼这间宽敞的客厅——他尤其觉得自己在两位同事面前丢尽了脸。

罗林的两位同事也紧跟着出去了。

高曼丽和罗叶等人连忙跑过去劝阻，可是，又如何拦得住恼羞成怒的罗林呢？

罗森仍然气愤难抑地说："由他去吧！别碍我的眼……"他颓然无力地坐到椅子上，老泪纵横。

但高曼丽和罗叶等人还是一直追到楼下。

罗林一刻也不曾回头，一口气跑到梭形飞车上，两位同事也随即钻进飞车里。见高曼丽母女气喘吁吁地追了上来，罗林激动地说："妈、姐，你们回去吧，不要阻拦我，我走啦！"

飞车启动之际，罗林再次大声叫道："我再也不来看这个不可理喻、荒谬至极的老头啦，再也不回来啦！"

梭形飞车发出一阵幽蓝色强光，"嗖"的一声腾入黑暗的夜空中。幽蓝的光芒将高曼丽母女俩脸上的泪水照得一片闪烁。

12

罗林亲自驾驶着梭形飞车一路往西，跨过印度洋，直接往非洲肯尼亚的内罗毕飞去。

由于内罗毕是真正的赤道城市，非常利于卫星火箭以及太空舰船等极速飞行工具的发射，因此，在内罗毕正北边200公里左右的地域，联合国外太空发展总署早已在此兴建了全球唯一一处大型星际飞船升降基地——往返火星基地的所有交通、运载舰艇都在这里升空或降落。

半个小时左右，面积超过300平方公里的内罗毕升降基地已灯火辉煌地出现在罗林的视野中。远处的夜空中，不断有闪烁着蓝光的巨型飞行器或在缓缓减速降落，或在渐渐加速飞离发射基地，随即越来越快，最后消失在广袤无垠的星空中……

罗林开始减速，然后慢慢往下降落，当梭形飞车最后降落在一片硬化空坪上时，这辆梭形飞车与四周各种大型飞行舰艇相比，如同一条泥鳅钻进一群巨鲸之间——这种微型飞车没有生存循环系统，无法进行长距离深空飞行，因此只能在地球或火星表面进行短距离或环球作业。

40分钟左右，罗林和两位同事登上了一艘已进入升空港的大型货舰。

这些升空港远远延伸于基地建筑之外，每个升空港之间相距1200米，共有三十来个独立的升空港。远远望去，它们与整个基地共同形成一把巨大的扇子。面积达250平方公里。

这艘货舰巨大的下舱装载着几百吨生活必需品：水、各种食物和液氧等。货舰的上舱还可以轻松地容纳300多人。但这次只有一百多名各种肤色的工作人员返回火星基地，可能是由于今天是元旦的缘故。这一百多名乘客中有三十多位女性，以年轻女性为主。而火星基地上大约有8000位女性工作人员。目前，整个火星基地常年有两万余名工作人员，这些数字还在呈上升趋势。当然，这些数据并不包括在火星上的"天脑城"。

大型货舰震动了一下，突然抬升了20多米，但这并不是升空起飞，只是为起飞做前期准备——是电磁悬浮系统启动了，货舰巨大的核聚变发动机启动时会产生十万摄氏度以上的高温，20米高的悬浮层可以适当起到隔离与缓冲作用，避免升空港下方的高熔基面被熔化。

这时，货舰舱内传出一串柔和的提示音："各位乘客朋友，货舰即将升空，为了避免剧烈抖动和急剧加速给您带来极端不适和生命之忧，请务必尽快进入液态安全椅，并按下水膜键，将自己保护好。"

落落寡合的罗林和一群同事分别钻入液态椅中。由于这次的乘员比较少，罗林特意选择一个靠窗的液态椅躺了进去，同时按下右侧扶手上那个醒目的绿色键，厚厚的近体温水膜迅捷而轻柔地将他团团包裹起来，他似乎瞬间进入荡漾的羊水中，意识却依然清晰。

如果没有这层厚厚的水膜将身体团团包裹，随后剧烈的加速度会使血管瞬间爆裂，身体各个器官也会迅速破裂！

柔和的提示音连续响过三次之后，大型货舰猛然颤抖起来。如果此时有人站在舰外，会看见128个一律朝下的巨大喷口同时喷出深蓝色的离子态强气流，颤抖的舰体顿时发出震天动地的巨响！与此同时，舰体四周无数的地面喷头同时向舰体下方喷出一股股粗壮而强劲的白色液体，这些白色液体是汽化点较高的高浓度乙二醇，但它们一碰到悬浮隔离层间的深蓝色气流，就被立即汽化，以最大限度地为下方的基面降温，避免它被熔化甚至被汽化。

大型货舰开始缓慢升空，当它上升到2000米高时，地面上的喷头不再喷射白色液体。随即，大型货舰再次加速，迅速腾空而去。

各种类型的星际飞行器升空或降落，以及与地面系统的零缝隙配合，都是由几千公里外的中国酒泉地脑系统运行中心数据库全智能控制，如果没有地脑系统的协同作业，这些星际飞行器根本无法运行。

大型星际舰艇降落时，情况就没这么复杂了，只要将升空港的电磁悬浮能量提升两倍左右——对于质量巨大的星际舰艇而言，这也是当前电磁悬浮能量所能达到的最高值——也就是说，这种悬浮力可以将大型舰艇浮升 40 米高！

但是，纵然如此，当减速状态达到极限的大型舰艇慢慢降落时，巨大的重量还是会让舰艇底部差点触碰到坚硬的升降港基面。这一切，仍然得依靠地脑系统运行中心的无缝配合与协作。

天空中，大型货舰的上升速度越来越快，十几分钟后，再也无法用肉眼看到那些蓝光了。

但是，要想让这种大型货舰最终达到 22000 公里/秒的极速，至少还需要一个小时的不断加速。

纯粹的星际客运巨舰却完全不同，它每次可承载上千名乘客，并且加速到当前星际飞行器 28000 公里/秒的极速，加速过程还不到一个小时。

不管是星际货舰还是星际客舰，这些巨舰的内部生存循环系统都是非常稳定且完善的，运用了地球科技界最前沿的科研成果，因此，纵然在太空中持续飞行多年，也不会有什么大问题。

但前提是，地球上地脑运行中心的智能数据库必须经常与星际舰艇上的数据系统进行连接，为地球外的高速舰艇提供各种准确参数，否则，地外星舰就会变成无头苍蝇，无法正常运行。

一直以来，地球外太空发展总署在建设各种星际飞行器的时候，在技术支持方面都秉承同一个理念：不管星际飞行舰艇今后如何发展，从来不会让其内部系统独立运行——必须在地脑智能系统不断提供各种参数的情况下才能正常运行。

这意味着：如果星际舰艇是地球人类放出的风筝，那么，地脑智能系统就是那根无限延伸的风筝线，必须由地球人类紧紧掌控。

因此，地球执政高层一直防范着星际飞船有可能发生叛逃事件，同时也一直防范着火星基地以及其他未来各种地外基地——它们一旦真正强大起来，很有可能会脱离地球而独立，甚至有可能与地球世界发生冲突或形成对抗局面。

罗林不知不觉睡了过去，现在又醒了过来。原来，这艘大型货舰开始减速，产生了剧烈的震动。他在明亮的水膜中扭过头，透过水膜和舰窗上多层加厚生化玻璃，仍然可以看到暗红色的大陆——这是火星赤道附近。

火星的这一面正好是白昼。

罗林看看头顶前方水膜外的时钟，大型货舰已飞行了三个多小时。

这次，火星与地球之间的距离算是中长途间距——地球与火星都在各自的公转轨道上围绕太阳快速公转，但它俩的公转速度完全不一致，导致两个星球之间的距离时刻发生着急剧变化：两者最远的距离达4亿公里，最近的距离只有5000万公里。因此，如果没有地脑系统不间断地提供具体参数，这艘货舰可能连火星的具体位置都很难找到。

货舰出现一阵更加剧烈的震动——货舰放出了减速伞。罗林透过舰窗向外一望，只见一个面积将近十平方公里的巨型降落伞远远地出现在舰尾，整个伞面鼓得老大。看来，他们正好遇上了逆向火星风暴——这正是利用减速伞减速的好时机。

其实，就算不用减速伞，单纯以发动机产生的反向作用力也可以达到减速效果，不过由于火星上的空气非常稀薄，反向动力的效果不是太理想。如果以减速伞收集火星风暴的反向作用力，减速效果自然更佳。

火星上的大气如此稀薄，只相当于地球大气层的1%，为什么还会经常出现风速高达180米/秒的强烈风暴呢？原来，正因为火星没有浓厚的大气层保护，昼夜温差太大，冷热空气的剧烈对流，使稀薄的大气层依然可以产生威力巨大的火星风暴。

整个减速过程还是花费了近一个小时——终于可以看清下方宽阔的星际舰艇升降基地了。

接下来，货舰开始垂直缓缓降落，这个过程似乎显得更加缓慢。

最后，货舰猛地往下一沉，接着往上一弹，然后又往下一沉又是往上一弹，如同跳蹦床，连续反复三次，货舰总算平稳下来。

罗林很清楚，这是火星基地升降港上20米高的电磁浮悬层在为大型货舰充当缓冲垫。由于火星上的引力只相当于地球引力的1/3，才会如此来回反弹；如果是在地球上降落，纵然是高达40米的电磁悬浮层，根本不用反弹三次，只需一次就够了。

罗林按了一下左侧扶椅上那个醒目的白色键，厚实的水膜迅速回收进去，液态椅自动张开。

罗林站起身来，身后的液态椅上立即浮出一套太空服。这种太空服既结实又轻便，里面自带的生存维持系统至少可以让人存活两天以上。就算里面的氧气消耗得差不多了，只要更换一只小小的液氧瓶就行了，非常方便。

罗林慢条斯理地穿着太空服。刚刚穿好，和他一起返回的两位同事走了过来，其中一位说："大林，别这样，你还有老爸老妈，我都不知道自己的父母是谁呢。"他叫莫飞，是在社会福利院长大的。

这两位同事早已穿好了太空服，但说话同样很方便，却不是通过空气传播声音——外面的环境几乎是真空，无法传递声音，因此他们利用太空服内的信息系统相互对话。

罗林的心情果然稍微好转了一些，他和两位同事一起走进一间空气隔离室。关掉身后的密封门后，前面的密封门才自动打开，他们终于走在了几乎日夜厮守的火星大地上，然后轻快地往属于他们的工作基地走去。

由于火星引力很小，他们像欢蹦乱跳的巨大兔子，一步就跨出四五米，显得格外敏捷。他们很享受在火星上轻快奔跑的感觉。

伴随着一路上轻快奔跑的人群，一些距离较近的火星太空基地在他们身边一一掠过。这些太空基地的墙体格外坚实，外形一律呈正三棱锥体，如同埃及的金字塔一般，只是比金字塔少了一个锥面——这种结构更利于避开火星风暴的威力。

属于三人的太空基地还有很远的距离，但这些精力充沛的年轻人毫不在乎，他们甚至不想呼叫那些随叫随到的火星表面免费交通车，就这样悠闲地往前跳跃着前行。

由于火星上空气非常稀薄，没有阳光照射的夜晚，火星表面温度骤降至零下一百多摄氏度。即便在白天，在火星赤道附近的一些地区，温度最高才可以达到35℃左右，因此，地球外太空发展总署建筑在火星上的太空基地大多数位于赤道附近。于是，这些巨大的三棱锥体建筑在火星赤道附近围成了小半圈，足足有两百多座！

每一座都可以供一百多人安逸地工作、生活以及娱乐。

只要没有强烈的火星风暴，白天直射的阳光可以为这些火星基地提供部分电能和热量，但大部分电能还是依靠火星基地上的核聚变供应。这些巨大的建筑耗电巨大，使得基地灯火辉煌。从地球上仰望星空，在晴朗的夜晚，在地理位置与角度较好的方位，几乎用肉眼都可以看见火星赤道附近隐隐约约的亮光——因为它们比整个火星的普遍亮度要亮出许多。

莫飞这时忽然骄傲地对罗林和另一位同事说："嘿，我敢保证，地球上现在肯定有人在痴痴地仰望我们伟大的火星太空基地呢。在他们心目中，我们就是他们崇拜的偶像，甚至是他们心目中的上帝！"

另一位同事却突然给他泼了一瓢冷水："莫飞，你也别太得意忘形啦，要知道，我们在火星上建设的这些太空基地，除了电能基本上可以自给自足外，其他生存物质，如氧、水、食物啊，以及大部分建筑材料都来自地球。如果没有地球的供给，我们分分钟就真的去见上帝了。"说话的人叫格拉齐，意大利人，是117号太空基地——也就是他们所属的基地——的生态系统管理员之一。莫飞则是整个火星基地的建筑材料筹划员之一。

事实确实如此，火星上的空气过于稀薄，在这稀薄的空气中，90%以上是二氧化碳，只有不到2%的氧气。就算能够从这些稀薄的空气中提取微量氧气，但从能量损耗上来考虑根本不合算，不如干脆从地球上直接运送液态氧上来。

换句话说，当前，火星上的太空基地利用耗费巨大的地球资源进行修建，以及源源不断地消耗巨额生存资源以保证其正常运行，换来的只是火星基地电能的自给自足，以及从火星上提取部分原料供基地的建设与维护。

火星太空基地当前的主要任务就是不断测试各种体型巨大的极速飞行器，以及进行各种破坏性尤其可怕的核爆实验——地球上已经无法继续承受各种后果严重的巨型测试了，只能把这种后果转移到火星上来。

他们又腾跃了快一个小时，终于来到117号火星太空基地。

三位同事的提早归来，让117号基地里依然坚守岗位的同事们感到有些惊讶。最先跑过来问候的是两名女生。117号基地共有106名工作人员，有52名女生。在整个火星太空基地男女比例严重失衡的状况下，117号基地的男女比例却几乎达到一比一。可能是因为罗林被分配到117号基地来的缘故，许多女生纷纷要求调换工作岗位，或者申请调换住宿场所，117号基地里的女生渐渐多了起来，117号太空基地里的其他男士也跟着沾了光。

罗林的主要工作是火星太空基地建筑材料的质量检测——他所学专业正是太空材料学。

这两名女生都是白皮肤美女，她俩直接跑到罗林跟前，惊喜地问道："林，你们不是说这次要回地球三四天吗？怎么现在就回来啦？"

罗林的脸色还是不太好看，他一边脱下太空服，一边说："地球上不好玩，就回来了。"

进入基地内部之后就不用穿太空服了，因为每座火星太空基地里的内部生存环境和地球上差不多——除了引力小了许多。但罗林个人的吸引力却格外强大。

其中一位女生连忙抢过罗林脱下的太空服，在面前的长衣架上挂好。

罗林独自走到电梯前，准备去楼上的房间。一位女生笑问道："林，你突然回来，是不是放心不下我们呀？"

罗林的心情还是不佳，勉强笑道："可不是嘛。我去休息了。"

电梯打开，罗林长腿一迈，走了进去，这两位女生也跟着挤了进来。

在电梯里，罗林依然没有像往常那样嘻嘻哈哈，连好脸色似乎也很吝惜，他一直沉默着。

34层很快到了，这里是这座锥体建筑的上层——36层是锥顶。

罗林的房间很宽敞，视野格外开阔，透过南边明亮而开阔的斜锥面玻璃窗，可以望见茫茫无际、奇形怪状的红色丘陵——那是肆虐的火星风暴塑造而成的；也可以看到左侧十几座同样高大的火星太空基地和前方明亮的阳光。在火星上看太阳，它似乎比在地球上小了近一半，但由于没有大气层，它依然很明亮。

在罗林右侧的西边，还可以望见遥远天际那座雄伟的正三棱锥形建筑，这正是天脑城的基地雏形。罗林曾和一群同事搭乘一辆火星陆地车行驶了将近400公里才到达天脑城附近。这座建筑高大雄伟的程度惊得他们几乎失语：罗林稍微用测高仪量了一下，其实际高度将近 1800 米，几乎是普通火星基地高度的 16 倍——还不包括锥体顶端那几十根伸入深空、似乎没有尽头的天线，其体积是一座普通火星基地的 4000 倍左右！

出于强烈的好奇，罗林和同事们想进去参观一下，却被一群恪尽职守的人工警察和机器警察毫不留情地阻拦在近千米之外——尽管他们同是整个火星基地上的工作人员。没办法，天脑城尽管还处于雏形阶段，但它的运作模式完全独立于其他火星基地之外，只和地球上的地脑系统保持密切联系。他们的舰艇、飞船等交通工具也是统一从内罗毕的升降基地起落。

据说，天脑城一直在设法与宇宙间其他高级文明进行联系，希望使地球文明获得更大的发展。甚至还有人透露，目前天脑城里已经有外星文明生物存在，正在和天脑城的相关专家进行沟通。不管这些是否属实，目前都是最高机密，普通工作人员根本无法探其真相……

其中一位女生见罗林一直一动不动地站在自己房间的玻璃窗前，热情和毅力终于大打折扣，默默地转身走回了电梯。

只有那位更加漂亮的女生依然固执地站在他的身后。

这时，罗林可能突然想起或者发现了什么有趣的事情，不动声色地笑了。

如果他的理解没错的话，"故作矜持"，其实就是《孙子兵法》中"欲擒故纵"的另一种演绎方式。

13

在美国纽约西缘的赵传真家里，元旦这天，赵传真和史密斯再次亲密地聚在一起喝茶聊天。

这次还有不少二人共同的同学及友人。他们一起欢快地吃喝、唱歌或舞蹈，但他们不会谈论脑库索取与公投之类的话题，尽管全民公投日已渐渐临近。因为联合国曾明文禁止普通民众在公共场合谈论此事，同时，还因为有史密斯这位联合国机要部门的工作人员在场。

　　夜幕降临，一对对男女相继结伴离去。有位靓丽的中年女性不断打量着赵传真，她的眼神分明在表示：今晚我可以留宿在你这里吗？见赵传真一直心事重重地不予明确回应，只好和另一位男士结伴而去。

　　另一位年轻女性用火辣辣的眼睛直视着更加强壮的史密斯："史密斯先生，今晚我可以和你一起欢度元旦夜吗？"

　　史密斯文质彬彬却直截了当地回答："对不起，丽娜，我家里已经有人在等着我了。"这位年轻女性只好快快离去。

　　这时，整套房间里只剩下史密斯和赵传真。赵传真把门窗全部关闭之后，坐下来慢慢地喝茶。史密斯站起身来，说："传真，你今晚肯定想对我说些什么，时间不早了，如果你再犹豫下去，我就走了。"

　　"你我果然是知心朋友，一眼就看出我的心事。我确实想对你说点事，但又怕你为难。"

　　"你就直接说吧。还是那句话，只要不让我违背职业操守和道德底线，我们同学之间可以相互帮助的。我那只鼻烟壶毕竟换了你那么贵重的元青花，我知道是不可能白换的。"史密斯笑了笑。

　　赵传真也笑道："同学之间何必说得这么露骨呢？这件事肯定不会违背你的道德底线，至于职业操守，就看你从哪方面去理解了。"

　　"快说吧。家里有佳人在等我呢。"

　　赵传真直接说："你应该知道肖成城父子俩的事情吧。以他父子俩的遭遇为例，你觉得脑库索取是不是有些反人性？"

"这确实属于道德范畴，三言两语也说不清。但你还没有说到事情的关键，这父子俩和你有什么关系？你需要我做什么？"

"如果我说这对父子和我关系很不一般，老同学，你能帮我做到哪一步？"

史密斯想了想，说："关于肖成城，由于他已完全失踪，连联合国警察也无法找到他，已无法谈及帮不帮得上忙了。至于他的作家儿子肖理夫，通过我的内部信息渠道，我可以明确告诉你，他应该不会被判处极刑。至于如何量刑，就看他的辩护律师的能力了。不过，通过我的关系，我可以让他的律师和他本人尽快见个面，这样就可以让他的律师早做准备。在我的能力范围内，我也只能做到这些了。"

"多谢你，我会尽快把这个消息告诉他的亲人。你还能把相关细节说得更加具体些吗？"

"根据我得到的最新消息，国际最高法庭对肖理夫案的开庭日期定于1月9日。其实，最初，考虑到此案会对脑库索取合法化的全民公投产生负面影响，联合国高层和国际最高法庭曾经照会过，不打算对肖理夫进行公开审理，就算需要进行公审，也计划在全国公投结束之后。可是，也不知是来自哪方面的力量——据我分析，可能是那个短片在全球范围内的影响过于深远吧，国际最高法庭迫于强烈的民众呼声，违背了联合国的意图，决定在1月9日对肖理夫案进行庭审。我也是昨天才得知这些消息的，也不知道肖理夫的亲人当前是否知情。没关系，就算他的亲人还无从得知，既然你问到了我，我就全部告诉你，你把这个消息再转告给他的亲人。而站在我的角度考虑，我并没有违背相关法规和职业操守。"

"多谢，多谢！但是，我希望你还能为这件事多努力一把，希望能使肖理夫无罪释放才好。"

"你的心情我当然理解。但是，你似乎有些天真了。就算我是肖理夫案最高法庭的执行法官,我也没有这个能力,因为肖理夫确实有造谣惑众的事实。再说,尽管联合国和国际最高法庭在很多事务上可以相互照会和沟通,但在法律层面上,国际最高法庭还处处钳制着联合国各级部门呢。何况这是智能司法和智能审判时代,单独个体谁也无能为力,更何况我只是联合国的一个中层,又怎么有这种能力呢?"

赵传真笑道:"当然,当然!我确实是有点救人心切,让你见笑了。"在这种还算轻松的谈话氛围中,他突然话锋一转,问道:"老同学,你觉得肖理夫提到的那个事情有可能发生吗?"

"不好说。既然还没发生,又怎么好说呢?"史密斯自然含糊其辞。

"我是说,如果这事真的发生了,你怎么看待呢?"这才是赵传真的最终意图。

"嗯……"史密斯支吾了一阵,还是没有表态。

赵传真一字一顿地继续追问:"假如脑库索取司一方真的打算以操控全民公投数据为手段达到脑库索取合法化,你会怎么看待这件事?在你的能力范围内,你打算怎么处理?"

史密斯突然惊醒般直直地瞪着赵传真:"你是反对脑库索取者?你是右派?你是'反脑库索取中心'的成员?"

赵传真也直视着对方:"老同学,我知道你既不是脑库索取的支持者,也不是反对者,你既不是所谓的右派也不是所谓的左派,所以我俩之间没必要把这种派别分得这么清楚。我只是站在同学和朋友的角度,问问你的真实想法。"

史密斯沉默了一会儿,也极其认真地说道:"传真,我终于明白了——难怪你愿意把那么贵重的元青花送给我。如果你试图在这件事上让我违背职业操守,恕我无法表态,更无法成全你……我会选择合适的时机把那件元青花还给你。但是,我向你保证,无论今后这个世界发生什么变故，我也不会向外界透露你的真实身份，毕竟咱俩是这么长久的同学和朋友，毕竟每个人都有各自的追求——我一向尊重每个人的意愿。告辞了，谢谢你准备的这场热闹而别开生面的元旦Party。"他向赵传真行了一个礼，转身打开房间，径直走进冷冽的寒风中。

赵传真一直将史密斯送到大门外面，直至看到飞行车消失在茫茫夜空中，他才发觉漫天飞雪劈头盖脸地砸落在自己身上，砸得他身心俱寒。

赵传真踩着满地新雪快速返回房间，把房门重重关上，又重重地坐在椅子上想："完了，全部被我搞砸了，因为我急于求成，因为我过于草率，因为时间越来越紧迫了……"

他坐了好一阵，这才想起给君特先生通报信息，他直接以首优模式拨了过去，君特先生一如既往地快速接通了。

赵传真首先把关于肖理夫案庭审一事的所有细节全部告诉了对方，君特先生显得很高兴，说："传真，你做得很好！这个信息来得很及时，我会立即汇报给社团的关键人士处理这事的，他们一定会迅速聘请最出色的律师为肖理夫进行辩护，你放心。这是你额外的大收获！你果然做得很出色。"

赵传真一点也不感到开心，他立即又把史斯密刚才的表态详细地汇报给对方。末了，他万分歉意地说："君特先生，我做得太让您失望了，我们的努力可能因为我的操作失误而功亏一篑，我现在不知道该怎么补救。还有时间更换其他合适的人选，或者另外寻找别的途径吗？"

对方沉默了许久，接着传来君特先生格外平静的话语："传真，你不要内疚，我觉得你没有做错什么，这事迟早要透露给他的。至于后果，我认为没有你想象的那么严重。首先，事情还没有发展到那一步，他只是我们作为预备手段的最佳人选而已；其次，他还有可能改变态度的。上次，我俩和他见面时，他没有带走元青花，我当时觉得有些失望，你反而安慰我。后来，他不是果真把那件玩意儿拿走了吗？因此，我想，事情的发展不会一成不变的。"

"可是，万一他的态度不改变呢？我们是不是可以更换其他人选？"

对方又沉默了一会儿，说："时间上已经来不及了。再说，如果真要执行那一步操作，也只有他所处的那个位置才能快速做到。传真，事到如今，你也别想那么多，因为我们已经尽力而为，做到问心无愧啦。你们中国有句古语'谋事在人，成事在天'，我们现在也只能靠天安排了。时间不早啦，你休息吧，不要想那么多，祝你元旦快乐！我还要赶紧汇报有关肖理夫的事情。再见！"

君特先生挂断电话后，赵传真又在房间里来回踱步。最后，他咬咬牙，屏蔽了和史斯密之间的所有联系方式，接着匆忙收拾好一个行李袋，逃难一般跑出自己的房间，背着飞行背包迅速消失在风雪交加的夜色中……

最近这段时间，赵传真不希望史密斯随时可以联系上他，如此一来，那件元青花也就无法退回来——那份人情依然让对方欠着，当他迫不得已需要联系史密斯时，再选择合适的时机出现吧。

14

2267年1月3日上午，一架豪华空天飞机从纽约国际机场快速升空，以近乎垂直的上升角度穿破浓汤般的对流层，越过平流层，再掠过中间层和暖层，最后在广袤的散逸层中缓缓往西平移。

这里已是地球海平面以上2000公里的高空，地球引力对这架空天飞机的影响已经很小了，因此，此时的空天飞机如同一片小鹅绒，轻盈地飘浮在散逸层中。

随后，空天飞机几乎是静静地悬停在太平洋上空，纯粹靠其智能系统保持近乎休眠的运行状态。

一场别出心裁却意义重大的小型会议在这架空天飞机上正式展开。

纵然不关闭空天飞机上的信息屏蔽程序，也很难被窃听系统打扰。但他们不会这么做，因为本次会议的内容实在需要高度警惕。

机上客舱内的大圆桌只围坐了七人：联合国执行主席路易斯，一直不离路易斯左右的魁梧保镖兼机要秘书安泰，地脑运行中心总长胡希明，脑库索取司司长马腾佶和其信息安全员万洪波，还有两张陌生男士面孔——从他俩的表情上看，都是一副高深莫测的样子。

安泰按了一下桌前的一个小触屏，每人跟前的桌面无声裂开一道小缝，立即浮上来一只高脚杯和一个精巧的水龙头，水龙头自动对准透明高脚杯口后，路易斯笑了笑，首先开口道："各位喜欢喝点什么，可以在各自跟前的桌面触屏上选择不同饮品。"

每人选定饮品后，轻轻点了一下各自的饮料图文标志，各色液体无声地注入眼前的透明高脚杯里，液面平静得如同镜面，居然没有一丝颤纹。要不是路易斯随后这段话，大家几乎以为是在地球上某个安静的场所欢度元旦假期。

路易斯说："各位，耽误你们宝贵的元旦假期，就是希望在大家的全力配合下把眼前这件事做好，并且必须做到万无一失、毫无纰漏。胡总长，你先说说吧。"

胡希明看了看马腾佶，说："这事具体由马司长负责，还是请马司长说吧。我全力配合就是。"

马腾佶点点头，说："自从肖成城突然神秘失踪后，不但失去了对我们最有利的举证，反而因为他儿子被捕的那个短片在全球范围内的广泛传播，令我们的支持者数量呈急剧下滑趋势。小万，你具体负责这一块,念念最近几组民意测试数据。"

万洪波这时显得更加忸怩不安,他打开一个小笔记本电脑,低声念道:"这里有几组数据对比,随机调查人数均为两万人左右。2266年11月30日,支持脑库索取者58.59%,弃权者3.22%,反对者38.19%;2266年12月15日,支持脑库索取者57.55%,弃权者1.33%,反对者41.12%";2266年12月28日,支持脑库索取者48.07%,弃权者6.59%,反对者45.34%。"万洪波补充道,"后面这组数据是肖成城失踪、肖理夫被捕之后那个短片发布后统计出来的,在短短几天时间内,我们的支持者数量急剧下降。因此,我们在12月30日又紧急进行了一次民意测试,具体数据是,支持脑库索取者46.21%,弃权者……"

"能不能别再念下去了?"安泰突然不耐烦地冒出一句。

路易斯也接着说:"不要念了,我们说些具体的吧。"

这不仅让万洪波有些不知所措,连胡希明和马腾佶也有些尴尬。马腾佶说:"我让小万念这些数据只是想一再说明,全民公投对我们越来越不利了,尤其是肖理夫被捕那个短片出现之后,我们的支持者数量在急剧下滑,到时候我们不得不采取果断手段了。"

路易斯不动声色地说:"好吧,我们就谈怎么运作、如何相互配合吧。"

马腾佶说:"对于如何操控全民公投数据,自从全民公投议案公布之后,我一直在做这方面的准备工作,因此,我特意从外面聘请了一位数据程序操控高手在暗暗编写有关程序。杨剑,你具体说说吧,好让主席先生和胡司长放下心来。"

那个名叫杨剑的中年人彬彬有礼地向几位全球大名鼎鼎的人物鞠了几躬后,说道:"我精心设计的'公投数据自动篡改程序'早已完成,只要将它植入全球公投数据系统,届时它会自动将弃权票改为支持票,但投票者却根本察觉不出来。同时,程序还可以智能识别反对票的来源路径,如果发现投票者身份低微或知识层次不高,也可以将它自动改为支持票。投票者如果不具备较高的专业调查与取证能力,也根本无法发现自己的投票已被篡改——而这类人所占比例往往比较高。因此,我愿意以生命作为担保,本程序可以确保在本次全民公投中使脑库索取合法化!如果有兴趣,我可以在这架空天飞机的内部信息系统中做一次小规模模拟试验。"

安泰表现出浓厚的兴趣,正打算打开空天飞机的内部系统时,路易斯却说:"安泰,由于时间紧迫,就不要测试了。马司长肯定早已做过类似的模拟试验,他做事一向靠谱,否则,就不会提出这个方案了。"

马腾佶喜形于色,连忙说道:"正如主席先生所言,我早已将杨剑先生编写的这个'公投数据自动篡改程序'做过好几次测试了,就连小万这个专业人员都无法发现篡改路径。"

万洪波也喜形于色地连连点头。

胡希明却说:"轻视对手,就是弱化自己。马司长,就算这位杨剑先生的程序在本次公投中可以保证脑库索取合法化,但据我所知,反脑库索取中心那边也不是等闲之辈,万一对方也在我们的系统中侵入相关反制软件或病毒软件,我们该怎么应付?我手下的相关人士早已获得准确信息,对方一直在紧紧盯着我们的一举一动啊!"

胡希明心中早有不满:马腾佶作为自己的部下,却背着自己做了这么多,竟然事先也不透露一点,这明显是不信任或者瞧不起自己这个顶头上司!因此他有点故意抬杠的味道。

马腾佶早有预料,也早已看出胡希明对自己心存芥蒂,但他立即胸有成竹地说:"主席先生、胡总长,我也早已预想到反脑库索取方绝对不会善罢甘休,因此,我方相应的防范措施早已同步启动。这位奥尼尔丹先生正是我特意从英国聘请的病毒软件专家。奥尼尔丹先生,请你向主席先生和总长先生谈谈具体情况吧。"

在马腾佶心目中,脑库索取合法化已指日可待,届时,脑库索取司的地位至少可以和地脑运行中心平起平坐,他犯不着如此顾及当下这位顶头上司的感受。

在胡希明有些尴尬的神情中,70岁的奥尼尔丹站了起来,行了一个礼后,有些傲慢地说:"我十来岁就开始编写病毒软件玩,在这个地球上,可能没有多少人比我更懂病毒软件。说白了,病毒软件和杀毒软件就是一对孪生兄弟,其原理完全一致,就如同魔法师与魔鬼、天使与精灵——把它用在邪道上就是魔鬼、精灵,把它用在正道上即是魔法师和天使,它们其实没有真正的正邪之分。因此,我设计的这款名为'百毒尽'的杀毒软件,它囊括了病毒与杀毒软件的所有属性,可以扼杀一切外来入侵病毒。如果各位先生对我的杀毒软件产生怀疑,我立即演试。"他说着,竟然主动去开空天飞机上的电脑系统。

路易斯连忙说:"奥尼尔丹先生,不用啦,马司长如果不相信你的能力,你也不会来到我这空天飞机上。"

只有马腾佶和路易斯最清楚,奥尼尔丹其实是路易斯主动推荐给马腾佶的,他和路易斯曾经是剑桥大学的同学,还是关系不错的朋友。正因为如此,奥尼尔丹说话的态度才显得有恃无恐。当然,他的专业能力也确实让同道中人刮目相看。

见路易斯主席主动如此表态,胡希明自然不会节外生枝了。马腾佶更加不会多此一举,因为他早已测试过奥尼尔丹这款堪称万能杀毒软件的"百毒尽"。

路易斯说:"技术层面这一块我们暂时谈到这里吧,我既相信马司长做事的认真态度,同时也相信两位专业人才的技术能力。接下来,你们就敲定如何相互配合、协同作战等具体细节。尤其是整个地脑运行系统与脑库索取司以及整个联合国信息系统的密切衔接,大家必须制订出一套天衣无缝的操作细节方案来。安泰，你去驾驶飞机，直接飞往酒泉。请各位好好推敲具体操作细节，然后在地脑系统运行中心和脑库索取司的内部系统中反复演习。"

空天飞机突然苏醒一般，再次快速向前飞行起来，如同一枚不大不小的石头，沿着一条悠长而完美的抛物线，飞快地抛向中国西部的那片冰雪大地！

15

这是个"英雄"造时势的时代。

哪怕只是一个小人物，只要将科技的小石子扔准了方向，或者掷投角度恰到好处，就会在地球这个不大不小的"池塘"中激起阵阵涟漪，甚至会掀起轩然大波，从而有可能改变发展的进程。

由高科技和强信息相互串联的无数蛛丝已在地球村上编织了一张无处不在的大网，无论在网上的哪个结点触碰一下，都会牵一发而动全身，影响整个地球村的时势与进程……

有些事件看起来很偶然，然而，重大事件的发生往往是众多偶然事件的不断累加，从量质到质变，最后成为必然事件。

这天下午时分，万洪波终于下班了，他准备回家好好休息几天。从元旦长假的第一天开始，他不但没有好好休息过一天，反而马不停蹄地忙碌了整整四天。现在，联合国执行主席一行终于离开了酒泉，他也该好好休息几天了。

正行走在冷冽的风雪中，万洪波的通信仪忽然响了，他抬腕一看，无精打采地接通了语音，立即传来一个中性的声音："波波，你还好吗？姐姐忽然格外想念你了。"

"好什么好！这几天差点把我这小胳膊小腿累垮了，我得好好休息几天。"万洪波没有好气地轻笑道,"唉,我不知该是叫你哥哥呢还是叫你姐姐,干脆还是叫你万洪浪吧,这样让我觉得不那么别扭。万洪浪,你有什么事情就直说吧。我知道,你如果没有什么事让我帮忙,你是不会想起我的。"

那个中性的声音再次传来:"波波,你错了,姐姐这次是真的想念你了。既然你也休假了,干脆来纽约玩嘛,姐姐好好陪你玩几天。"

"我刚从纽约回来,纽约没什么好玩的。万洪浪,你就直说吧,要我去纽约帮你做什么?"

"你那边说话方便吗?"

万洪波的声音这回倒显出几分阳刚之气来:"我作为联合国一个重要部门的专职信息安全员,只要我愿意,不存在信息安全问题,也没有说话不方便的时候。万洪浪,你有什么事就快点直说吧。"

"好吧,那我就实话实说了,弟弟,这次你一定要帮我这个忙啊。是这么回事……"对方的声音越来越小。

万洪波边走边听,不知不觉已来到自己的宿舍前,对方才把需要办理的事情说清楚了。万洪波关掉通信仪,默默地望着宿舍门前那几棵冰雪披挂的白桦树在风雪中呜呜作响,然后他忽然笑了笑,自言自语道:"好吧,那就再去一次纽约吧,这毕竟是个富有挑战性的游戏,那就尽兴玩玩吧。"

万洪波的精神又振奋起来,他在自己宿舍门前张开纤细的十指,轻轻虚推一下,房门果然自动打开了。作为一个专职信息安全员,他的开门方式果然别出心裁——他对自己房门的安全信息设置方式也与众不同。

万洪波在房里面稍微收拾了一会儿,就背着一个别致的包裹出门了。他把手往后面轻轻做了个"拜拜"的动作,房门严严实实地自动合上。

在通信仪上轻轻点了一下，一辆无人驾驶飞行出租车很快降落在他跟前，他登上飞行出租车，直接往酒泉市飞去。

作为一个工薪阶层，纵然脑库索取司的待遇不错，万洪波还是买不起跨洋飞行工具——东西跨度一万多公里的太平洋上没有电能传输装置，因此，所有跨洋飞行器必须配备民用常速核聚变发动机，价格自然比较昂贵。

由于是去办私事，万洪波只能乘坐民用跨洋客机。好在全球范围内，每个中小型城市都有往返世界各地的民营跨洋客运机场。

一个多小时后，一架中型客机载着呼呼大睡的万洪波和一大批旅客直飞美国纽约。

四个多小时后，客机降落在纽约国际机场。万洪波走下飞机时，正是这边的中午时分。

他来到外面的候车坪上，正准备招辆飞行出租车时，一位花枝招展的年轻女性快速向他跑来："波波，不用招车啦，我一直在等你呢。你没看我发给你的信息吗？"

"万洪浪，你来啦？我没有看信息，我一直在机上睡觉。"万洪波面露惊喜。

不管对方是万洪波的姐姐或是哥哥，但这位万洪浪看起来只是一位二十出头的妙龄少女，比万洪波年轻不止五岁。

"上车去吧。我已等了你快半个小时了。"万洪浪拉着这位小老弟的手，钻进附近那辆和万洪浪一样花枝招展、个性张扬的私家飞行车里。

车子腾空之际，万洪浪问道："设备都带来了吗？"

"放心，都带了。很方便的，他绝对察觉不了。"

"那就好。波波，这次是真正展示你专业水平的时候了，千万不能搞砸啊。"

"你尽管放心，就别再磨叽啦。担心搞砸，我就不会过来了。"

万洪浪这才开心地哼着小曲，往纽约市中心飞去。

万洪浪和万洪波其实是一对孪生兄弟，他俩自小就有性别认同障碍，似乎一直找不准自己的性别定位。但是，万洪浪的个性似乎更决绝一些——也可以说更有勇气——他在成年之际，通过手术和药物干预干脆把自己变成了女性。

万洪浪摇身一变成为娇艳动人的女孩后，就来到北美洲的国际化大都市纽约闯荡，由于某种巧合与机遇，她竟然成为联合国安全局一位副局长的女朋友。并且，这位副局长自从结识了万洪浪后，对她格外迷恋，很少再换女朋友了。

万洪浪将飞行车直接停落在一幢高楼顶端的一块空地上。这是联合国总部的一幢家属楼，几十层高的楼顶上本来树木成荫，绿草如毯，可惜正值隆冬，只见满坪冰雪。

他俩走下飞行车时，万洪浪说："他今天有事外出了，晚上才回来，你趁机把设备安装好，要安装得格外隐蔽，他可不是个普通人物。对了，他回来后，你当着他的面必须叫我姐姐，还要叫他姐夫——这一点你一定要记牢。事情办成之后，我一定会给你一个大惊喜。"

两人乘电梯下到47楼，万洪浪打开房门将万洪波引了进去。这是一套有着上下隔层的大套房，每一层都有两百多平方米，室内陈设堪称豪华。

万洪浪直接把万洪波带到上面一间宽敞且更加豪华的大房间里，说："这就是我和他的卧室，你就把设备仔细安装在这间房间里。注意，一定要特别隐蔽。"

万洪波还是第一次来到万洪浪如今的家里，本来就对这套房子的宽敞豪华感到格外惊讶了，进入这间大卧室后，更为它的豪华而目瞪口呆。他好久才回过神来，讷讷道："万洪浪，你真会享受。"

万洪浪也陶醉地说："他是一个很有经济头脑的人，很会投资理财，也很会经营生活。他对我特别好，我就是想在这样的条件下度过一生才担心会失去这一切，所以才请你来帮忙。你快点行动吧。"

万洪波有些迟疑地说："这里，不会有别的……"

"你放心，我来到这里后，以节省开支为由，把他的机器人保姆都辞退了，需要打扫卫生的时候再临时雇。再说，我和他生活了三四年，除了不懂他的心思外，这套房子里的一切我都非常熟悉，没有什么反制装置。波波，别再犹豫了，快做事吧。"

万洪波打开背上的包裹，取出两张小纸片般的卡片，仔细寻找合适的安置处。最后，他将一张小卡片压在床头的一只床脚下面，另一张竟然塞进万洪浪的一只拖鞋的夹层中。

万洪浪笑道："波波，你真是鬼才，谁会想到这一出呢？"

万洪波不作声，又掏出背包中的一只剃须器，灵活地推拉几下，里面竟然露出一个精致的小触屏。他立即挥动着纤细的手指，在上面设置着临时程序——这个伪装成剃须器的小玩意，竟然是一台微型脑库密码破译器兼脑库扫描仪，并且还带有海量信息贮存功能。不过，由于它的功率有限，只能在短距离内发挥作用。

一切相关程序设置好后，万洪波抬起头来："好啦，网已经织好啦，就等小昆虫扑进网里来了。我忽然感觉好饿啊，万洪浪，你怎么犒劳我一下？"

"走吧，我现在带你去吃纽约最高档的自助餐，然后再陪你在大纽约好好玩玩。事情顺利完成后，我再好好酬谢你！对了，你的包裹要拿走，现在这里不能留下任何你进来过的迹象。"

两人又飞快地把卧室里细细收拾了一番，走出门，重新乘电梯升上楼顶，然后再次坐上那辆个性张扬的飞行车。不断起落或盘旋于纽约市的各种豪华场所，万洪浪不断支付着一笔笔数额不小的信用数据，完全没有心疼的感觉，好像真的只是在玩一串串没有任何意义的数字符号。

这让万洪波在羡慕与惊诧之余，也深深感受到那位尚未谋面的姐夫是如何富有，又是如何的宠爱着万洪浪。

不知不觉间，夜幕降临。万洪浪说："我们该回去啦，说不定你姐夫已经回家了。一般情况下，天一黑他就会回来的。如果他晚上有什么应酬，就会提早告诉我。他今天一直没有给我发消息，说明他会准时回家的。波波，你一定要记住，回去之后，一定要叫他姐夫，叫我姐姐。"

万洪波还有些意犹未尽、乐不思蜀，但他心中已暗暗折服万洪浪目前所拥有的一切，就乖乖地点点头，跟随万洪浪往回赶。因为他今晚还有重要任务呢。

万洪浪带着万洪波一打开房门，就亲热地叫道："亲爱的史密斯，你这么早就回来了？对不起，我回来晚啦，我弟弟刚从中国赶过来，我忙着去接他。波波，快叫姐夫！"

这位姐夫果然已经回家了，他的个子不高，却很结实，看上去很是精明强干。他就是赵传真的老同学史密斯。但万洪浪"姐弟"俩根本无法得知这层关系，也不知道他复杂的内心深处在想什么，因此，万洪浪才请弟弟过来帮忙。

万洪波果然怯怯地叫了一声"姐夫好"——是发自真心地对他的尊敬。

史密斯开心地握住万洪波的手，说："你好，你好，很高兴见到你。你们姐弟俩长得可真像。"然后回头对万洪浪说，"洪浪，你弟弟来了怎么不提前告诉我？让我失礼了。"看得出来，他是真心欢迎万洪波的到来——出于爱屋及乌的心理。

万洪浪说："亲爱的，不好意思，我弟弟忽然想念我了——当然也包括你，就临时赶过来了。我也是刚刚接到他的消息，只好匆忙赶去机场接他。史密斯，你没有失礼，我不告诉你是怕影响你的工作。"

史密斯连忙让座，倒茶，三人亲热地闲聊起来。

史密斯笑道:"洪波,看起来你姐姐比你年轻多了,外人一看,准以为她是你妹妹呢。"

万洪波也放松下来,说:"其实,我和她是双胞胎。因为姐夫很宠爱我姐姐,她的生活比我过得优渥,自然比我年轻多了。"

万洪浪深情款款地对史密斯说:"亲爱的,你把我照顾得这么好,你自己却那么劳累,我好心疼你。最近几天你总是心事重重、闷闷不乐的,难得看到你这么高兴,今晚就早点休息吧。"

只有史密斯自己知道最近心事重重的原因:那么一件举世珍稀的元青花,好不容易弄到手,由于不想违背自己的职业操守,现在却又想着把它送回去——剜掉心头肉,能不心疼吗?能不犹豫吗?

"你弟弟来了,我当然高兴。"史密斯由衷地说。同时,他也深深领会到万洪浪刚才向他发出的情感邀约,就说:"洪浪,听你的,今晚早点休息。洪波,你长途劳顿,也早些休息吧。下面这些房间随你挑,晚安。"

史密斯开心地挽着万洪浪,两人浓情蜜意地往楼上走去。

万洪浪今晚还有其他诉求,自然希望史密斯能够早点深睡。

不管上面做出什么,万洪波却不敢入睡。他走进那间豪华卧室正下方的一个房间,掏出那个"剃须器",打开信息界面,然后趴在床上,时刻关注着上面的信息变化。

这次,万洪浪让他过来的主要任务,就是要他扫描史密斯的脑库信息。因为万洪浪告诉他,尽管史密斯对"她"特别宠爱,但史密斯从来不向"她"透露他具体有多少财富,除了"她"可以随便消费对方信用户头上的信用数据,却无法将任何一笔信用数据据为己有;同时,史密斯在楼上有个神秘的储藏室,却从来不让万洪浪进去——里面肯定收藏了不少宝贝!这一切让万洪浪深感忧虑:万一自己不再招他喜欢了,今后的奢侈生活该如何继续呢?

另外,据万洪浪透露,自从有天深夜史密斯神神秘秘地从外面拿回一件东西送进储藏室后，他一直心事重重，有时半夜还会忽然惊醒过来；尤其是最近两天，史密斯变得更加心烦意乱，有时候还唉声叹气。因此，万洪浪猜测，以史密斯在联合国重要部门的工作性质，他肯定得到了不少来历不明的巨额财富……

综上种种，万洪浪迫切希望万洪波能扫描史密斯的脑库信息，这样，就可以满足自己诸多诉求：首先，可以知道史密斯具体有多少财富，甚至利用史密斯脑库中的密码将部分信用数据设法转为己有，这样，就算哪天"她"被对方抛弃，也可以继续享受奢华生活。自然，还可以利用史密斯的脑库密码打开他的储藏室，将部分值钱的宝贝偷偷拿去变卖。

最重要的一点是，一旦成功扫描了史密斯的脑库，就完全知道了他那些不可告人的秘密——只要抓住了对方的把柄，纵然自己年老色衰，他也不敢轻易把"她"甩掉，甚至可以此作为要挟手段达到利益的最大化……

也不知过了多长时间，万洪波手上的信息界面突然急剧地闪烁着各种图像和数码符号——哈哈，看来，史密斯终于深睡了，破译系统已正式侵入他的脑库！

可是，这些信息闪烁不到半分钟，信息界面突然停滞！

万洪波还弄不清出了什么状况，楼上突然传来模糊的叫喊声、争吵声和家具的摩擦声……

肯定出事了！万洪波赶紧关掉信息界面。

又过了一小会儿，只听到万洪浪发出一声声凄惨的尖叫声，接着，尖叫声伴随着杂乱的脚步声快速往楼下移来……

暴露了！坏事啦！万洪波赶紧把"剃须器"塞进床边的包裹中，又跳回床上。

他刚刚盖好被子，房门就被撞开，只见身穿睡衣的史密斯一手抓住万洪浪的头发——满面惊惶的万洪浪穿着格外性感的睡衣，另一手上捏着那两张小卡片——这正是万洪波事先藏在对方房间里的。

史密斯怒气冲冲地掀开万洪波的被子，一把将万洪波揪得坐了起来："兔崽子，这两张密码破译芯片是不是你的？！"手一甩，那两张卡片甩在万洪波脸上，他脸上立即火辣辣地疼。

"不，不是我的……我不知道那是什么……"万洪波无力地辩道。

"你今天来了之后，我的房间里就出现了这玩意儿，不是你还有谁！这小戏子还没有这种操作它的能耐。"史密斯又指着万洪浪说。

"我、我真的不知道……"

"快把脑库扫描仪拿出来！"史密斯粗壮的大手直直地伸向万洪波。

"我不知道什么是脑库扫描仪……"

史密斯右手一松，万洪浪如同一件衣服般无声地滑落在地。史密斯抓起万洪波床边的那个小包裹翻看，可是，里面除了几件衣服，只有一个剃须器。

史密斯瞪着剃须器看了一会儿，突然说："你这副样子，需要什么剃须器？"他抓起剃须器就是一顿左拨右弄，过了一小会儿，那个信息界面终于显现出来，他稍微看了看其中一些信息，咬着牙道："果然是我的脑库信息……哼哼，好小子，竟然敢在联合国安全局专门分管信息安全的副局长面前玩这种把戏！幸好我的职业本能和反制措施还过得去，否则，差点就让你们这对小丑得逞啦！"

顿时，万洪波和万洪浪目瞪口呆，面面相觑，连讨饶的念头都不敢出现了。

史密斯突然把这个微型脑库扫描仪狠狠地摔在地板上，摔得支离破碎，但他还不解恨，连续用脚使劲踩踏，踩得火星飞溅，青烟直冒……

末了，史斯密指着两人大声吼道："滚！立即给我滚出去！你们再也不要出现在我面前！"

万洪浪终于哭出声来:"史密斯,看在咱俩的情分上,可不可以再……"

"滚!"史密斯看也不看"她"一眼,连续点动手腕上的信息界面,"你的衣服可以带走,其他东西连一粒灰尘也不要动!万洪浪,从此以后,你再也无法从我户头上消费一个信用点数,也无法动用我的任何物品。赶快滚!万洪波,你现在赶快给我站到大门外面去!"

万洪波穿上衣服,抓起地上的小包裹,赶紧逃了出去。

万洪浪披头散发地跑上楼,在史密斯的严密监视下穿上外衣,收拾好一个大点的行李袋,也仓皇走出了这套大房子。

隆冬的半夜,"姐弟"俩结伴步行来到一楼的空坪前,商量了一下,招来一辆飞行出租车,往纽约国际机场飞去。

在机场外的空坪上,两人走下出租车,万洪浪习惯性地点开手腕上的支付系统,准备支付车费,却发现自己连几十点的车费都支付不出来了。

万洪波无比苦闷地说:"看来,返程的所有车费和所有开销都要我来支付了。原本还指望你给我一点什么好处呢!万洪浪,是不是我上辈子欠你什么了?"

万洪浪更加痛苦,立即尖锐地反击:"万洪波,你不是说你的专业技术牛得上了天吗?怎么连这么一点破事都干不成?害得我现在一无所有!你说,这责任谁来承担?!"

于是,在接下来的行程中,"姐弟"俩就这样相互埋怨、相互指责,骂骂咧咧、争争吵吵地返回了中国。

万洪波和万洪浪离去后,史密斯望着这忽然空荡得有些孤独和可怕的大房子,痴痴地四处走动,似乎每个房间里都留有那个让他无比着迷的身影……可是,现在,却再也无法挽回,也用不着挽回了——既然已经完全识破了对方的阴险用心和可怕企图,破镜是根本无法重圆的。

他忽然泪流满面地哭泣道:"可恨的脑库扫描,可怕的脑库索取,如果没有这些玩意,如果没有这一出,我和洪浪的情感也许可以长久地维持下去……"

史密斯大梦初醒一般,流了好一阵眼泪,他忽然想跟赵传真好好沟通一次,可是,无论他怎么联系,赵传真如同彻底从人间蒸发一般,怎么也联系不上。

16

几天之内,罗森就苍老了许多。这种衰老的速度,如同罗森从龙驹的信息系统中最后一次看到肖成城时的感觉。

肖成城的彻底失踪——也可以说是离奇死亡,已经让罗森承受着巨大的悲痛和深深的内疚,而肖成城交付于他的遗愿也迟迟不能完成——由于肖理夫一直未释放,那封信也无法交到他的手上,这让罗森更加心急如焚,却一筹莫展。

既然知道了肖理夫的具体下落,罗森也可以想方设法把这封信交到肖理夫手上,但他不敢草率行事。因为肖理夫正身陷囹圄,这封信很有可能被国际警察强行掠去,他不知道会发生怎样的后果,而且他根本不知道这封信里隐藏着怎样巨大的秘密。既然肖成城把等同生命般重要的信件交给他保管,并让他转交给肖理夫,可见信件内容的重要性!

肖理夫什么时候才能释放呢?这封信何时可以安全交到他手上呢?

这种利弊权衡,这种似乎看不到尽头的漫漫等待,让罗森格外难受。

雪上加霜的是，儿子罗林在元旦夜上的那些言辞，再次让他深感失望，接着他火山爆发般地将儿子骂跑，父子之间的情感连接从此彻底断掉，这让罗森更加苦痛，但他不愿挽回——既然双方在观念上如此背离，父子俩在情感上也无法真正融合，又何必强求呢？

在这多重煎熬下，在北沙洲小岛重归寂静之后，罗森如困兽一般几乎彻夜难眠。当务之急就是让肖理夫尽快出来，最好是无罪释放，这样就可以把那封信安全交给他，完成肖成城托付的重任。

要想让肖理夫无罪释放，最直接的方式就是使其"造谣惑众"的罪名不成立。

那么，必须找到脑库索取司一方打算操控全民公投数据库的确凿证据！

而真正第一手传出这个"谣言"的，正是罗森自己。他只是将这个猜测单独传给了女儿罗叶，通过多次内部传递之后，鬼使神差中，肖理夫竟然成为这个"谣言"的公开发布者……

因此，就算是为了赎罪，罗森也想把这个"谣言"攻破——也就是说，通过有力的证据证明"谣言"是事实。

于是，怀着这种深深的赎罪感，罗森再次进入了忘我境界——比和奥拉维格一起寻找光锥与时间轴的切合试验更加投入。那次只是为了挑战自我，这一次却是为了赎罪，为了使恩人的儿子能尽快无罪释放，更是为了众多人的尊严与人权，为了整个世界的公平和公正！

在北沙洲这个僻远而微小的岛屿上，在这片椰林掩映的小楼上，罗森整天整夜闭门不出，除了偶尔喝点水，随便吃点虎驹送进来的食物或者打个盹，就那么胡子拉碴地忙碌着。他的眼前有时同时闪烁着三四个虚拟操作界面，他不断输入一串串数字和符号，不断修改着，有时又深深陷入思考之中……

他已顾不上个人的安危，也毫不顾及触犯什么国际法规，更忽略了日夜的交替……

当然，该有的安全防护也是有的——只有让自己安全，才有可能攻击对方。因此，他早已将龙驹和虎驹的程序进行了大幅度调整，于是，它俩既是主人现实时空的有效捍卫者，也是虚拟空间内的信息保护者。

而在冰天雪地的酒泉，万洪波不仅颜面尽失地折戟而归，还带回一个一无所有、一无是处的"姐姐"万洪浪，不但每天要白白养着"她"，还得不断承受对方的埋怨和嘲讽——这个"累赘"如何甩得开啊？

更让万洪波担心的是，当他得知那个史密斯竟然是联合国总署安全局的副局长时，更是吓得不轻：对方一旦查明自己是联合国二级机构的一个信息安全员，如果认真追究起来，自己的麻烦就大啦——竟然利用龌龊手段，非法扫描联合国高层官员的脑库（至少目前扫描他人脑库是非法的，何况是个人行为），以达到个人的种种企图！因此，不管对方给他施加什么罪名，他都得承担：轻则开除、判刑，重则可能有生命之忧！

万洪波整天提心吊胆，他只能暗暗祈祷：对方千万不要追查自己……

在种种精神折磨之下，万洪波整天浑浑噩噩地混日子，几乎忘记了自己的本职工作——为脑库索取司的局域系统不断更换新密码、勤设防火墙。

因此，当中国最南端那个小岛上的罗森突然发出一声声欢呼时，他竟然浑然不觉！

当然，这一次，万洪波的对手实在太强大了，并且对手是那么勇往直前，还怪招迭出！

罗森忘乎所以地尖叫了一阵后，很快冷静下来，他立即打印了厚厚一沓纸质文件——全是关于脑库索取司如何操控全民公投数据库的实施方案、执行细节，以及联合国各级高层人物的有关表态等内容的。接着，他把这些信息全部整理成一个加密数据包，赶紧发给女儿罗叶。

罗森知道，罗叶正是肖理夫案的首席辩护律师——这样可以让女儿在庭审辩护时提供确凿证据，从而让肖理夫无罪释放。

加密信息发出去好一阵，罗森却没有收到女儿的任何回复。

按理说，这么重要的信息发过去，女儿应该立即回复的。到底出什么状况了？

罗森只好拨打罗叶的通信仪，希望以此直接提醒对方，却怎么也拨不通，因为父女俩并没有互设首优。当然，就算这对父女互设了首优，此时此刻，罗叶可能也无法接听。

罗森急得团团转，他无意间看了看时间，突然叫道："时间怎么过得这么快？！已经是9日晚上了？对了，她现在一定在纽约的法庭上，不方便接听，或者是其他原因……还好，现在是纽约的9日上午，正是理夫案的庭审时间……在时间上总算赶上了，但愿她能及时发现这个信息，但愿能及时帮助到理夫。可是，她会及时看到吗？要不要再想想别的方式，让罗叶及时看到呢？我得仔细想想……"

他不停地在房间里走来走去。

17

罗森料得丝毫不差，此时，罗叶正在纽约最高国际法庭的被告辩护席上。

原来，赵传真把肖理夫案的庭审时间等相关细节告诉君特先生后，君特先生立即转告了张宁静，张宁静惊喜之余，赶紧把这个消息转发给反脑库索取中心的骨干成员以及郭林涛等人。

接着，在郭林涛的亲自组织下，迅速成立了肖理夫案的辩护律师团。

罗叶立即表示希望能成为该律师团的首席辩护律师。她提出了三点理由：其一，自己曾经办过有关非法脑库索取案件，积累了办理此类案件的一定经验；其次，自己的父亲和肖理夫的父亲是至交，她熟悉肖成城先生更多的内情，因为此案不仅仅涉及肖理夫本人，肖成城先生的各种际遇也将是法庭上的有力举证；其三，由于父亲和肖氏父子的情感因素，在情感上的全身心投入，可以促使她在法庭上说出更具感染力的辩护词。

对于首席律师人选的决定权，自然落在张宁静身上，张宁静毫不犹豫地将罗叶定为首席辩护律师——她更看重罗叶提出的第三点理由——在瞬息万变的庭审现场，辩护律师的全情投入往往会激发出情理俱佳的临场发挥，常常可以起到意想之外的效果。

接下来，在郭林涛的操作下，既要聘请其他律师团成员，还要邀请陪审团成员，更要为即将到来的开庭收集各种有价值的资料……

紧锣密鼓地做完这些准备工作后，1月8日下午，张宁静、罗叶和一大群人准时来到纽约。

这次，他们的阵容算得上够壮观了：光律师团成员就达11人；陪审团成员包括张宁静在内一共32人。且陪审团成员都是社会各界的精英：宇民公司CEO郭林涛、BMW公司总裁格拉斯以及多位行业巨头，还有一些学术及科学界代表。

根据现有的国际法陪审团成员组成制度，对于重大刑事案件，原被告方都可以根据自己的意愿有选择性地邀请陪审团成员。这些人只要不与涉案双方有血缘或亲缘关系，年龄在20岁以上，没有犯案前科，在自愿的情况下都可以成为陪审团成员。

双方陪审团成员最多人数可达32人。

在开庭之前，由于肖理夫案的特殊性，张宁静虽然想尽了办法依然无法和肖理夫见上面。因为最高法庭还是担心他们有提前串供之嫌。

在几天前，只有罗叶以首席辩护律师的身份来到纽约，和肖理夫匆匆见过一面——还是在国际最高法庭诸多狱警以及无数监控设施监控的情况下。两方自然没有谈出更多有价值的内容或线索。

纽约时间2267年1月9日上午9时，肖理夫案正式在纽约市国际最高法庭开庭审理。

分离了二十多天后，张宁静终于见到了肖理夫——他瘦多了，但精神还算不错。根据现有的法律规定，在被告方正式定刑之前，张宁静等直系亲属仍然不能去被告席前和他交谈。因此，张宁静只能坐在陪审团席位上，热切地望着肖理夫。

肖理夫远远地看着张宁静和陪审团成员，又感激地看了看自己的辩护律师团，然后深深地向他们鞠了几躬，接着低下了头。

此刻，肖理夫非常内疚——因为自己的鲁莽，给张宁静带来了太多痛苦与挂念。同时，他格外感动，尽管他并不认识这些陪审团成员和自己的辩护律师团成员，但他知道，这些人一定为他付出了很多很多。为了表示自己的坚强，他现在只能把这份感动深深压抑着。

这时，执行法官庄严地站起身来，首先，他照例说了一通庭审现场的相关规定和程序，接着说道："为了本次开庭审理的各种信息不影响明天的全民公投，本次庭审现场已全程开启屏蔽程序。因此，在本次庭审期间，任何内外信息均被隔绝，首优通信也不能当庭接听，若有违背者，此人不可继续留在庭审现场！希望各位理解。"

原来，对本次肖理夫"造谣惑众"案的庭审，最高法庭尽管违背了联合国的初衷，执意在公投日前一天的1月9日进行，但是，最高法庭同时也听取了联合国的部分意见——对于公投日前一天庭审肖理夫案的全过程，禁止任何形式的媒介进行同步直播，否则会直接影响即将到来的全民公投意向。

国际最高法庭认为，联合国的这个意见比较中肯，最后予以采纳。

接下来，执行法官开始详细陈述肖理夫案的基本事实，尽管这些事实早已被大多数地球人知道，但他还是说得不紧不慢、一丝不苟。

再下来，就是被告人的首席律师进行辩护陈词，以及其他律师团成员的相互补充。

再接下来，就是被告陪审团成员的种种文字或语言信息的表达……

而作为本次原告方的国际最高法庭——也可以说是联合国，既没有专门的控诉方，也没有检察官，更没有庞大的陪审团成员，只有一面悬空于法庭上方的巨幅显示屏，在不断记录并显示着各位律师、各位陪审团成员的语言、文字，甚至他们的种种表情……

这是一套智能听审与综合裁判系统。

这种司法电脑库早已贮存了全球所有法律、法规资料，然后根据被告所涉及的案件事实，结合执行法官的陈述、辩护律师们的证词、证据与辩论，以及陪审团各成员的意见等各种信息，再结合执行法官的意见后，通过复杂的数据分析做出最后的审判结果。

这个结果是不可人为改动的。

如果涉案某方不服，可以重新开庭审理，重新智能裁判。

对同一桩案件，智能裁判系统最多可以审判四次，最后，以四次审判数据的综合分析结果为准,作为最后的裁决。

自从一个多世纪前,在全球范围内普及智能司法与智能裁决系统后,世界各地的法庭再无高低级别之分,完全集初裁与终裁于一体。而执行法官的作用尤为重要,几乎与智能司法系统相伴相生。因为,无论世界哪个角落的智能裁判系统,无论外围审判参数有多么庞大,执行法官的意见以及对案件的表述方式,在智能判决时代,其分量都是很重要的。有时候,执行法官对案件事实的措辞方式,哪怕只是对其中几个字符稍作调整或改动,就有可能左右整个判案结果的走向。

几十年前,柬埔寨曾发生过这么一桩刑事案件:

A是B公司的财务人员,A偷偷杀害了B公司的总裁C之后,窃取了C的瞳孔与指纹等信息。A又利用易容术化妆成C,将B公司的大量信用数据转入自己的信用户头。

C神秘失踪许久之后,其家人才有所发觉,然后将A告上法庭。法庭通过层层调查之后,最后认定了A的犯罪事实。

但是,在庭审之前,A以巨额信用数据买通了执行法官D。于是D在陈述A的犯罪事实时,故意将"以易容方式"中的"易容"二字改成"容易",导致智能判决系统仅仅将A判为有期徒刑。

后来,由于C的家人不服,提起重启上诉程序,最后才将A改判死刑,法官D也被判处有期徒刑。

由此可见,假如执行法官心有偏颇,是完全可以改变审判结果的。

这一次,联合国和国际最高法庭作为主控方,早已在智能判决系统中将肖理夫界定为"造谣惑众已成事实"。因此,在庭审过程中,无论被告的辩护律师如何用心辩解——罗叶甚至一度声泪俱下地陈述肖理夫的行为只是因为他爱父心切的一时冲动,属于事出有因、情有可原,也无论陪审团成员如何纷纷痛斥脑库索取的背离人

性——认为肖理夫只是人性光辉的闪现,但是,智能判决系统通过一番复杂的运算、分析之后,最后还是显示如下判决结果:

判处肖理夫有期徒刑 42 年。

由于人类的平均寿命已达 160 岁,因此,有期徒刑最多可以判处 50 年。

审判结果一出,全场惊诧!

肖理夫再也无法强装坚强和镇静了,他大声喊道:"宁静,我对不起你,也对不起艾佳。宁静,你是自由的,祝你幸福……请你好好抚养我们的孩子,宁静,对不起……律师团和陪审团,感谢你们!对不起,对不起……"

同样,张宁静再也无法控制压抑已久的情感,她挺着大肚子哭着跑向肖理夫:"理夫,你不要灰心,这不是最后的结果,我们还有三次机会……理夫,无论如何,我和孩子永远会等着你!理夫,你不要这样,结果不会这样的……"

张宁静还没跑到肖理夫跟前,突然从角落里闪出一个机器人警察,毫不费力地把她抱向陪审团席位。张宁静泪流满面地挥动着双手:"让我过去,让我和孩子的爸爸说几句话吧……求求你!"但机器人警察还是把她送往陪审团席位,任凭她撕心裂肺地哭喊。

执行法官重重地敲着法槌:"肃静,请肃静!不要扰乱法庭秩序!"

这如何让众人肃静下来?许多人早已大喊大叫:"抗议!抗议!这种判决完全不合法理,我们强烈抗议!"

罗叶见状扑向张宁静,试图安慰她;郭林涛完全不顾个人形象,胡乱叫嚷着;格拉斯竟然冲动得像个愣头儿青,一阵吼叫后,就冲向那台智能判决仪,对着机器一顿拳打脚踢:"什么破玩意,砸烂它，我赔你们几百台更加智能化、更加人性化的……"

其他陪审团成员，也或叫骂或胡乱踢打着跟前的桌椅……

可是，根本不容他们继续动粗，上百名真人警察和机器人警察几乎同时围了过来，大伙顿时冷静了许多。

其实，大家的冲动表现只是为了宣泄心中的不满与怒火，明知通过武力和粗暴手段是无法解决问题的。因此，警察们一出现，他们很快安静下来。

这时，辩护律师团成员几乎同时喊道："法官先生，我们要求重新审理此案！"

法官高声回应道："可以答应你们的诉求，但是根据司法程序，三天之后才能重新安排开庭时间。具体开庭时间另行通告。下午这里还有另一场庭审，现在休庭！"

这时，已是纽约时间下午一点多钟。

接下来，在一大群警察的"护送"下，这些义愤填膺却无可奈何的社会精英被全部"请"到法庭大厦外面的空坪上。

而肖理夫早已被两名警察从被告席上带走了。

正当大家或愤愤不平，或悲观失望，或无精打采之际，罗叶仔细看了看手腕上的通信仪，忽然且喜且惊地说："太好啦……现在终于可以应对另一项行动了——也只能采取应对措施啦。宁静，你赶快联系君特先生，让他赶紧联系他的那位联系人，我们立即采取行动！"

在国际法庭大厦外面，罗叶不能高声透露这个意外的惊喜，只能这么含糊其辞地表达。

张宁静走过去，罗叶对她小声说了两句，张宁静的脸色立即开朗起来："好！下次开庭时，理夫绝对可以无罪释放，当务之急是尽量把这件事处理好！"

凛冽寒风中，这群人很快消失于纽约的闹市。

18

肖理夫的律师团队和陪审团成员离开没两个小时，罗森竟然带着虎驹风风火火地出现在纽约国际最高法庭外面！

由于匆忙上岸，加之快速奔跑，虎驹身上的海水还没干透，残存的海水就在快速奔跑过程中凝成了薄薄的冰壳，虎驹身上不断闪动着冰块折射的斑驳亮光。

原来，罗森见女儿迟迟没有回应，并且一直拨不通对方的通信仪，知道出了状况，而这份资料对肖理夫案件又是那么重要，左思右想之后，他不得不再次将虎驹变形为小快艇，启动它体内的强动力核电池连夜往纽约疾驶而来。

这次，他还在虎驹身上藏了两份最原始的纸质文档：一份是那封准备交给肖理夫的信件，另一份就是那沓厚厚的证据材料——完完整整、详详细细地记录了脑库索取司一方准备操控全民公投数据库等内容。

罗森老人的想法很简单，把这份最有说服力的证明材料直接呈给国际最高法庭，肖理夫就可以无罪释放，然后再把那封信亲自交到他手上。这样，就可以完成肖成城托付的遗愿，自己最大的心愿也就完成了——对于自己的恩人与恩师，他当前能做到的也只有这些了。

然而，他还是来晚了。

罗森愣愣地在国际最高法庭外面站了一会儿，再次拨打女儿的通信仪。这次很快接通了。

罗叶得知父亲也已来到纽约，惊喜得有些语无伦次："老爸，我马上过去接你！你的信息太重要了，谢谢您……理夫的案子三天后才能重新开庭审理，有了这些重要资料，理夫这回肯定可以无罪释放，您放心。不过，我们现在正在处理更加重要的事情……老爸，我马上过去接您！"

罗森有些失望，但他还是平静地说："你们那么忙，我还是自己过去吧，把你的具体位置发给我就行。我能从上万公里外的北沙洲连夜赶到纽约，找到你应该不难。女儿，放心吧。"

罗叶应了一声，罗森的通信仪上立即跳出对方的具体地址。他把这个地址输入虎驹的信息系统后，虎驹立即风驰电掣地奔跑起来——在飞行时代，纽约大街上突然出现一个在地面上快速奔跑的载人机器人，确实有些另类。

不过，别看虎驹表面上显得笨重朴拙，成为罗森老人的交通工具后，它虽然不能飞行，但在全力驱动下，只要条件允许，它在地面上的奔跑速度可以达到每小时三四百公里——因为它原本就是由地面交通工具改造的。而作为家用机器人时，它的表现确实有些不那么完美。

同时，只要附近有无线电源传输装置，虎驹就会自动接收外来电能，不再消耗本身核电池的能量。

十几分钟后，虎驹驮着罗森来到雄伟豪华的摩根国际宾馆门口。

罗叶、张宁静以及郭林涛、马托卡等六七个人早已等候在宾馆门口。

在这群精英人士面前，罗森就如同传说中的大侠一般突然从天而降——此前，罗叶女士曾向大家零星地透露过罗森的情况，以及其种种令人惊诧的"神来之笔"。

罗叶和张宁静几乎同时扑到罗森身前。

罗叶连声说道："老爸，您太厉害了，您这次是怎么做到的……"

张宁静哽咽道："罗叔叔，太感谢您了……我就是肖成城的儿媳、肖理夫的妻子张宁静——请允许我这么介绍自己……我现在不知道该怎么说才能表达对您的感谢和敬仰……"

罗森的眼泪也禁不住流淌下来,他轻轻拍着张宁静不断颤抖的肩膀:"好孩子,我也不知道该怎么表达此刻复杂的心情……好孩子,一切都会好起来的,只要还有我这把老骨头在,我就不会再让你和理夫受到伤害——但愿恩师在天有灵……好孩子,别哭了,让我这么一大把年纪的老头当着这么多人流泪,多么难堪啊……想不到我们会在这种场合下见面。"

郭林涛彬彬有礼地插话道:"罗前辈,您好。我为四夕女士——哦,不,罗叶女士——有您这样伟大的父亲,感到万分荣欣。您为我们默默付出得太多了,如果您愿意,我想高薪诚聘您作为我们公司的高级安全顾问。对了,我是宁静的上司——宇民微生物药业的CEO小郭……"

郭林涛忽然意识到了什么,连忙转换话题:"外面有些冷,我们还是先进宾馆再谈吧。"他恭恭敬敬地向罗森做了个"请"的动作,一群人紧紧相随。

摩根国际宾馆是纽约市最豪华的宾馆之一,为了肖理夫案,郭林涛这次将摩根国际宾馆的第四层租了下来,供辩护律师团成员和所有陪审团成员吃住并舒适地生活。

由于下一次开庭还要等到三天之后,而陪审团成员大多数是各行业巨头与社会精英,均有各自的事情要忙,无法在此闲等三天,因此,多数陪审团成员已经返回世界各地,只有辩护律师团成员和少数相关人员留了下来。但郭林涛还是将这幢宾馆的第四层全部租下——这样可以尽量避免一些外来干扰。当前,他们还有更为重要的事情需要在这里处理。

郭林涛直接把罗森领进四楼中部的15号房间,这是一间大套房:外面是一间可容纳二十多人的客厅;里面一间是高档豪华卧室,温软的床垫是磁悬浮的,人躺在上面如同在水面上荡漾;还可以开启床垫的按摩系统,边睡觉边按摩;最里面一间则是全智能洗浴间。

看到这一切，罗森这才想起，自从冰岛回来之后，他似乎还没有好好洗漱过。

郭林涛说："前辈，您辛苦劳累了这么长时间，又长途奔波，请好好洗漱休息吧。需要吃喝时，随便在房间哪个角落点开传呼，宾馆里的机器人会随时送来您所需要的餐饮。对了，由于您刚刚完成了那件壮举，我担心对方会根据反向信息路径找到您。马托卡，快在罗前辈的房间里另外设置一套更严密的屏蔽程序。"

马托卡不是陪审团成员，他跟随大家过来是为了给全体成员提供信息安全保障，因此，他早已将整个第四层楼设置了一套局域网安全防护系统——作为一般的信息保护是不用担心的，但如需更严密的防护，必须在房间内重新设置一道信息屏蔽墙。

马托卡答应了一声，正准备去取专业设置仪器时，罗森老人说："不用麻烦你们了，我自己设吧。"他回到客厅，打开虎驹身上自带的信息系统，飞快地点动起来。这群人看得目瞪口呆。

罗叶显得有些自豪地说："只要老爸用心去做，如果只是单纯地保护好自己，而不去破解他人的话，设置这种完全封闭的信息保护程序他还是绰绰有余的。只是他这人是个马大哈，有时候会麻痹大意。"

罗森微笑道："叶儿，你就知道揭老爸的短。"

郭林涛说："前辈能自己设屏，那太好了。我们都出去吧，别影响前辈休息。"说着，领着一群人往外走，接着他又回头说，"罗前辈，您休息好后，如果有兴趣，欢迎您能来指导我们的工作——我们就在您隔壁的14号房间。"

罗森又有些振奋起来："好好，只要你们不把我当外人，我一定过来旁听。我知道你们正在处理更加重要的事情。其实我也并不是很累，已经在赶来的途中睡过一觉了。只是我这一身太邋遢，得赶紧清理一下才行。"

"哪里，哪里！您是我们真正的精神领袖啊！随时欢迎您来指点我们的工作。"郭林涛说着，带着一群人直接往隔壁房间走去。

就在隔壁房间，当郭林涛等人进去时，君特先生也到了。原来，君特正好在纽约的家里，当接到张宁静的首优传呼后，立即赶到摩根国际宾馆。

张宁静连忙问道："君特先生，情况怎么样了？"

君特先生说："联系好了，小赵正在回家的路上。我告诉他，这次不惜一切代价也要把对方攻下来！——这是我们整个中心的决定，现在也只有这一条路可走了。他已经答应了。有什么情况，我们会随时跟进，或者帮他出谋划策。目前我和他一直保持着首优互通，如果我们其中的一方愿意让对方知道自己当前的状况，或者有意让对方听见自己说话的内容，只要把通信仪的扬声功率稍微调大一点，就能把信息及时传输给对方。"

房间里有一张可容纳十几人的椭圆大桌。不过，除了君特先生，目前只坐了另外两人——也是反脑库索取中心的成员。律师团成员都在各自的房间里。罗叶因为有着双重身份，一直参与其中。

当然，这是一套安全系数极高的信息屏蔽房间。

"可是，这不是我们一厢情愿就能做到的。万一攻不下来怎么办？"张宁静还是有些不放心。

郭林涛沉思了一小会儿，说："整个全民公投过程至少需要持续一整天时间，再到公投数据公布的11日，从现在算起，对我们来说，还有将近三天时间。只要公投数据没有正式公布，我们都有机会。万一受阻，我会紧急联系各行业巨头，可以在最短时间内调集成百上千亿的信用数据，集中'砸向'那个关键人物，应该可以砸出突破口来。何况以我们共同的能量和集体智慧，应该可以保证那人的生命安全。只是我还没有想到保全他的具体办法。"

马托卡说:"如果一下子拥有那么多信用数据,谁不愿意干啊? 我想,他冒死也会答应的。"

君特先生道:"如果一个人连生命都没有了,再多的财富又有什么用呢?"

马托卡说:"从我的专业技术角度来评测,只要处在他那个位置上,神不知鬼不觉地把它植入进去,外人是很难发现的。他为什么不冒险一试呢?"

张宁静说:"每个人的个性不一样,这要看当事人的性格了。如果他是一个专业技术很强的人,并且又富有冒险精神,他肯定不会错过这个机会。但是,万一他过于谨慎呢?"

大家再次沉默下来。

这时,一直保持沉默的罗叶说:"一味猜测他人也没有多少用。我觉得,既然我老爸可以侵入脑库索取司的局域网系统,只要他愿意,应该也可以侵入联合国总部的信息系统。因此,我们可以做好两手准备。"

这话一下子引起一番激烈的讨论,在场者几乎全部加入进来:

"对对,我们应该做好两手准备!"

"四夕,你估计你父亲愿意这么做吗?"

"我觉得,作为联合国总部的局域网系统,防范措施可能更难突破啊。侵入进去绝非易事!"

"是啊,并且我们的时间也有些紧迫啊。"

"没关系,我可以全力配合罗前辈。"马托卡说。

"我觉得,脑库索取司尽管是联合国的二级机构,但它毕竟是秘密机构,算不上完全合法。站在真正的法律层面来说,它和我们这个社团的地位差不多。但是,联合国总部的安全局却是合法机构,如果入侵它,一旦被发现,法律后果可能比较严重。"

"也没有什么好害怕的,只要我们防范得当,他们不一定追查得出来。事情到了这一步的话，不要那么前怕狼后怕虎的。"

……………

自始至终，不论是参与讨论或是默默倾听，君特先生一直用左手肘撑着自己的脸颊，这样，可以随时通过通信仪听到赵传真那边传来的信息。

最后，郭林涛说："只要罗前辈愿意帮助我们，我觉得这两手准备都很有必要。就算暴露了也在所不惜，到时候我愿意主动承担法律责任。因为我是这个社团的执行人，我愿意承担这个风险！但我们还是要尽量加强防范，不要让对方抓住把柄。罗叶女士，就看罗前辈是否愿意了。马托卡，到时候你可要铆足十二万分精神协助罗前辈啊。"

正说着，罗森走了进来，他的胡须已刮得干干净净，头发也整理得服服帖帖，一副精神矍铄的样子。

19

纽约最近无雪，却一直寒风凛冽。

赵传真接到君特先生的明确要求和强制指令后，在刺骨的寒风中，立即搭乘单人飞行背包，飞往自己那套位于纽约市西缘的房子。

在这十来天里，一直处于失踪状态下的赵传真其实就躲藏在距离纽约150公里外的费城——如果有需要，他可以在很短的时间内找到史密斯；如果需要在史密斯面前继续隐身，屏蔽掉对方的一切联系后，对方很难找到自己。

这些天里，赵传真一直处于忐忑不安和矛盾之中，他既希望和史密斯取得联系——了解对方的心态变化，却又害怕对方将那件元青花还给自己——倘若如此，对方就不欠自己的人情了，他完全可以拒绝自己的一切要求，那么一切希望都化为泡影……

接到君特先生的指令后，赵传真立即出动——只能硬着头皮上了，此外别无选择！并且要速战速决，一旦明确史密斯的真实心态后，就可以为反脑库索取中心赢得更多时间，好让他们见机行事，尽早采取其他相应的补救措施。

而在他驾驶飞行背包飞往纽约市西缘的途中，通过与君特先生首优互通，他一直可以断断续续地听到对方的一些谈话内容。

但赵传真还是希望以当前这种最直接、最简单的方式达到目的——社团花费了那么大的代价，如果在关键时刻因为自己的原因而功亏一篑，不仅后果不堪设想，自己的脸面又将何存？

在降落在自己的房子之前，赵传真终于鼓起勇气，解除了对史密斯的信息屏蔽，立即发现对方发来的许多信息，有文字，也有语音：

"传真，你最近到底出什么状况了，怎么一直无法和你联系？"

"我想和你好好聊聊，我的心情很苦闷。"

"你不要有别的顾忌，我真的只是想和你好好聊聊。"

"老同学，我俩这么多年的深情厚谊，没有什么不能谈的。你方便的话，请尽快回复我。"

…………

后面的信息也来不及一一看完了，赵传真立即用文字回复过去："对不起，我最近出了一些小意外，现在已经回家了，你方便的话，我立即来找你。你不方便的话，也请尽快回复我。"

赵传真降落下来，赶紧从储藏室里取出另一件让他心爱无比的元青花小碟，仔细包装好后，打算再次出门——他要主动去找史密斯以增加谈判筹码。如果还不行,那就只能让组织采取其他应对措施了。

当他把这件元青花小碟小心翼翼地藏在衣服里时,古老的门铃突然响了起来。他好奇地按下接通键,只见可视界面上出现了史密斯的面孔,他声音低沉地说:"传真,我来了。"

天啊,他怎么来得这么快?

不管对方此行的目的是什么,赵传真的心情无比激动,却故作坦然地开门迎接——该来的总会来的。

史密斯神情平静地进来之后,只是和赵传真轻轻打了个招呼,便主动把房间的门窗锁上,并把窗帘全部拉上,然后小心翼翼地四处检查了一遍。

赵传真一直纳闷地看着对方。

史密斯这才从怀中取出那件元青花小茶壶,轻轻地放在茶几上。

赵传真心头一紧:完了,他还是把这件元青花还回来了!下面的话题——也可以说是交易——该怎么继续进行呢?

是成是败在此一举!赵传真干脆把自己怀中那件元青花也掏出来,轻轻放在桌上,然后全部往史密斯面前一推,开诚布公地说:"老同学,这两件都是你的了,请不要嫌弃。如果你觉得还不够,我们可以再好好商量。"

史密斯这才坐了下来,以往矜持而严肃的形象也荡然无存。他有些语无伦次地说:"我知道,在你心目中我一向比较精明,甚至有些贪婪……但是,我也是有良知、有底线的。我这次过来找你,完全和利益无关,请允许我向你倾诉一番吧……请原谅我因为过于激动而导致言语有些混乱。"

赵传真有些诧异,但他立即点点头,鼓励对方继续说下去。

"老同学,这段时间,尤其是最近这几天,我的心情糟糕到了极点,我很想找个可以完全信赖的人倾吐一番……传真,你才是我唯一可以坦陈心迹的好朋友。说实话,因为脑库扫描,我唯一的情感依恋最近几天完全失去了……在很长一段时间内，我绝对无法找到那种完全不同的情感体验——在这个世界上，可能再也找不到了……因此，我恨脑库扫描，我恨脑库索取！

"其实，我早就知道，你和那位君特先生处心积虑的行为，肯定是希望我能利用职务或工作之便帮你们做些什么。现在，你就尽管直说吧，只要在我的能力范围内，哪怕让我冒一些风险我也会做的。同时，我也深深明白，只有你们那个团队才有能力做到……反过来说，这次是我在请求你们的帮助，我怎么可以收下你们这么贵重的物品呢？传真，你就直说吧，我该怎么协助你们？"

史密斯说到这里，一脸真诚地望着赵传真。

赵传真忽然觉得眼前的天地一片辽阔，尽管他们所处的房间有些幽暗。他如释重负，开心地笑了起来："史密斯，哈哈，其实这事对你个人来说应该没有什么风险，因为这是你分管的工作范畴，也是你每天正常工作的一部分——我们只是想请你在工作范畴内暗暗夹带一个无形无影的小东西进去。这对你来说易如反掌，却可以直接制止脑库索取合法化，还我们每个人应有的人权与做人的尊严。就这么简单！"

史密斯的脸色也豁然开朗，他如释重负地站了起来："既然如此，那就为我们真诚的友谊和愉快的合作干杯吧！"他把手掌握成酒杯的形状，向赵传真致意。

另一边，摩根国际宾馆四楼的14号房间中，君特先生突然激动得跳了起来，像个天真烂漫的孩童："看来，我们不用采取其他措施了，小赵那边已经传来确切的好消息——那个关键人物已经明确表示愿意合作了！"

郭林涛也喜得一跃而起："我们也一起欢庆吧！快快呼叫，让机器人把好酒、美食统统端上来，我们也该好好放松一下啦！"

张宁静一扫脸上的忧虑，也开心地说："把律师团的成员都请过来吧，大家一起欢庆！"尽管肖理夫还没释放出来，但也已是指日可待的事了。

这一边，赵传真站起身来："此时此刻，我俩怎么可以假装喝酒呢？来点真家伙，不醉不罢休！我俩早应该好好放松一下啦！"说着，转身从无菌储藏柜里搬出一大堆酒水、食物，将整张茶几堆得满满当当。

"好啊，是该好好放松和麻醉一下自己了。"史密斯说着，打开了一大瓶伏特加酒。

20

在短暂的欢庆过程中，格林尼治国际标准时间2267年1月10日零时正式来临。

这是激动人心、全民关注的时刻！

此时此刻，无论位于世界哪个角落的成年公民，哪怕是处于火星上的人们，也不论此时处于当地的白天或是黑夜，只要有条件，几乎同时将各自的通信仪点开。而只要将它点开，即会自动跳出一个醒目的汉英双语界面：

脑库索取全球成年公民投票窗

下面是成年公民的立体验证程序：脸部识别、瞳孔识别、指纹验证。

不用担心聋盲或智力障碍人士无法投票——以当前的医学水平，简单的一个手术就可以让残障人士恢复正常视听。纵然是天生智力障碍，也可以通过移植其他智慧生物——如猩猩、海豚等——的部分脑神经元细胞，使他们的智力有所提升；手术特别成功者，甚至可以达到普通人的智力水平。

验证完成之后，界面立即跳转，出现一行醒目的文字和三个更加醒目的选择图标：

您是否支持脑库索取合法化？
支持　反对　弃权

此时，赵传真和史密斯尽管已喝得晕晕乎乎，但并没有忘记自己的使命，他俩坐在同一张沙发上，点开各自的通信仪，完成个人信息验证之后，正式进入自己的投票环节。

对于每个人的投票选项，无论是支持或反对，还是弃权，必须连续选择三次：

您是否支持脑库索取合法化？选择第一次。
您是否支持脑库索取合法化？选择第二次。
您是否支持脑库索取合法化？选择第三次。

如果其中一次的选择不一致，则投票无效，得重新投票。

自然，他俩都连续按下了三次"反对"图标。

投票成功后，界面再次自动跳转，进入全球投票数据统计界面。因为每个成年公民只能投票一次。

这时，只见统计界面上出现四列醒目的数据，并且这些数据都在急剧地闪烁、变化。

第一列是"全球成年公民投票总数"，下方是"占全球人口总比例"；第二列是"支持脑库索取总票数"，下方是"所占百分比"；第三列是"反对脑库索取总票数"，下方是"所占百分比"；第四列是"脑库索取弃权总票数",下方是"所占百分比"。

当他俩进入统计界面时,发现投票总数已超过两亿多票。

但他俩更加关心的是公投数据正反双方的"所占百分比"。

还好,在不断急剧变化的数据中,反对脑库索取的百分比一直维持在51%和52%之间,弃权票所占比例一直在3%左右,支持脑库索取的百分比则在45%和46%之间浮动。并且这些百分比数据非常精确,甚至显示到小数点后面六位数。

史密斯说:"按照这种数据比例持续,就算不用采取任何措施,脑库索取也无法获得合法化。传真,别继续瞪着屏幕看了,我们继续喝酒吧。"

赵传真的心情也很轻松,说:"是啊,是啊,但我们还是边喝边看吧。"

另一边,在摩根国际宾馆四楼的14号套房里,一群人也一直瞪着各自的视界看。此时,欢庆聚会早已结束,很多人尤其是律师团队的人已经散去,套房里基本上还是反脑库索取中心的成员们。

马托卡忽然轻松地说:"看来,我们的担心是多余的。"

罗森和君特先生尽管都有几分醉意,却几乎同时表示:"千万不可大意,事情绝对没有那么简单!"君特先生又补充道:"在全民公投数据正式公布之前,我是不敢睡觉的——别看我醉成烂泥一般。"

郭林涛也说:"是啊,如果我们现在麻痹大意,就有可能对整个人类犯下不可饶恕的错误!马托卡,你最年轻,精力最充沛,一定要时刻盯住各项数据的细微变化。"

此时此刻,头脑最清晰的要数张宁静,尽管她在此前的欢庆过程中特意敬了罗森老人几杯香槟,但此后她几乎滴酒未沾,既为腹中的孩子考虑,更对尚在狱中的肖理夫牵挂不已。

这时,张宁静看着自己通信界上的数据,反而喜忧参半:喜的是，照这样下去，脑库索取是无法合法了；忧的是，倘若脑库索取司一方果真没有操控全球公投数据，纵使罗森叔叔已获得对方的相关证据，也将成为伪证，那么肖理夫能否无罪释放就很难说了……

也不知过了多久，忽然，马托卡发出一声惊呼："怎么回事？这是什么情况？弃权者百分比急剧下降，并且弃权总票数一直没有变化……支持脑库索取的百分比却上升得很快……"

有些人赶紧瞪着自己视界上的数据细看，来不及打开通信仪的人连忙凑近马托卡的视界。但是，不管他们怎么看，事实就是如此：支持脑库索取的百分比在不断上升，尤其是小数点后面的六位数增速惊人，如同火箭升空，没多久就已突破47%，并且增速一直不减……

两位老人最先反应过来。罗森叫道："岂有此理，他们开始操控公投数据了！"

君特先生几乎将嘴巴贴到自己的通信仪上："传真，你看到了吗？你们赶快采取应对措施！"

其实，不用君特先生呼叫，此时，赵传真也已看到了眼前的数据变化，他没有直接回复君特先生，而是表情凝重地对史密斯说："老同学，你现在操作方便吗？你确定要这么做吗？"

想不到史密斯灌下一大口酒后，竟然大大咧咧地说："你们中国有句古话说：'君子说句话，四匹马都难追。'难道我不算君子吗？何况我现在不是在帮你们，是你们在帮我！那些家伙太可恶了，想跟我玩阴的……快把那个看不见的东西传给我，看我怎么对付这些阴损玩意儿——我现在就想找点刺激！"

赵传真大喜，连忙点开自己界面上的另一个小界面，把一个完全不起眼、如同一个小黑点样的小程序传给了史密斯。

史密斯收到后，立即将自己的视界拉得老大，接着他如同一个伟大的钢琴演奏家，十指在上面飞快地点弹着，嘴里还哼着无名小调,似乎进入了忘我的境界。当他正式打开自己的工作页面后,将那个小黑点轻轻拖了进去。

黑点小程序一进入那个工作页面,就立即消失了。

史密斯有些担心地问道:"老同学,这个小黑点会有效果吗?会不会被脑库索取司那边一下子灭掉了?他们那边也不乏编程高手啊。"

赵传真也有些怀疑起来:"我也不太清楚,反正上头说这个小黑点可以阻止脑库索取合法化,让我这么执行……唉,谋事在人,成事在天。反正我们已经尽力了。"

赵传真再次切换到全球投票数据统计界面,发现支持脑库索取的百分比已上升到49%以上了,而反对者百分比已下降到49%,并且两者的逆向变化数据还在持续……

两人几乎同时绝望地叫道:"完了,还是没法阻挡这种结局。"

赵传真直接向君特先生说道:"君特先生,小程序已经成功植入,可为什么还是阻断不住数据的变化呢?还有其他措施吗?我们已经尽力……"

突然,眼前全部黑了下来,通信界面和房子里一片漆黑!谈话也同时中断。

整个地球同时陷入一片黑暗!

史密斯和赵传真几乎同时跳了起来:"什么情况!什么情况?!到底发生什么情况了?!"他俩的衣服由于接收不到电能,也很快变凉了,只是由于过分紧张,一时感觉不到。

此刻,全世界的人都不清楚,究竟突然发生了什么状况。

也许,只有亲自编写这两个程序的人碰面之后才会明白:当"清道夫"越过重重阻截,最后遇上那个"百毒尽"反制软件时,"清道夫"见躲无躲处、无路可逃,只好和周围系统一同毁灭,同归于尽——脑库索取司的内部程序以及整个局域系统网全部毁灭!由于脑库索取司和地脑中心同属一个更大的局域系统网内,整个地脑运行中心全面崩溃!

继而引发全球所有智能信息系统的全面瘫痪……

"清道夫"设计的目的,只是想遏制脑库索取司局域网内的公投数据自动篡改程序,想不到首先遇到了"百毒尽",这触发了它的自毁程序,进而摧毁了全球的智能数据信息系统!

最先引发的巨大灾难,是全球各地所有核聚变发电站。由于没有地脑智能传输系统的协同运行,强电流在瞬间急剧回流,所有核电站同时被烧毁,并引发了不可阻遏的连锁核爆炸——全球发电系统及电能传输系统最先彻底瘫痪!

随即,整个世界发生了震天动地的变化:

赵传真和史密斯突然听到窗外传来一阵阵巨大的呼啸声,接着无数"自由落体物"狠狠地砸在地面和各种建筑物上,大地剧烈地震动起来,巨大的爆炸声宛如火山爆发!——那是各种飞行器由于突然失去电力驱动而坠落。

纵然有少数非电力驱动的飞行器,但由于其内部系统完全断电,运行协作系统也失灵,还是飞快地坠落下来……

他俩惊惶失措地拉开窗帘,只见黑暗中四处绽起爆炸的火花,接着传来轰隆隆的巨响,一个巨大的飞行物突然砸落在对面的楼顶上,引发格外强烈的爆炸!

与此同时,一些飞溅的碎屑直射过来,好在玻璃窗具有很强的防爆性能,才没使那些飞溅物破窗而入。但他俩依然吓得瘫成一团,口中连连说道:"天啊,到底出什么状况了?怎么会这么严重?!好冷啊……"但是整个房间以及整个世界所有和电有关的通信设备、工具、机器、用品都已全部瘫痪,他们已无法和外面沟通。

与此同时,附近断断续续传来绝望的尖叫声和哭喊声:"到底出了什么状况?怎么会这么严重?!"

没有人敢出门，因为天空中不断天降"横祸"，地面上不断响起可怕的爆炸声。

"天啊，到底出什么状况了？怎么会这么严重？！"……可以想象，此时，只要暂时存活者几乎都会如此叫喊。

在摩根国际宾馆这边，几乎所有人都绝望地叫喊——"天啊，到底出什么状况了？怎么会这么严重？！"

对于这次空前绝后的巨大事故，反脑库索取中心的成员们都不敢确定是"清道夫"程序自毁引发的连锁反应，因为他们并不知道对方的系统中早已植入那个魔鬼般的"百毒尽"反制软件。

在全球完全失电的十几分钟后，天空中不再有失控的飞行器坠落下来——飞行时代就这样结束了。

地面上因为爆炸引起的大火依然蔓延，火光中腾起巨大的火焰，四楼14号房间中的人们还能相互看到对方惊恐万状却带着无限困惑的脸……

大家或尖叫或躲藏，混乱了好一阵之后，周围总算安静了许多。

14号房间内的温度开始渐渐下降，他们身上的衣服也不再具有原来的电能保暖功能，只是由于大家过于激动紧张，竟然没有立即感觉出来，或者是将这种感觉暂时忽略了。

外面以及楼上、楼下陆续传来绝望的哭闹声，罗森一直紧紧拥着女儿和张宁静，不断安慰道："尽管我们不知道这个世界到底发生了什么，但是，一切都会慢慢好起来的。相信我，孩子们，我们人类的先祖能从远古洪荒时代筚路蓝缕地走到现在，我们也一定能慢慢走出现在的困境。所有的困难我们一起面对，一起努力，没事的，孩子们……"

君特此前稍微喝多了些，天空坠物事件发生之际，他曾四处乱窜，甚至还摸黑跑到楼下。这时，他正气喘吁吁地躺在黑暗的角落里，语无伦次地说道："我想，现在，除了我们的身体和智力没有遭受太大的损失,这个世界已经完全损毁啦。凡是和网络信息、通信、智能控制、电能等相关的所有工具、用品、设备已经全部完蛋了,凡是和高科技相关的所有事物,都已全部处于瘫痪状态或者完全报废了……我的信用户头和所有信用数据全消失了。飞行时代结束啦,原始社会到来了……"

一直沉默的郭林涛突然爆发般哭了起来:"我上百亿信用数据全没啦……还有我的宇民大厦……我的飞机也变成废铁了,现在该去哪里啊,我现在一无所有了……"

大家惊异地望向郭林涛,只见窗外闪烁的火光照得他满面泪花闪烁——是啊,论绝对损失,他的损失确实太大了!大家都不知道该怎么安慰他。

同病相怜之下,大家哭成一团;律师们也纷纷跑过来,一起抱头痛哭。顿时,14号这间大套房变成了痛哭的海洋……

其实,整个世界,不管处于哪个角落,不论是白天或是黑夜,基本上已变成绝望与痛苦的海洋。

罗森突然吼道:"有什么好哭闹的,还有我呢!我的儿子也已死在火星上了,我难道不痛苦吗?"

是啊,罗前辈唯一的儿子也没了,他难道不比大家更痛苦吗?大家顿时安静了许多。

罗森的口气缓和了一些:"我说过,还有我呢。我保证把你们一一送回去,如果你们想尽快回家的话。"

一阵沉默之后,终于有人在黑暗中瑟瑟发抖地问道:"罗前辈,这,您怎么做得到呢?"

"大家都跟我过来吧。"罗森说着,两只手分别拉着罗叶和张宁静,来到隔壁的15号房间。大家纷纷摸黑跟了过来。

罗森来到处于休眠状态的虎驹跟前,将它背后的一块面板拉开,里面出现一片古老的显示屏。他在开启键上长按了一会儿,虎驹立即活动起来，双眼射出两束明亮的光芒。在这漆黑一团的小空间里，终于出现了稳定而温暖的灯光，似乎照亮了整个世界！

与此同时，房间内的人顿时感觉到体温开始恢复正常。原来，虎驹发出来的核电使周围每个人的电能保暖衣服重新发挥正常功能——完全不是他们产生错觉了。

大家惊喜交加之际，罗森老人说："虎驹体内有两套完全独立的运行系统，它现在纯粹靠自带的核电池驱动，也可以运行相当长时间，完全可以把你们一一送回全球范围内需要到达的地方。当然，还要将它稍微改装一下，这样就可以运载更多的人。到时候希望你们一起协助我。当然，我这次一定要把肖理夫营救出来，然后才会离开纽约。据我估计，联合国所有机构和司法系统都已经乱套了，我们得自己想办法。"

有人轻轻鼓起掌来。郭林涛说："罗前辈，我们跟着您干。您说怎么做，我们就怎么做！"

罗森又说："我认为，就算飞行时代结束了，人类也未必回到原始社会，因为在全球范围内应该还有一些核电池——这些核电池就是星星之火，应该可以让全球的工业慢慢恢复过来——不会是一无所有地白手起家。另外，千百年来人类积累的知识体系仍然存在，存在于我们的大脑中，不需要再通过曲折的研究与探索。因此，大家千万不要灰心丧气，大不了从18世纪的工业革命重新开始。要知道，即使是那个时代也同样可以让人有幸福感。"

天渐渐亮了，宾馆外面渐渐喧嚣起来。接着，巨大的骚动、狂潮般的叫喊、歇斯底里的狂躁与脚步声四处沸腾起来……

罗森突然警觉起来："任何一个大时代的结束以及大灾难的降临必然会引起一番动乱，这是避免不了的，我们一定要团结起来！"

21

幸存的人们不可能不发生动乱。

因为飞行时代的结束带来的恶果远远没有结束。

由于智能数据时代结束，全球人民处于零经济条件和零支配权的境况，一切公共物质的所有权与归属权全部模糊，因此，只能通过武力解决——甚至由于某些人拥有实物类财富，如食物、衣服、燃料等资源，财富分布极端不均衡，从而引起集体哄抢，甚至杀人越货……

最先遭到集中哄抢的是衣物和食物等。

因为全球电力的全部消失，所有可调温衣服失去了保暖功能，必须靠多穿衣服以御寒，所以，各大无人售货商场里的衣物首先遭到哄抢。

此外，所有依靠电能保持室内温度的房屋渐渐变凉，使许多人冷得如入冰窖，可燃烧的取暖物资也遭到哄抢或砍伐。放眼望去，在一片混乱得触目惊心的人潮中，连纽约市街头的绿化树也一棵棵地相继倒伏……

可以想象，地球上所有城市的状况也大抵如此。

天完全亮了，在 15 号房间的客厅里，罗森对团团围坐在他和虎驹周围的人说："我们也要去弄些食物和水来，顺便去外面了解一下情况。再根据实际情况制订一个营救肖理夫的方案。谁愿意跟我去？"他们总共 22 人，其中 12 位男士、10 位女士。

所有人都表示愿意同往——只要跟随着虎驹，就算不多添衣服，也不用把被子披在身上就可以保证全身温暖，并且更有安全感。

君特先生当即把一床被套抽出来，准备去外面装更多的物品。

而在此前的黎明时分，一群身份不明的乌合之众突然冲上四楼，准备来抢他们的衣服和被子等，高大的虎驹快速冲过去，一手拎起一个冲在最前面的大汉，像扔废品一样把他俩扔出老远！那些乌合之众发出一阵惊呼后仓皇逃散！

此后，再也没人敢来摩根国际宾馆的四楼捣乱。

受到这场惊吓和教训之后，人们连忙把各自房间中的被子以及凡是搬得动的、对他们有用的东西都搬进了15号房间。此刻，只有这里才让他们感到最温暖、最安全。何况这套房间也足够大家休息和避难了。

罗森想了想，说："没必要都去。再说外面肯定非常混乱，宁静身怀有孕，不宜经受那种折腾。"

最后，罗森让罗叶和五位年纪较大的女士在房间里陪护张宁静，所有男士和另外三位年轻女士一同外出。

临出门时，担心还有人进来骚扰，虎驹在罗森的指示下从对面房间内拆下一张重达上千公斤的金属床架——这种电磁悬浮床反正已成废铁了，将其严实地封在15号房间门口。罗森这才带领虎驹和另外14人往楼下走去。

宾馆一楼的大商场早已被洗劫一空，一片狼藉。大堂门外，除了那两个已成废铁的高大机器人保安如同两尊金属雕像呆立在寒风中，宾馆门童以及所有工作人员早已不见踪影。大堂内外，偶尔出现一些身份不明、来去匆匆的人，如同受到惊吓的老鼠在下水道里胡乱窜动……

看来，宾馆内的大商场已没有什么有价值的东西可拿了。罗森只好带领众人往宾馆外面走去。

外面更加破败混乱，而且完全失控了——

在断壁残垣的街面上，空难者的尸体和血迹已看不到了，或许是在爆炸、燃烧过程中全部烧成了灰烬，就算有些残骸焦炭，也被街上杂乱的人流踩得完全无法识别了；也有这种可能，这些尸体碎屑和血迹早已被好心人给处理了……

但是，在破烂零乱的大街上，到处散落着各种飞行器具的碎片以及从高楼上崩裂下来的建筑物残块——那是各种飞行器坠落在建筑物上造成的。

来去匆匆的人们肩扛手提，带着各种食品、衣物、取暖用的木料等，如同掠食的蚁群；许多人在拼命打砸那些防爆玻璃门窗，希望从这些商场里获得需要的物品——可是，这些暂时还未遭到洗劫的店面由于防护设施实在难以毁坏，他们努力了一番之后，又转向另外一些店面……

郭林涛说："警察呢？怎么完全没人管啊？照这样下去，会乱到什么程度？"

原来，全球的警察系统也已完全瘫痪，机器人警察早已变成一堆堆废铁。真人警察呢？他们配备的武器基本上是光子枪、电子枪或热敏电磁枪，为了减轻枪支的重量，枪支本身不会自带发电装置，必须依靠外来电能输入——全球电力系统崩溃后，这些枪支也全部变成了废铁片。因此，此时枪支还不如骚乱人群手中的棍棒、石块或菜刀管用。

大多数人哄抢物资只是为了自己和亲人们的生计，对于这些原始的求生本领，武力微弱的警察也无计可施。时间稍久，警察们也干脆加入到抢掠物资的行列，因为他们和他们的亲人也要活下去——主管部门既没有信用数据，也没有其他可用于购买实物的货币发给他们了……

紧接着，联合国各级机构以及各国政府的各级部门也相继瘫痪了，因为他们同样需要活下去。谁给他们发放薪酬和生活所需呢？于是，往常那些高高在上者，也像野蛮人一样纷纷加入到哄抢公共物资的行列——当前，只有这样才是最直接的谋生方式，职业道德、原则、信念、良知等，这时都随飞行时代的结束而远去了。

因为，尽可能地活下去，是生物的原始本能和第一需求。

罗森茫然四顾了一会儿，最后下定决心说："为了活下去，没办法，我们也去取些生活物资吧！"随即，他带领一群人往几百米外一家货物储备丰富、防爆设施坚固的商场走去。由于电子信息与智能解锁系统均已失效，估计这家商场的老板现在也无法进入自己的商场了。

站在商场门外，罗森正准备让虎驹动手时，一位名叫法意丽的女律师有些忐忑地说："前辈，这样做……合适吗？"

郭林涛激动地说："只要能取出来，现在没有什么不合适！我积蓄的财富几乎可以买下这条大街上的所有东西，可是现在全部没有了，全部归公了，全部变成社会财富了，拿这些东西算什么？再说，我的宇民公司为全人类做出那么多贡献，不应该得到相应回报吗？"

君特先生连忙应和："是啊，是啊！郭先生言之有理，我一生积攒的财富也足够买下好几个大商场里的所有物品。既然没有信用数据作为支付方式，我们现在直接来取，也是另外一种支付手段嘛！"

另一位男士理直气壮地说："站在社会起源的角度来分析，地球上所有的资源、物质本就处于公有状态，只是人为干预才形成了不同归属。现在，正处于社会起源状态，为了满足我们的基本生存权利，获取社会公有物资是理所当然的！"他叫索尔，是留下来的陪审团成员之一，是小有名气的社会学家。

其他人也跟着连声附和。

罗森对虎驹示意了一下，虎驹抡起两只巨大的金属拳头砸向防爆玻璃门，随着"轰隆"几声巨响，震得脚下的地皮微微颤动，经过的路人吓得纷纷尖叫并四散逃开。可是，玻璃门上只砸出了两条小小的裂纹。众人看得目瞪口呆：如此牢固，难怪这个商场没被洗劫啊!

虎驹准备再砸时,罗森连忙说:"虎驹,别损伤自己,用热割吧。"

虎驹稍微愣了一下,然后将右手的食指和中指并拢,两个金属手指齐齐伸向玻璃门面,两指顶端立即射出一股尖细的蓝色火焰,火焰过处,玻璃如水流般熔化。不一会儿,虎驹就在玻璃门上划下了门板大小的一块玻璃。

不用吩咐,郭林涛、马托卡和君特先生等一群人立即进入商场,纷纷挑选所需物品。

行人纷纷围拢过来,也想进入商场,但看到虎驹虎视眈眈地守在门洞口,都不敢贸然闯入。也难怪,在这失去了智能机械和电力的蛮荒时代,竟然还有这么一尊"活"的机器怪物存在,本身就如同神话。众人惊诧之际,自然心存无限敬畏。

直到罗森等人满载而归之后,这些围在外面的幸运儿才欢天喜地、急不可耐地纷纷钻进这家商场……

虎驹轻轻背起那个装满各种物资的被单大包裹——至少有500公斤,是马托卡等三个青壮年从商场里面合力拖出来的——走在前面,所有人或背或扛或提,力所能及地带上尽可能多的物品走向摩根国际宾馆。

来到宾馆门口,一位长相儒雅的男士拦住了郭林涛,迟迟疑疑地说:"郭先生,我、我的房租……该怎么办?"语气里根本没有什么底气。

他就是摩根国际宾馆的老板摩根菲特,曾经威风八面、随从如云的他,现在满面愁苦地只身站在郭林涛跟前。

郭林涛很不耐烦地回答:"摩根菲特先生,你应该知道,我此前已预付给你两百多万信用数据,按照房间价格,我们还可以住很长一段时间。难道还要我支付什么吗?"

"不不，不是那么回事，郭先生，你知道的，你以前预付的信用数据以及我所有的信用数据都已变成了数字概念，都消失了，没有任何作用了……因此，如果你们想继续住下去的话，总得付点什么才是。你都看到了，我的宾馆被洗劫后已经变成这样，连工作人员也全跑掉了，我也是没办法才……"

"你没办法，难道我就有办法吗？我们都一样！我消失的信用数据比你多得多。再说了，如果不是我们住在你宾馆的四楼，这层楼还会这么完整吗？摩根菲特先生，你现在应该感谢我们才是啊。"郭林涛根本没有看摩根菲特先生，而是望着机器人虎驹——虎驹此时才是大家最大的依靠。

"我知道，我明白。我是很感谢你们，你们比我有办法……可是，我现在的处境实在是太糟糕啦，才……"文质彬彬的摩根菲特先生欲言又止，眼睛却望向虎驹背上那个巨大的物品袋。

一行人立即明白了对方的意思，郭林涛立即把手中那两个装满各种生活物资的大袋子递给摩根菲特，对方千恩万谢地接了过去，并连忙表示：如果他们愿意，可以长期住下去，只要经常给他一些生活用品就行。

一行人对他顿生怜悯：这位昔日的大老板，这个儒雅的青年，现在不但无力保全自己的产业，还陷入了生存困境之中——由于他不愿意去抢劫，也可能无力去抢，或者根本抢不到什么……

倘若碰上野蛮纷争的乱世，贵族和绅士永远不是流氓和强盗的对手，除非他们也变成强盗或虎狼，否则根本没有立身之地！

相比之下，郭林涛忽然变得开朗起来：有罗前辈和虎驹在，至少自己眼下的生活和安全根本没有任何问题。再说，此前比他财富多出无数倍的格拉斯等各大巨头，现在不是和自己完全站在同一条起跑线上了吗？说不定他们当前的处境比自己更糟糕呢。

郭林涛不由分说地"抢"过罗森前辈肩上的包裹，噔噔噔地率先往四楼走去——电梯早已罢工，他们现在只能通过宾馆里的楼梯走上去。好在四楼并不高。

而郭林涛的宇民大厦就完全不同了，大楼建设之初，为了不造成空间浪费，整个高楼除了安装了几十架大小不一的高速电梯，根本就没有修建楼梯。因此，可以想象，这幢处于全封闭状态的高大建筑现在基本上已处于废弃状态。

郭林涛现在根本不敢去想那幢远在中国成都的宇民大厦现在的惨境：职员伤亡多少？有多少人困在里面？他们如何自救？大楼有没有被高空飞行器砸中而引起爆炸？

…………

一群人爬上四楼之后，把所有东西搬进了15号房间。顿时，客厅里那张大圆桌被堆得满满当当，房间的各个角落也堆放了各种食物。所有人都露出了些许欣慰的表情——如果不出意外，这些生活物资足够他们维持近一个月的生活。

守候在房间里的女士们连忙将这些生活物资一一归类。

大家随便吃了一些东西之后，罗森说："据我估计，现在全世界都已完全乱套，所有行政机构都已失效了。我们只能直接去救肖理夫，哪怕采取武力手段也在所不惜！"

众人都表示赞同，并纷纷响应。

罗森老人又说："我认为，这次的营救人员宜精不宜多，否则反而会拖延行动速度。因此，女士们这次就都不要去了，男士一共挑选十人。君特兄弟，你和那个小个子律师就留下来保护女士们。拜托你俩了。"

君特先生迟疑了一下，还是答应下来。那个小个子律师的脸色有些尴尬，但也点了点头。

张宁静却坚定地说："罗叔叔，这次我一定要去！"

罗森迟疑了一下，答应了。

郭林涛说："为了以防意外，我们还是拿些棍棒之类的武器去吧。"就在房间里四下搜寻起来，却连一根小木棍也没找到。

罗森说："虎驹，我们去其他地方弄些金属管吧。"就领着虎驹走了出去。其他人也跟随出来。

他们在房间外面看了看，直接来到四楼楼梯口的金属扶梯面前。罗森向虎驹指了指眼前这排金属扶梯，虎驹立即领会，它的指尖再次射出一股蓝色火焰，切割这些扶梯金属管就如同切黄瓜一样轻松。不一会儿，一大堆长短粗细合适的金属管摆放在大家跟前。

手中握着防身的金属管，顿时让大家感到安全感又增加了几分。连留守成员也人手一根。

当十男一女正式准备离开15号房间时，虎驹仍然把那个上吨重的金属床架堵在房门口——里面储存了那么多生活物资，多一层防范总不是坏事。

22

罗森等人再次出现在摩根国际宾馆的大门外，已是午后。由于没有了计时工具，谁也不知道具体时间。

天地间寒风呼啸，并飘起了铺天盖地的鹅毛大雪。

可能是因为天空中再也没有飞行器的干扰，此时的雪下得格外猛烈、格外洁白，不一会儿就将大地覆盖住了，所有丑的、美的、悲剧的、梦想的……都被掩盖在洁白的雪花之下。

因为有虎驹的电能供应，他们都感觉不到寒冷。

罗森老人以不容置疑的权威让张宁静坐在虎驹背上。

在没有必要的情况下，一行人都将金属管藏在怀里，然后在风雪中尽力快速前行……

狂风暴雪中，街道上已很难遇见几个行人，但罗森等人却陆续发现几个在雪地上奔走的小机器人或小型智能动力装载器——它们无疑是智能文明的火种与延续，是人类文明复苏的希望！

因此，不管对方有多少人，也不管对方在做什么，罗森老人总是深情地望过去，对方也总会有人默默地望过来——这是惺惺相惜的注目礼。因为这些人基本上都是有远见或者有忧患意识的小众群体，他们散落在世界的各个角落。

大伙一口气奔走了将近两个小时，总算来到国际最高法庭的庭院外面。这里的庄严和权威已荡然无存：一堆堆废铁机器人身上已落满了雪花，断壁残垣上虽经冰雪覆盖，仍然难掩零乱破败。不断有身份不明者匆匆出入庭院，就是没看到一个身着法庭工作人员服装的人士……

罗森等人顿时格外茫然，心情宛如骤然降温的冰雪世界。

然而，事情的残酷和复杂性以及恶劣影响的深远度，远非他们眼前目睹的这一切。

此后，由于各地政权机构的突然消失，随着时间推移及生存环境越来越严酷，各种争斗与冲突越来越频繁，导致伤亡人数日益增多，并且伤亡规模也变得越来越大——人们为了寻找安全感与相互庇护，根据亲缘关系或者熟人、朋友之间的信任程度自然而然地纷纷拉帮结派，形成一个个利益集团——如同远古时候的部落。这些"部落"或帮派之间一旦发生种种利益冲突，伤亡人数自然急剧增加。

在高纬度地区，在更加寒冷的冰雪世界，由于生存环境更加残酷，为了争夺各种食物和保暖物资而引发的流血冲突事件尤其显著。因此，当动乱年代慢慢结束时，俄罗斯的人口竟然损失了三分之一以上！本来地域辽阔、人口稀少的俄罗斯因而变得更加荒凉。

当然，也有一些颇具影响力和号召力且有社会责任感的人士，当其所领导的集团力量不断壮大时，不断在各个小利益集团之间调停、斡旋，尽量不让事件持续恶化下去——罗森即其中之一。

但当前的罗森，只是一门心思地希望将恩人的儿子尽快营救出来。

张宁静高高地坐在虎驹身上，看到眼前纷繁杂乱的景象，终于哭出声来："理夫到底关在哪里啊？我们向谁打听呀？我们怎么去救他，他肯定已陷入饥寒交迫的境地，甚至可能不在人世了……"

郭林涛说："宁静，别这样，伤心也没用。我们还是直接冲进法庭大院里去，看能不能找到知情人。"

一行人就往法庭大院里径直地走去。为防止发生意外，他们都把金属管掏了出来，明晃晃地执在手上。

不时有三五成群的人从他们身边经过，肩扛手提地带着各种物件出来。有些劫掠者看到虎驹这个仍然能够跑动的高大机器人时，表情无比惊异，根本不用走在最前面的郭林涛等人挥动金属管，这些人连忙让路或绕道。

他们仍然没有碰到一个穿法庭制服的人。

一行人直接往大院内的庭审大厦走去——他们去过那里，对那里的路还算熟悉。

庭审大厦占地面积很大，楼层却不高。曾经如此庄严的地方，现在却是满目破败狼藉。

郭林涛带头往楼上走去，其他人紧紧跟随。

来到二楼，众人终于碰上一个头戴银色波浪状假发的女子，一看就知道是个女法官，她正吃力地捧着一个大箱子往楼下走，看起来有些慌乱。

如此乱象之下，她依然头戴法官帽，可能是希望法官身份仍然能起到一定的保护作用吧。

见到一群人明火执仗地冲上来,她更加慌张了,大箱子"扑通"掉落在地。

罗森连忙说:"法官,你不要紧张,我们只是想向你打听一个人,你知道肖理夫关押在哪里吗?"

"肖理夫?我不知道。"那位女法官连连摇头,假发上的波浪乱颤。

这完全不能怪她——作为国际最高法庭,有多少形形色色的各类案件,就有多少职能与分工不同的法官,这人怎么可能恰好分管肖理夫的案件呢?

一行人露出无比失望的神情。张宁静再次泪水滚滚:"这可怎么办啊?连他关在哪里都不清楚,我们怎么去救他……"

那位女法官同情地问道:"请问他犯的是什么案?我知道不同嫌犯关押的大致位置。"

一位律师连忙答道:"刑事案件。就是公开发布联合国可能暗箱操控全民公投数据的消息,以'造谣惑众'罪被起诉的那个肖理夫。事实上,公投那天,联合国某部门果然操控了全民公投数据。肖理夫根本没有造谣惑众,所以我们特意……"

"哦,就是那个肖理夫啊!我早就听说过。先生,你不用说啦,我觉得肖理夫确实是无辜的。可是,你们都看到的,事到如今,整个世界突然变成这样了,不仅仅肖理夫案,还有许多案件都无法办理了……来,跟我走,我立即带你们去那片羁押区。唉,这个世界全乱套了……"女法官边说边往楼下走去,可没走几步,又转身去抱那个大箱子。

马托卡见状,主动替她把那个大箱子抱了起来。

女法官说了一声"谢谢",带领大家走下楼,然后往庭审大厦后面七拐八弯地走去。她边走边说:"唉,谁能想到,这个世界忽然会变成这样了呢？也不知道什么时候才能恢复正常？作为一名法官，我只能把办公室里的纸质文件尽可能地保存下来。等到这个世界恢复正常后，多少能为今后的办案人员留下一些原始资料。"

张宁静情不自禁地说："在这种混乱局面下，你还能这么负责，可见你是个富有责任心的好法官。"其他人纷纷应和。

在覆盖着冰雪与杂物的巷道里又走了二十多分钟，终于来到一片阴森的纯金属建筑面前。女法官说："就是这里了……可是，你们怎么进去呢？"

眼前是一堵厚重的金属大门。门上有许多零乱的凹痕，地上还可以看到许多石块和各种材质的棍棒。看来，早已有人想设法打开此门——可能是被羁押者的亲人，也可能是好心的狱警，但他们全都徒劳地离开了——他们已无力顾及这些被羁押者了，因为每个人现在都面临着生死存亡的考验。

罗森向虎驹示意了一下，虎驹挥动右手指尖上的蓝色火焰，在这扇厚实的金属大门上切割起来。

虎驹连续割开了三层不同质地的金属板，又扯掉了一些电路板后，终于露出一个大门洞。顿时，尖叫声、哀号声、谩骂声、乞求声不绝于耳地传了出来……

一行人立即钻了进去。女法官也钻了进去。

这里黑暗而阴冷，虎驹自动开启头上的灯光。

嫌犯们见终于有人破门而入，纷纷叫嚷道："外面到底发生什么事了？""我们又冷又饿，快给我们一些吃的穿的。""放我们出去吧！"……

无暇顾及嫌犯们的问题——当然，他们现在也确实解决不了。大家只是纷纷高喊着肖理夫的名字，慢慢往前找去。

由于对肖理夫过于牵挂，张宁静的呼喊声几乎可以穿透所有阴暗和阻碍。

终于听到一个熟悉的声音:"宁静,是你吗?天啊,宁静,真的是你们来了吗?"

大家欣喜若狂,连忙奔向其中一个小单间:肖理夫果然在里面!

肖理夫激动地摇晃着门框上的金属条,热泪盈眶:"宁静,你们怎么进来啦?外面到底发生什么事了?"此时,他不再感到饥饿,也不再觉得寒冷——他确实不冷了,只有满脑子疑问。

张宁静泪流满面地隔窗回答:"理夫,你受苦了。我们出去吧……一言难尽,我们出去再说。对不起,我出门时忘记给你带些吃的来了……"

与此同时,虎驹很快割开了小金属门——这种门的门板毕竟单薄许多。

肖理夫立即跑了出来,满含热泪地向所有前来的人鞠了一躬,然后走向张宁静,夫妇俩顿时紧紧拥抱在一起。

此时,肖理夫并不认识罗森老人。

女法官在后面默默地看了一会儿,然后对眼眶有些湿润的罗森说:"前辈,能否麻烦您的机器人把这些人全部放出来?"

罗森回过神来,对女法官说:"你确定?"

女法官说:"在这非常时期,就算他们都犯下了不可饶恕的重罪,总不能让他们就这样活活饥寒而死吧,这是不人道的。"

罗森老人说:"好吧,举手之劳。"

女法官说:"谢谢!请先让我对他们说几句话再放他们出来吧。"

她立即跑到整个羁押区的正中央,大声说道:"请安静!我是国际最高法庭的法官莎宾娜。"全场果然安静许多,她继续喊道,"因为我们犯下深重的罪孽,整个世界已发生了可怕的灾难。我现在以个人良知作为抵押,无论你们此前犯下何种罪行,我愿意把你们全部保释出来,希望你们今后好自为之!等社会秩序恢复正常之后,再依法论处。因此,拜托各位以实际善行抵消曾经的罪孽,争取从轻处罚！"

整个羁押区顿时响起了阵阵应和声。

在罗森的示意下，虎驹开始依次切割各个小房间的金属门。由于这些门都很单薄且完全一致，虎驹变得越来越熟练。到后来，不用10秒钟就能切开一个门。

与此同时，马托卡和一些身强力壮的青壮年也纷纷利用手中的金属管，使劲从外面撬着门页，门页完全变形之后，竟然也可以强行把门打开⋯⋯

不到半个小时，一百多个小房间全部被打开。

最后，女法官莎宾娜对罗森等人深深鞠了个躬以示感谢。一些嫌犯出来后也对他们深深行礼，然后陆续消失在了冰天雪地之中。

这一边，张宁静已把所有事情的大致情况都告诉了肖理夫。

这个承受了失父之痛、接着又经受了无端牢狱之苦的男人已变得相当成熟，因此，当他得知整个世界已发生如此变故，竟然没有表现出任何惶惑，而是立即跑到罗森跟前，双膝跪地，重重叩了三个响头，慌得罗森老人连忙把他扶住。

肖理夫再次抬起头来时，早已泣不成声⋯⋯

罗森老人紧紧抱住肖理夫："孩子，你平安无事就好，你出来了就好，我就可以完成你父亲的嘱托了，以后才有脸见你父亲⋯⋯"

罗森现在就想把那封信从虎驹身上拿出来，交给肖理夫，但考虑到众目睽睽之下有些不便——他不想节外生枝，因为他不知道信里面透露了什么内容；同时，考虑到这里面的光线不太好，外面又大雪纷飞，肖理夫看信也不太方便，他打算回到宾馆之后再把那封信交给肖理夫——这么长时间都过去了，又何必急在此刻呢？

不知何时，那位理性与人情味兼备的女法官莎宾娜已悄然离去。

走出监狱大门，外面的冰雪已更加厚重。由于肖理夫成功获救，一行人都心情愉悦、精力充沛，天还没全黑就回到了摩根国际宾馆。当然，也可能是雪光映照的缘故。

张宁静忙着给肖理夫清洗手脸、准备食物，其他人也欢欢喜喜地向这个中心人物嘘寒问暖。肖理夫一边致谢一边吃喝，竟然一口气吃下相当于两个壮年男人的食物！也难怪，大灾难发生之后，他已有一天多没吃任何东西了。

接着，营救人员也开始用晚餐。

君特先生一直开心地看着肖理夫又吃又喝的，他忽然惊叫起来："我们竟然疏忽一个人了，不知他现在怎么样了？"

"谁？"有人问道。

"赵传真！"君特先生站起身来，"我们现在算是安全了，但不能不管他呀。"

郭林涛也跟着站了起来："是是是！他在哪里？我们现在就出发！"好几个人也跟着站了起来。

"我找得到他。我必须亲自去。"君特先生不止一次去过这位下线的家里。

罗森想了想，说："外面冰天雪地的，为了赶时间，这次就让我和君特先生去吧。我俩还得依靠虎驹才行——你们都指挥不了它。"

两位老人和虎驹来到风雪狂舞的宾馆外面。地上的冰雪已更加厚重，罗森老人将虎驹的外形稍作调整，使它的背部更宽大了一些，好让他俩都能骑到虎驹的背上。纵然在这冰雪茫茫的大地上，虎驹仍然能以将近 200 公里的时速奔跑！

没到半个小时，他俩就赶到了纽约西缘赵传真的家门口。

此时，赵传真已将家里所存的食物吃得差不多了，正打算趁天黑出门寻找活路。

他将家里能找到的衣服全都穿在身上，凡是方便携带的贵重物品也全部装进一个包裹里，挎在肩上，一副游方僧人的模样。

两位老人的突然出现让赵传真格外惊喜。双方交流了几句，赵传真大喜过望，他回房又稍微收拾了一番，也跳到虎驹背上。

三个人同时骑在虎驹背上，居然不太拥挤。只是赵传真太热了，他在风雪途中不断脱下一件件多余的衣服。

原来，体格强壮的史密斯白天就已离去了，不管他去了哪里，头脑灵活的他绝对有自己的生存策略。不过，在赵传真的一再要求下，史密斯还是带走了那件元青花小茶壶。

三人回到摩根国际宾馆时，夜已深了。

由于人员不断增多，安全感也不断增强，因此，整个团队还是分房休息。尤其是肖理夫和张宁静，夫妇俩更加需要互相倾诉的小空间。

一整夜，虎驹一直在四楼过道上巡逻，既为大家警戒，也不断为他们提供电热能。

罗森还是没有把那信封交到肖理夫手上——漆黑的房间中，肖理夫也不方便看信——只能等到明天了。

23

回家与回国，此时已成为大伙共同的愿望。

尤其是肖理夫。第二天早上，大家在一起吃早餐的时候，他对罗森说："罗叔叔，世界已发生天翻地覆的变化，如果有可能，我和宁静想直接返回中国雪峰山脉的老家，因为我爸爸随时有可能回来，我必须时刻等着他。同时，在爸爸的辛勤劳作下，老家的仓库里还储存了好些粮食，足以帮助我们度过眼前的饥荒。朋友们，欢迎你们同我去雪峰山脉，那里的水土条件很好，我们可以在那里一起过自给自足的日子。"

罗森立即答道："好！理夫，你放心，我会尽快把你们送回雪峰山脉！同时，我会尽量和你们在一起。宁静快要生孩子了，更需要帮助和各种安全保障。"

如此一来，绝大多数人都表示愿意同往雪峰山脉，其他国籍的人士也改变了回国的想法，愿意跟随罗森和肖理夫。事实明摆着，无论他们准备返回世界的哪个角落，越是科技发达的地方，其瘫痪程度越严重，而跟随着罗森老人与肖理夫呢，不仅没有安全之忧，还有温饱之幸。至于今后的路怎么走，谁能预料呢？先解决最基本的生存问题再说吧。

郭林涛直接说："罗前辈，我现在不忍心，也不敢面对宇民公司的惨状，只要您不嫌弃，就让我跟随您吧。让我们一起重新创业，我们一定还会有重整旗鼓的机会！"

罗森想了想，说："既然这样，那就暂时不考虑把各位送往世界各地了。我们现在必须建造一个足够大的水陆两用船，供我们同吃同住，然后一起返回中国的雪峰山脉。大家吃过早餐后，就去外面收集各种金属材料，为制造大舱体做准备。"

众人兴高采烈，纷纷应和。

君特先生却有些犹豫不决。他本来是美国人，有必要再跟随大家去中国吗？但他思前想后，最后还是决定跟随大家同行——他毕竟在中国生活了很多年，同时，他觉得跟随罗森以及这个以中国人为主、淳朴而坚强的群体在一起，更有安全感，同时也更有生活的实质感。因此，早餐过后，他也跟随一大群年轻人走进了风雪强劲的宾馆外面。

而在用餐的时候，罗森当着众人的面，对肖理夫说："理夫，你受了那么多苦，又刚刚出来，你就不用跟随大伙出去了，就在宾馆里好好休息吧。"

肖理夫急了："这怎么行？大家都是为了我才落到现在这个境

地，我怎么可以独自偷懒呢？罗叔叔，我一定要去，我必须付出更多力气才对得起大家——我现在也只能用这种方式回报各位了。"

"孩子，你的心情我非常理解，但是，我现在有一样很重要的东西要交给你……"罗森一边说，一边把肖理夫拉到 15 号房间，然后从怀里掏出那封尚带余温的信封，递给肖理夫："理夫，这是你爸爸让我交给你的。你好好看看吧。"

"我爸爸？这是什么时候的事？他还在人世吗？"肖理夫满脸惊喜，双手接过信封。

"不，那是几个月前的事了。你爸爸曾慎重地告诉我说，如果哪一天他真正消失了，就把这封信交给你。可是，你爸爸消失了这么久，我直到今天才把它交给你，真对不起。"罗森老人满怀歉意地说。

"哦……谢谢您，罗叔叔。"肖理夫脸上的惊喜又化为深深的失望。他还以为，爸爸并没有真正消失，这信是爸爸最近写给他的。

"理夫，你好好看吧，信里肯定透露了非常重要的信息……我就不打扰你了。"罗森老人说完，走了出去，并把房门轻轻带上。

肖理夫颤抖着双手，艰难而激动地拆开了这个古老的信封。

果然是父亲的亲笔信，密密麻麻地写了好几页纸：

理夫，我的好儿子，当你看到这封信时，我已经不在人世了。请你原谅我。

写下这些文字的此刻，我的思绪比较乱，可能根本无法解释清楚，也请你原谅我吧。

当你告诉我，你总算有了家的归依感的时候，我格外高兴之际，准备给你写这封信了，因为我总算可以放心地离开这个世界了。至于选择何时，我也不知道，蝼蚁尚且贪生，只要能无害于天地，多活一天总有一天的生存体验吧。但我早已做好了这方面的准备——准备随时无声无息地消失。

我消失的原因，正是担心那些幼稚的家伙扫描我的脑库——只因为我在生命研究领域里获得了一个终极结论。

也许我的研究和发现比较粗浅，却是我对生命研究的终极结论。

我不能让你以及所有人明白我所发现的人类生命的真相。当然，三言两语也解释不清。

我只能告诉你，生命是个全封闭的死结，不要企图破译生命的真相，一旦全部破译出生命的真谛和意义，生命也就没有意义了。

可能是由于我的能力有限，我得出了目前这个"生命死结"的结论。

我一不小心站在这个领域的制高点，高处不胜寒，往往非常固执。当然，如果没有这种近乎固执的执着，我也站不到这个所谓的制高点。

由于我在生命研究领域里的绝对威望，因此担心使全人类产生群体绝望——我宁愿人们在一种无知的幸福与无尽的信念中好好生活，好好奋斗，也不希望他们因此绝望地活着——那样会生不如死。

我们正是因为有了坚定的信念和信仰，才会积极地活着，因此，如果使人们失去信念和信仰，那将是我最深的罪恶！

不管人类今后的科技如何发展，我再慎重声明一遍：不要企图破译生命的所有真谛，一旦完全破译出生命的真谛与意义，生命也就没有意义了——这是一个全封闭的、走不出去的死循环。

而我一直认为，生命是有意思的！所以不要企图破解生命的所有真谛和意义。

这是一对矛盾体。可能是我无知，才得出了这么一个可怕而令人绝望的结论，还让如此无知的我一不小心站在了生命研究领域的制高点——请原谅我的无知和浪得虚名，孩子。

同时，生命有没有最终真相，如同"绝对时间有没有真正的起点，此宇宙的边缘之外还有怎样的存在"等问题一样困扰着我，这种困扰愈到后来，就愈加强烈，所以我拼命翻阅各种古籍，希望找到哪怕是精神麻痹之类的解释……

可惜我没有找到，至少它们无法解决我的无限困惑，我只好如同当年的爱因斯坦等先贤一样寻找皈依。

当然，如果当年的爱因斯坦能活到我这把年纪，我想，他也许会像我一样，皈依于完全消失吧。

这就是高处的孤独。这更是我不愿敞开心扉，最后走向这种绝对精神皈依的原因。

孩子，我再一次向你请求——请原谅我吧！再天才的大脑，其所有记忆与信息的大部分也都是糟粕，闪光的灵感和创造，只是一大堆垃圾与糟粕中偶尔开出的小花——因此不能被全盘吸纳——这也是我不愿进行记忆留存的原因。

几乎被全人类一致认同的怪老头，你最不称职的老爸
肖成城
2266年深秋

肖理夫早已看得泪流满面,尽管他还是不太清楚爸爸到底发现了什么终极奥秘,但至少有一点可以肯定:爸爸在生命研究过程中得到的这个终极结论会令人绝望,他却不想让全人类知晓后而产生群体绝望。因此,这个对人类怀有深深大爱的老人,在面临脑库即将被强行扫描之际,只好选择彻底消失!

"爸爸,爸爸,您何必这样呢?爸爸,您怎么这么犟、这么固执啊……爸爸,您让我这一生怎么排解对您的思念……"肖理夫终于失声痛哭。

张宁静闻声走了进来,她不知道肖理夫为何如此失声痛哭,只好心痛而关切地说:"理夫,请别这样……还有我呢,还有我们未来的孩子呢。"

肖理夫紧紧抱着妻子:"宁静,爸爸真的没有了,他真的完全消失了……我还一直心存侥幸地等着他……"

张宁静不知该怎么安慰肖理夫,只是轻轻拍着他的肩膀,像抚慰一个正在襁褓中哭泣的婴儿。

待肖理夫稍微平静了一些,她轻轻问道:"理夫,能让我看一下爸爸的信吗?你介意吗?"

肖理夫有些迟疑地把这封早已沾满泪花的信笺递给了她。

张宁静飞快地看着,也是边看边流泪,看到最后,她说:"爸爸他太伟大了,他的大爱竟然包容着整个人类,他的消失竟然是为了整个人类着想。我们只能深深地缅怀他。"说着,她双手高高地捧着这封信,仰望着窗外的天空,虔诚地跪了下去。

肖理夫也跟着跪了下去,泪流满面。

忽然,捧着信笺的张宁静说:"理夫,信笺最后这页的背面还有文字呢。"

两人站起身来,翻到信笺的背面,只见上面工工整整地写道:

理夫，再说一声对不起，当你看到这封信的时候，我凡俗的身体已经不在人世间了。不过，如果你真的思念我，我将在你心中永驻。

　　这位罗森叔叔——尽管你俩从未谋面，但你也曾听我提起过——是我一生的至交。我把这封自以为至关重要的信由他转给你，足可以说明我和他之间的情感和信任有多深厚。希望你如同对待你父亲一样关爱他，尊敬他。请你代我向他问好，并向他转告我对他的希望：希望他不要像我一样沉沦，希望他这个多面人才可以发挥所长、发光发热，希望他的兴趣爱好一直那么广泛下去——这样，他就能对这个原本凡俗的世界永远充满信念。

肖理夫连忙跑到门外，没有发现罗森的身影。他又跑到宾馆一楼，也没有发现他。只见虎驹在空荡的一楼大厅里忙着切割各种金属管和金属板。看来，罗森老人也已外出收集材料了。

肖理夫又连忙走进了风雪中——不用为独自留守的张宁静担心，有虎驹在，就足够安全。罗森老人特意把虎驹留在宾馆大堂做事，正是为了保护那里的人和物。

直到当天傍晚罗森老人回来后，在没有旁人的房间里，肖理夫才把这页信笺背面的文字递给罗森老人看。

罗森老人看完后也是泪流满面，他紧紧地与肖理夫拥抱在一起。

末了，罗森老人说："理夫，你失去了一个强烈反对脑库索取的伟大父亲，我也失去了一个狂热支持脑库索取的卑微儿子——但我还是有些伤心，因为他已永远困死在火星上了……理夫，我真诚地希望能做你的父亲。这样，在情感上我俩都有了一份依靠。你愿意吗？"

肖理夫连忙点头："罗叔叔，哦，不，罗爸爸，我愿意！但是，您也不要太伤心,目前困在火星基地上的那些人也许可以活下来。"

"好孩子,谢谢你。你不用安慰我。我心知肚明,留在火星基地上的几万人一个也别想活下来,只是有些人的死亡可能更加漫长、更加痛苦……"

罗森老人说得一点没错。因为全球性灾难推倒的多米诺骨牌还没有真正结束,而且后续灾难往往给地球带来更大的损失与摧残。

在信息完全隔绝的肯尼亚内罗毕,在地脑运作中心全部崩溃之际,一艘返航地球的巨型货舰打算强行降落,由于没有地面智能系统的无缝支持与配合,它直接砸在地面上,立即引起连环核爆炸与一系列机械性爆炸!在相当于广岛原子弹上千倍的高能、高热下,在一片核爆超高温的火海中,内罗毕这个外太空升降基地全部烧成了熔岩状的荒野。

另一艘随后而来的大型客舰见状,只有强行在海面上降落,海面上骤然腾起上百米高的巨浪,巨舰接触海面的瞬间仍然发生了剧烈的核爆炸,只是客舰上有些人的死亡过程稍微漫长、痛苦了一些:由于海水的沸腾或汽化过程,许多人员几乎被沸腾的海水活活煮死……

顿时,在几百平方公里的海面上,漂浮着大量机体碎片——更多的舰体残骸早已沉入海底,无数尸体残肢惨不忍睹!

更加触目惊心的是,事故发生中心附近三四百平方公里的海面上,各种海洋生物灭绝性死亡。短时间内堆积的海洋鱼类的尸体竟然厚达十来米!这仅仅是浮出水面的部分。

当然,也有这种可能,这艘大型客舰突然失去地脑智能系统提供的准确参数,内部信息系统突然发生紊乱,导致它坠毁于海上……

大灾难发生之后,有些正飞往火星基地的大型舰艇由于没有地脑智能数据库提供的准确参数，根本找不到火星的具体定位，成了无头苍蝇，最后飞向太空深处——由于它们的运行与信息系统完全失效，最后还是难逃毁灭。

由于火星上引力较小，有的舰艇纵然勉强降落在火星上，随后，却面临着更加可怕的生存物资断绝……

于是，火星基地上又有一些舰艇被迫飞往地球，有的舰艇由于没有地脑系统提供的准确参数，根本找不到地球这个不断沿太阳公转的"浮岛"，同样飞进了茫茫无垠的太空，最后舰艇上人员也将因各种物资断绝而死；有的星际舰艇纵然找到了地球，也相继坠毁于地球各地，给幸存的地球人类以及地球表层造成巨大的灾难！

这种大型空难事件一直持续了一个多月。只是地球上信息不畅，没有将这种巨大恐慌传播开来。

而留守在火星基地上的那些人呢？其空前的绝望与慢慢死亡的过程将更加悲惨而痛苦……

24

经过两三天的四处收集，各种材料已堆满了摩根国际宾馆的一楼大厅：以各种金属材料为主，还有一些车壳和船体，人们还弄来了好些完好的车轮——这是从各种车辆上拆下来的。

正式开始制作舱体了。罗森和两个稍懂机械者还为此绘制了一张图纸。他们还让虎驹制作了一些铁锤、起子之类的简单工具。

接下来，摩根国际宾馆一楼的大厅里，整天传来叮叮当当的敲打声、切割声，以及虎驹因切割或电能焊接发出的电流声。

虎驹几乎将自己的技能发挥到了极致，既是各种材料的切割者，也是金属材料的塑形者，更是各种金属材料的焊接者。当然，归根到底，虎驹的这些技能要么是罗森事先设定的，要么是现场赋予它的。

而此时，大灾难过去一段时间后，幸存者的心态普遍变得正常了许多。因为大多数人纷纷发现或已找到了长久生存下去的方法和途径，不再那么躁动不安了。

正当这群人大张旗鼓、兴致勃勃地制造这个奇怪的船舱时，有些局外人纷纷围过来看热闹。但更多的人是来寻求帮助的，尤其是一些柔弱无助的外籍女子也希望加入到这个群体中来。罗森老人竟然一一答应下来。

由于整个世界中国人比例最多，因此，这些寻求帮助者也以中国人居多。于是，那些局外人也很快成了局内人。

团队成员很快增加到180人。随着人手的增多，他们的力量也不断增强。

相应地，舱体也建得越来越大。

罗森还是有些遗憾地说："能够帮助的就尽量帮吧。至于更多的不幸者，我们现在也照顾不过来，也只能让他们适者生存啦。"

原先那些核心成员中，尽管个别人并不乐意接受这些外来者，担心他们的加入会影响自己的生活质量，可是，以罗森老人的至高威望，这些人也不敢反对，至少不会明确提出异议。

通过十来天的紧张而忙碌的工作，这个安装了几十个车轮、简易却非常坚固的大船舱终于完成了。它有十几米高，分为上下两层，每一层的面积都有四百多平方米，上层是公共生活区、餐饮室以及少量小房间；下层是物资储存室和睡眠区。睡眠区又被隔挡成几十个小空间。

接着，他们又找到一个更大的物资储备仓库。在虎驹的努力下，将这个防护重重的"大罐头"打开，众人如同一群搬家的蚂蚁，将所需物品纷纷运往大舱体。

同时，罗森和郭林涛再次送给摩根菲特先生无数生活物资，摩根国际宾馆的这位老板感动得几乎落下泪来。

"大罐头"里剩下的更多物资也被附近市民兴高采烈地瓜分而去。

其实，只要设法去找寻，并有打开的方法，各种生活物资还是应有尽有的。因为大灾难发生后，除了科技和工业生产已完全停滞，生存物资的人均保有量是比较充足的（加之大灾难使得人口骤减）。因此，在下一轮春耕秋收之前，从理论上来讲，纯粹饿死的人数很少。

正式启程了，虎驹在前面奋力牵引，180人则在左右两侧及后方推动这个大舱体，慢慢让其驶往附近的码头。顿时，四周聚集了众多的围观者。

舱体终于下水，众人纷纷登舱之际，罗森再次将虎驹变形为小快艇，作为整个大船舱唯一的动力系统。

由于虎驹受自身质量的限制，它只能慢慢加速。直到一个多小时后，最终才达到时速300多公里——这可能是飞行时代结束后，第一个在海面上堪称高速运行的大型动力运载装置了。

由于没有全球智能数据系统的定位与导航，整个跨洋航程中，罗森只能凭经验不断调整虎驹快艇的航向。

大船舱的上层只有一间"夫妻房"，那是专门为肖理夫和张宁静安排的；还有一个靠近最前端的小指挥间，这是罗森的工作室。

只有在夜深人静的漫漫航程中，肖理夫夫妇俩才能整夜陪伴着罗爸爸，谈论和肖成城有关的所有话题，也会谈及那封信的内容。可是谈来论去，他们仍然弄不明白老人提到的生命死循环的具体内容。

然而，现在谈论此事，已不再觉得有什么风险与避讳，因为谁也不用担心自己的脑库被强行或合法扫描了，肖成城却为此付出了生命的代价——话题未免有些沉重。

随后，他们又一起猜度老爷子忽然神秘消失的方式，却始终找不到头绪。

到后来，这种猜度和探讨几乎成了他们寄托思念的一种方式……

独自操控虎驹航行的夜晚，罗森经常会凝望着寒凉而深邃的夜空发出叹息，既为肖成城的彻底消失而遗憾——甚至认为他有所不值，更是思念火星上的儿子。

有时候，他也挂念远在冰岛的奥拉维格老人：他和他的游轮以及俩人共同研究的事业现在究竟怎么样了？

然而，以虎驹再也无法重新获得的核电总量，往返一趟冰岛已不太可能，因为他们还有很远的行程要走，有太多的事情要做，这些都得依靠虎驹。

五天四夜之后，这个大船舱才停靠于此次跨洋远航的第一站——中国南海那个极不起眼的北沙洲小岛旁。

龙驹立即欣喜若狂地奔跑过来。还好，由于龙驹体内也有一块电力十足的核电池——它依然活力十足，行动迅捷。

罗森首先跳上岸，格外欣喜地抚摸了龙驹一番，然后带领一大群人来到岛上的小楼里。在罗森的指挥下，他们把所有方便带走的东西全部收拾好，然后带到了大船舱中。

罗森和龙驹最后登船。他在小岛上站了许久，喃喃自语道："别了，我的北沙洲，我有生之年可能再也无法回来了，因为你过于狭小，无法养活我们这么多人；更因为小岛上的海水净化系统已完全瘫痪，我们连维持生命最需要的淡水都无法获得……"

大舱体继续行进，沿着中国东南沿海一路北上。然后从东海进入长江，溯流而上，经洞庭湖入资江，逆水而行——速度越来越缓慢，前路越来越艰辛……

好在他们人多势众。

苦中有乐的是，不知不觉间，青壮年们都跟随肖理夫夫妇叫罗森老人为"罗爸爸"；君特先生也跟着沾光，大伙都叫他"君特老爸"。

尾　声

1

从雪峰山脉苏宝顶直至山脚下的道路两旁，陆续出现许多崭新的木房子，犹如一条蜿蜒上升的长龙——因为前来寻求庇护的人在不断增加。

肖理夫夫妇和罗森、君特等人一直住在肖成城的老木屋里。老木屋忽然呈现从未有过的热闹气息——它处于这些新木房子长龙的最上端，宛若龙头。

最初，在肖理夫夫妇的真诚邀请下，郭林涛和罗叶也一起住在还算宽敞的老木屋里。可是，过了一段时间，郭林涛和罗叶商量了一下，在大伙的帮助下，在老木屋下方又修建了一座小小的新木房子——他俩过起了简单而甜蜜的小日子，迎接着随后的冰雪消融，春暖花开。

而在"龙头"下方的许多新木房子中，更多男女一对对地组合起来，组成一个个全新的小家庭。缕缕炊烟之下，这是真正的人间烟火。

所有新木房子的修建，都离不开虎驹的付出和贡献：砍伐木料、运输木材等。

不要为雪峰山脉许多树木被砍伐而惋惜，相较于飞行时代给整个地球大气层造成的伤害，这点损失微乎其微；而相较于此前火星基地的修建与运营维持给地球资源造成的掠夺式发展，这点砍伐就更加不值一提了。

何况浓密的大树被砍伐之后会腾出一片雨露阳光的空间，有利于更多小植物的蓬勃生长——随着雪峰山脉人口的局部增加，必须开垦一些新的土地供农作物生长。

龙驹的作用也不可忽视，由于它更加机警灵活且格外强大的守护能力，那些非法之徒根本不敢觊觎这片小小的乐土，不但为善良本分的人们提供了强力保护，还使更多寻求庇护者纷纷投靠而来。

自然而然地，罗森老人成为这方乐土的最高决策者，成为新一代的部落首领，也可以说是大伙真正的精神领袖。

但罗爸爸并不独断专横。闻讯赶来的投靠者，首先通过肖理夫等人认可之后，最后经过他同意，即可以成为这里的长久居民，但也可以自由离开。

雪峰山脉春暖花开之后，这片乐土已发展到上千人，其如同几百年前的一个小村庄。

每新增一个成员，肖理夫就给对方发放一些粮食——这些粮食都是肖成城以前辛勤劳作积累下来的，现在已所剩无几。

为了弥补食物不足，一方面，大家纷纷上山挖掘那些取之不尽的葛根、蕨根以及冬笋等，供大家分享；另一方面，罗森和虎驹会带领一些青壮年去附近那些几乎"死去"的城市，寻找普通人根本无法打开的粮库和其他物资仓库，将这些巨大的金属"罐头"打开，既缓解己方之匮乏，也周济附近的民众。

因此，大伙都亲切地称呼这个小村庄为"乐土村庄"。

但是，周边的形势并不乐观，各地均已形成各种利益社群或集团，他们因饥荒或利益之争，相互之间经常发生大规模流血冲突，罗森老人只好带领一群热血人士，尽力在各利益集团之间进行调停、斡旋；在实在无法调停的紧急情况下，罗森只好凭借龙驹和虎驹那无法抗拒的力量进行强力干预！倒也调和了许多小利益集团间的矛盾，并及时制止了一些重大伤亡事故。

由于罗森等人的行为，乐土村庄的影响不断扩大，从而和附近那些有共识的社群渐渐结成同盟。而随着时间的推移，这种结盟的范围也扩得越来越宽广。与此同时，许多有识之士不断加入到乐土村庄中来，因此，乐土村庄已不乏各种人才，为今后的发展打下了一定的基础。

罗森老人有着更加长远的打算——在当前这种完全无政府的状态下，每个国家只是一种文化符号，地域界限已非常模糊，要想使全球长治久安并稳步发展，必须产生一种全新的社会形态。

2

冬去春来之后，夜晚的星空渐渐变得更加明亮了。因此，在晴明的夜晚，人们甚至可以用肉眼看到火星——尤其是火星赤道附近那圈稍微发亮的地带，已渐渐暗了下去，最后与火星的本来颜色完全混同……

罗爸爸时常仰望星空，经常望得他泪湿眼眶，肖理夫夫妇却不知怎么安慰他，只能在精神和生活上更加悉心地照料他。

张宁静终于分娩了，她产下一个健康的男孩，一下子冲淡了罗森老人的伤感，他亲自给这个小男孩取名为"肖成之"——既为纪念恩师肖成城，也寄托了他自己的期待：时刻不忘肖成城遗言中对他寄予的厚望，他必须在晚年之际竭尽所能地成就一些事业。

罗叶整天协助张宁静照料小婴儿的时候，悄悄向张宁静透露：她也怀上了。

这个消息传到罗森老人耳中，他更加开心了，从此不再为仰望星空而落泪。但他还是经常仰望深邃的星空。

与此同时，原始却满怀希望的春耕生产正式开始。

在甜蜜爱情与未来孩子的双重激励下，郭林涛自告奋勇地挑起整个乐土村庄农耕生产大队长的重担。由于他此前既是宇民公司的总裁，更是微生物领域里的尖端人才，把微生物技术运用到春耕生产中显得游刃有余——农作物生长所需的各种肥力必须依靠各种微生物的分解，才能被农作物有效吸收。因此，随着各种庄稼的茁壮成长，郭大队长越来越受到大家的信赖与拥护。

肖理夫作为乐土村庄的副大队长，也同样受到了人们的拥戴。尽管他没有那么专业的农耕知识，但他吃苦耐劳、身先士卒。同时，由于他小时候一直参加雪峰山脉的各种农事，对农耕生产也不外行。

整个乐土村庄中，凡是能参加体力劳动者，不分男女，都兴高采烈、心甘情愿地投入到热火朝天的春耕生产中。因为他们深深知道，在这个低科技和低生产力时代，每个单独个体的生存能力是那么微弱，只有依靠群体的力量，才能获得更大的生存空间与发展机会。何况乐土村庄的一切作为都那么让人感动，也让人倍感安全，值得大家真心付出。因此，就连一大把年纪的君特老爸也整天风雨无阻地参与各种农事。

春耕生产之际，乐土村庄的人口已达三千余人。

3

与此同时，在北半球纬度稍高的德国境内，格拉斯先生也带领一群人开始轰轰烈烈地进行春耕生产了。

全球智能数据系统毁灭之际，格拉斯那横跨上百平方公里的 BMW 商业帝国瞬间变成一片死寂沉沉的废铁森林！尤其是他那上万亿的巨额信用数据，现在连一个小小的电子数字也不再显示……

如此巨大的沉重打击，一度让他产生自杀的念头。

然而，通过一番痛苦挣扎之后，格拉斯竟然慢慢回过神来。

他首先想到的是，在这科技发展一落千丈的农耕时代，首先必须满足"民以食为天"的根本需求，才有可能谈及今后的发展。自己一定要重整旗鼓才对得住前半生的努力，对得起 BMW 公司数百年来薪火传承的奋斗精神！

而社会的发展往往从农耕文明发展到工业文明，此后才有可能设想更高级的发展模式。

好在格拉斯的工厂同样幸存了好几台以核电池为动力的机器，他将这些机器稍加改造后，就成为组织农耕生产的得力助手。两个多世纪前，全球就没有了专于农事的耕牛驮马，因此，这些有限的金属机械自然成为开山垦地的最佳助力。

而在全球范围内，幸存下来的人们痛定思痛后（如格拉斯、郭林涛、江清·马吉德等无数有识之士）重新振作起来，出现了无数规模不等的农耕文明圈。

值得欣慰的是，全球农作物的基因一经改良之后，并没有因为地脑系统和飞行时代的结束而退化。因此，各种农作物的产量还比较高，只是再也无法依靠核聚变小太阳来种植室内作物了。如今，一切农作物的收成都得仰仗上天赐予的阳光雨露，依靠大自然的风调雨顺。

还好，由于没有了此前遍布天空的飞行器对大气层的破坏，没有了联合国外太空发展总署对地球各类资源的大量索取，地球以其强大的自我修复能力再次给人类以希望——全球气候不再暴虐怪异，渐渐恢复其本来的温驯，四时运行渐渐有序……

这年秋天，全球各个角落的农耕文明圈收获颇丰。加之大灾难以及其后发生的种种事故，造成地球总人口锐减了十几亿，因此，这些粮食及农产品基本能满足人们的需要。

衣食类的基本需求得到解决之后，全球范围内，在从事农耕之余，许多有识之士开始重新捡起各自的梦想。

尽管当前人类的综合生产力水平已整体退回到 18 世纪，但是，由于人类的基础知识和理论水平已远远超前，只要稳步前进，全球各领域的发展速度将远远高于四个世纪前。

例如，在重建通信系统时，由于有了此前的技术理论和经验，他们跳过有线通信，直接进入无线通话模式。只是由于没有人造通信卫星系统的支持，暂时只能依靠一个个地面基站传递信息。因此，最初的信息传递不是很畅通，传递的距离也不够远，还经常遭到各种磁场的干扰——如同智能手机之前的模拟手机时代。

然而，全球通信还是向前跨越了一大步。

与此同时，基础电力系统也开始兴建和恢复，并开始稳步发展。这时，依然以最原始的水能、风能和太阳能发电为主。不过，电力传输也跨越了有线传输，直接进入到无线传输模式。只是限于当前的条件，传输距离依然不够远，传输性能也不太稳定，经常受到各种自然因素的干扰。

到了这年冬天，居住在雪峰山脉的人们告别了依靠松明火把照明的方式，家家户户都亮起了古老的电灯。

原来，雪峰山脉上那些早已被遗弃的风力发电金属柱内，那些曾经的发电设备居然大部分未遭损毁。在肖理夫等人的号召下，青壮年们收集了许多废弃的机车或钢铁，然后召集一大批能工巧匠和技术人员，在虎驹的协助下将这些废金属重新打造成一片片长达五十多米的风扇叶片，将它们重新安装上去，再在上面装上电力无线传输装置。于是，一百多座风力发电机重新开始运转，不仅满足了乐土村庄的电力需求，还惠及了附近的许多民众。

　　此时，虎驹体内的核电池已几近枯竭，如同一位生命将尽的老人，幸好有无线电力的输入，才使它重新焕发活力。

　　但它已无法远离雪峰山脉中的这些风力发电装置——一旦进入无线供电的盲区，虎驹随时有可能变成一堆废铁。

　　因此，罗森尽管时常牵挂着冰岛那边的老朋友，却已无力成行——至少当前是无法实现了。

　　而在全球范围内，只要是人类集中居住的地方，基本上已恢复了电力和不太稳定的无线通话网络。

　　如果仅以电力和无线通信进行界定，短短一年时间，全球人类已从18世纪恢复到20世纪中期的生活水平。

4

　　又过了三年，即公元2271年，地面上四处可见动力机车——因为全球公路网并未遭到大规模破坏且四通八达。同时，海面上也开始出现大大小小的远洋轮船。

　　但是，由于没有人造卫星等覆盖全球的数据系统的支持，这些动力机械依然停留在20世纪末期的水平。但对于全球人类的整体生活水平而言，已向新文明社会跨出了一大步。

在此期间，罗叶费尽周折，独自驾驶着一辆陆行车，数月后竟然把母亲高曼丽接到了乐土村庄，这让罗森老人和众人惊喜不已。

在孩子们的一再坚持下，劫后重聚的罗爸爸和高妈妈举行了一场古老而盛大的婚礼，使整个乐土村庄热闹了好些天。

然而，人类的发展依然形势严峻，以制造大型运载火箭、发送地球同步轨道通信卫星为例，如此耗资高昂的大型项目绝非一个或几个社群所能做到。因此，全球各地的有识之士开始考虑并运作此事。

一个农闲日，在肖理夫等人的召集下，在罗森的主持下，几十人聚集在老木屋内，其中有附近四十多个社群的首领，也有乐土村庄的十多位代表。

此时，乐土村庄的人口已增加到近一万——不仅包括不断融入的外来人口，还有不少新降生的婴幼儿。

肖理夫首先致辞："各位，为了全人类经济和文化等方面的稳步协同发展，覆盖全球的通信协调系统是必须具备的，但是，以发射地球同步卫星为例，仅凭我们这些社团的力量还远远不够。因此，我们必须设法联络更多的有识之士，形成一股更强大的力量，一起来完成这些壮举。"

众人连连点头，纷纷各抒己见——

…………

随后，罗爸爸说："俗话说，集腋成裘，积水成溪。因此，当务之急是必须成立一个以全人类共同利益为上的机构，来协调并共同完成这些事业。各位回去之后，希望你们务必竭尽所能地进行联络与宣传，只有让更多人士达成共识，才有可能实现我们共同的愿望。

"同时，眼看着孩子们在一天天长大，还需要组建相应的各类学校，必须让各类知识分子给孩子们传道授业，千万不能让几千年人类文明积淀下来的知识断代，因此，各类传统学校的成立也迫在眉睫；另外，促进全人类正常稳步发展的各种社会体系与功能机构也得尽快组建。我已经老了，我们必须在更大范围推举一些众望所归之士来完成人类的共同大业！"

此时的罗森已顺理成章地成为雪峰山脉及附近几十个社群的联盟首领，是几十万人的精神领袖，并且他的影响还在呈几何级数不断扩大。

罗森的话再次引起一片赞同声，并重新引发新一轮激情澎湃的讨论。

而在全球范围内的各个角落，类似内容的小型会议也在不约而同地频繁召开。于是，大家共同的心愿不断往四周扩大、伸展，最后，渐渐覆盖全球。

5

2276年初冬，在雪峰山脉苏宝顶山脚下，在一个简单而巨大的拱形建筑内，召开了全球公民代表大会，八千多名社会各界精英从世界各地赶来。他们中的大多数是被世界各地的人们推选出来的最有影响者（或最有声望者）——有些是如同罗森老人这种大灾难之后的当地"救世主"，还有一部分是崭露头角的社会精英。

苏宝顶山脚下，各种陆行动力车将林间空地占满，却井然有序。

相隔九年之后，郭林涛、格拉斯、江清·马吉德、玛格丽特等曾经的各界精英再次聚首，他们拥抱在一起，泪流满面……

整个会议一连召开了十多天，相继成立了全新的全球联合国政府、全球人权总署和全球国际最高法庭，并制定了全新的纲领章程。

这三大国际分立机构简称为"国际法权平衡三角"。

新联合国政府本来推举罗森老人担任第一届执行主席，罗森老人以年龄太大为由推辞，最后，格拉斯被推举为联合国第一届执行主席——他所主导的日渐壮大的农耕社团救活了将近五分之一的德国人。

郭林涛也被推选为新联合国主席团成员之一。

肖理夫被选为新全球人权总署七名主席团成员之一。

罗叶被推选为国际最高法庭的法官。

那位法理与人情味兼备的女法官莎宾娜，被推选为新国际最高法庭的庭长兼首席法官——莎宾娜从此前的国际法庭一名普通法官，获选如此要职，自然离不开罗森和另外几位举足轻重的人物对其品德与事迹的宣扬。

张宁静呢，由于儿子肖成之早已入学，她凭借极其有限的资源与设备重新组建技术人才，继续研究开发微生物药品，希望能尽快造福人类……

"国际法权平衡三角"的总部暂时设于雪峰山脉的洞口县，至于今后如何发展则要视情况而定。于是，几万年后，雪峰山脉再次成为新一轮文明的始发地。

6

全新的联合国政府成立后，迅速在全球范围内进行了一系列改革举措：全球统一货币的设计与发行；医疗与社会福利的启动与运作；文化教育体系与金融税收体系的重新构建与有序运行；全球通信与邮政体系的建设与发展……

"国际法权平衡三角"的全球各级机构正常运转之后的第三年，联合国牵头在中国酒泉发射了第一颗人造地球通信卫星。自此，全球通信系统终于慢慢恢复。

与此同时，重新组建的国际警察在"国际法权平衡三角"的投票决议下也重启了法律程序，他们以罗森提供的那份纸质文件为依据，经国际最高法庭公开审判，原地脑运行中心总长胡希明被判处有期徒刑十年，原脑库索取司司长马腾佶和信息员万洪波被判无期徒刑。

另外，还有数十位原联合国下属各机构的相关重要人物也分别受到不同程度的法律制裁——还有一些人已无法伏法了，他们已死于大灾难期间或其后的意外事故中。

原联合国执行主席路易斯·奥尼尔正是其中的代表，由于他已经死去，但国际法庭还是举行了公开审判，将他的名字永久地留在了高高的耻辱柱上。

在雪峰山脉下的空坪前竖起了一根粗大的金属柱——根据新的国际法规定，凡是对人类文明犯下不可饶恕的极罪者，在接受法律严惩的同时，必将其姓名永久刻上耻辱柱，给世人及后代以警示。

而建造耻辱柱的捐资者正是史密斯——他已成为一名成功的商人，并且娶妻生子。

史密斯设法找到赵传真后，打算将这位老同学带回美国一起发展。但君特老爸来到乐土村庄后一直和赵传真生活在一起。赵传真也早已在乐土村庄成了家，还生下一对可爱的儿女。于是，赵传真一家、君特老爸随史密斯漂洋过海，回到北美生活。

自从第一颗全球通信卫星成功发射后，全球各行各业都进入正常有序的运行状态，尽管有些行业仍然举步维艰，个别人士仍有冒进思想，但是，由于有着血淋淋的前车之鉴，有着"国际法权平衡三角"的严格规范和监督，任何身处高位的个人或强势利益集团都无法冒进行事，从而使整个人类社会以法理、民权、民主、民生等为目标有序发展……

7

2280年秋，全球公民代表大会再次在雪峰山脉隆重召开。

此次，亲自前来参加全球公民代表大会的只有两千余人，因为各大洲的许多代表可以通过全球通信系统进行电视、电话远程会议了。而此时，全球人口也再次恢复到三十多亿。

如今的全球社会，除了有不同肤色、不同地域、不同文化和不同生活方式之分，不再有各个国家和各国政府，只有遍布全球各地的联合国各级机构。也就是说，当今的人类社会，直接从原始部落形态进入全球社会形态——这无疑是空前的进步——对全球人类的整体发展而言省去了各部族、各国之间因种种利益之争而引起的冲突与内耗。

整个会议细节不必详细描述，但联合国执行主席格拉斯先生一番声情并茂的发言却让无数人动容，且影响深远：

"前车之鉴，后事之师，人类在跌跌撞撞中迂回前行。我认为，就算是地脑系统全面崩溃，飞行时代灾难性地结束，人类回到几百年前的状态重新起步，这仍然是一种迂回式的前进，是吃一堑、长一智的进步！因此，我强烈呼吁，纵然今后的科技水平再次达到大灾难前的那种高度，我们也不能考虑脑库索取之类的事情，更不可以把它们应用到所谓的科技爆炸上来。一切都得循序渐进。因此，我强烈请求，应该将我这个提议补充到《全球宪法》中，让我们的后人永远遵守！

"同时，我认为，不论今后的科技如何发展，为全人类谋福利的价值观教育都必须作为主导。如果文明的发展不能与科技发展同步——甚至滞后于科技发展的话，必然会带来灾难性的后果。因此，以全球民生为主导的价值观必须作为意识形态的终极目标！国际法庭和国际人权总署应该将其纳入永久性的法律体系。因为，在地球人类共同体这个大村庄里，保护人权、保护民生、保护知识和文明，是我们全球人类起码的法律与道德底线。

"在这次全球公民代表大会上，我将以上两项提议正式提呈出来，请求全体代表以投票的方式予以表决。谢谢各位代表。"

现场代表和远程会议代表们随即投票进行表决，最后几乎全票通过了格拉斯先生提出的这两项提议。因为，不管是与会代表还是普通民众，都因脑库索取深受其害，任何人都不希望此类悲剧与灾难重演。

接下来的议程，就是对"国际法权平衡三角"的主要领导进行四年一届的换届选举。

格拉斯先生由于能力出众、工作出色、做事不偏不倚，蝉联下一届联合国执行主席。

其他关键职位上的主要负责人也没有太大变动，因为他们的工作能力与职业操守几乎都无可挑剔。

肖理夫却主动要求不再担任国际人权总署主席团成员。

肖理夫之所以选择辞职，主要出于两方面的原因：其一，通过四年恪尽职守的工作，国际人权总署的相关细节条文已全部制定并完善，他觉得自己没有必要继续留任；其二，作为一个作家，他还是希望通过文以载道的作品来实现自己的人生价值——哪怕回归键盘创作，甚至伏案书写，他也甘愿受苦受累。同时，他认为自己正处于人生的黄金阶段，创作于他而言更加如鱼得水。当然，他也是为了抽出更多时间陪伴自己的亲人。

此时，人类长寿因子端粒酶的改善如同农作物基因的改良，并没有因飞行时代的结束而受影响，只要生活条件允许，人类的平均寿命理论上仍然可以达到160岁。因此，80出头的肖理夫尚属中年。

8

第二次全球公民代表大会之后,在格拉斯先生两项新提议的影响下,同时也由于全球人类十多年来的努力,物质文明和精神文明正处于稳步发展阶段,人们急需精神食粮的补充,于是,"全球文艺复兴时代"正式来临。

报社、杂志社、出版公司甚至影视行业在全球范围内如雨后春笋般遍地开花。当然,影视产业由于受科技设备的制约,尚属前沿文化。

不出意料地,肖理夫迎来了创作黄金期。

让肖理夫意料不到的是,他将自己十多年前创作、张宁静打印的《情歌城堡》寄给一家大型出版公司后,立即被该出版公司看中,并在全球发行,很快获得了巨大成功,成为一部畅销全球的著作!

如今,全球人类已基本上回归家庭,对爱情、亲情有着深浓的依恋,并格外珍惜。因此,在这个精神文化食粮格外匮乏的年代,《情歌城堡》正好满足了人们的普遍精神需求,几乎每个家庭都拥有一本《情歌城堡》。

随后,一家影视公司还表示,要将《情歌城堡》改编成影视作品。

肖理夫一下子成为誉满全球的作家。

张宁静惊喜之余对丈夫说:"唉,可惜你那部长篇巨著《天脑纵横》一点回报还没产生,就那样完全消失了,连一个字都没有留下。不过,没关系,理夫,科幻作品永远不会过时,你可以根据自己的记忆重新把它写出来。"

肖理夫却摇了摇头:"宁静,你说得有道理,好的科幻作品是不会过时的,但那部《天脑纵横》却是幼稚时代的幼稚想法,我不会再写那种狂热冒进的科幻作品了。我想,以后我还是继续创作反映人性本质的作品吧。"

又是春暖花开、万物蓬勃的一个早晨,张宁静去山腰间的微生物药业公司上班了。尽管她的事业才刚刚起步,但已显露出欣欣向荣的势态——由于药品的效果很好,乐土村庄微生物药业公司的订单接连不断。

早餐过后,肖理夫又陪着罗爸爸和高妈妈在老木屋里喝茶、聊天。

罗森老人尽管已年逾百岁,身体依然健康。不过,由于他一直牵挂着遥远冰岛上的人和事,如今却无法前往,因此,他偶尔也会闷闷不乐。高妈妈的身体状况也不错,只是她无法继续从事科技含量较高的静电绘画了,有些无聊。

肖理夫只好尽量抽时间陪伴两位老人,也借机将自己对父亲的思念与愧疚转移到罗爸爸和高妈妈身上,以获得心灵的些许慰藉。

这时,龙驹从山下跑了回来,嘴里叼着一份崭新的报纸和几本杂志——这是肖理夫特意让龙驹从山下买回来的,以此打发闲暇时光。

罗森随手拿过那份全新的《全球新闻报》,认真看了起来。高曼丽和肖理夫也分别拿了一本新杂志随意翻看着。

忽然,罗森双眼瞪得老大,连声叫道:"这怎么可能?这怎么可能!……这个奥拉维格老头,难道他真的独自做到啦?!那个老妖精,太好了,我真想去狠狠咬他几口,他怎么可以这样呢?"

慌得肖理夫和高妈妈连忙凑过头去看那份报纸。

《全球新闻报》的头版刊登了一篇长文,大标题更是格外抢眼:

冰岛全民离奇消失,北极再现玛雅之谜

肖理夫和高妈妈连忙细看正文，新闻内容大致如下：

前不久，一支探险队乘普通海轮去北极圈附近探险，探险队员们走上漫天冰雪的冰岛大陆时，发现冰岛上的居民全都不见了，只留下一些完整的人类文明痕迹，如各种完好无损的房屋与工厂，各种飞行时代的大型交通工具——自然早已成为一堆堆完整的机械模型，却没有一点破损。

探险队员寻遍全岛，不但没有发现一个活人，连一具残骸都没有，更没有发现一丝战争或天灾的痕迹，但全岛所有能带走的食物、衣被等生活物资一点也没留下……

新闻上配了好些照片。

文章的结尾配了一则简短的编后语：

冰岛全民的突然离奇消失，如同远古传说中突然消失的亚特兰蒂斯，更如中世纪的玛雅文明——只留下大量文明的痕迹，却找不到这些文明痕迹的创造者与后裔，它必将再次成为地球文明史上一直流传下去的千古之谜。

肖理夫和高妈妈也惊得目瞪口呆。良久，高妈妈说："这该不会是一篇哗众取宠的假新闻吧？"

肖理夫说："应该不可能吧。它有照片……更何况《全球新闻报》是当今最权威的报纸，应该不会造假。"

罗森拿过这份散发着油墨味的报纸，又看了一遍，喃喃自语道："这个疯老头子，怎么就这么一声不吭地独自走了呢？哦，不，他不是独自离开的，他带走了冰岛所有的人。他不孤单，我却更加孤独了……他一定是在大灾难发生前成功开启了平行空间，否则，没有地球电力的支持，根本做不到……难怪冰岛方面一直没有派代表前来参加两次全球公民代表大会，原来他们早已进入了另外的空间、另外的世界……"

"老头子，你疯了吗？你怎么啦？"高妈妈关心地问道。肖理夫也问道："罗爸爸，您没事吧？"

罗森老人猛然回过神来，说："哦，没什么，我没事……那只是一场美梦而已。我们人类一直在做梦，但愿全是美梦。"

这时，虎驹扛着沾满泥土的犁铧走了过来，憨憨地问道："罗爸爸，机器人可以有梦吗？"

《深海大战》系列

书名：深海大战（第一部 中深层卷）

作者：（日）藤崎慎吾 著 刘笑辉 周美童 译

开本：32 开

定价：48.00 元

出版日期：2022 年 5 月

出版社：哈尔滨工业大学出版社

内容简介

日本"星新一奖"得主藤崎慎吾本格硬科幻＋海洋军事科幻集大成之作。

刘慈欣、王晋康、弗朗西斯·沃尔索、吴岩、姚海军、董仁威等名家诚挚推荐。

深海资源争夺、元宇宙追杀、水下仿生机动兵器、战略核潜艇阴谋、气候危机与国际变局……突破想象力的上限，关于未来海洋科技与战争的宏大想象。